Accueillir mon enfant
naturellement

Préconception
Grossesse
Relevailles
Alimentation du bébé
Soins naturels du bébé

Céline Arsenault

Accueillir mon enfant
naturellement

Préconception
Grossesse
Relevailles
Alimentation du bébé
Soins naturels du bébé

Le Dauphin Blanc

Catalogage avant publication de Bibliothèque et Archives nationales du Québec et Bibliothèque et Archives Canada

Arsenault, Céline, 1957-

Accueillir mon enfant naturellement : préconception, grossesse, relevailles, alimentation du bébé, soins naturels au bébé

2e éd. rev. et augm.

(La vie- naturellement)

Publ. antérieurement sous le titre : Accueillir son enfant naturellement. c1996.

Comprend des réf. bibliogr.

ISBN 978-2-89436-229-7

1. Nourrissons – Soins. 2. Nourrissons – Santé et hygiène. 3. Nourrissons – Alimentation. I. Titre. II. Titre: Accueillir son enfant naturellement. III. Collection: Vie – naturellement.

HQ774.A77 2009   649'.122   C2009-941517-8

Nous reconnaissons l'aide financière du gouvernement du Canada par l'entremise du Programme d'aide au développement de l'industrie de l'édition (PADIÉ) pour nos activités d'édition.

Nous remercions la Société de développement des entreprises culturelles du Québec (SODEC) pour son appui à notre programme de publication.

Infographie : Marjorie Patry

Mise en pages : Marjorie Patry

Correction d'épreuves : Amélie Lapierre

Éditeur :   Les Éditions Le Dauphin Blanc inc.
6655, boulevard Pierre-Bertrand, local 133
Québec (Québec) G2K 1M1 CANADA
Tél. : 418 845-4045 Téléc. : 418 845-1933
Courriel : dauphin@mediom.qc.ca
Site Web : www.dauphinblanc.com

ISBN : 978-2-89436-229-7

Dépôt légal :   2e trimestre 2009
Bibliothèque nationale du Québec
Bibliothèque nationale du Canada

Limites de responsabilité

L'auteure et l'éditeur ne revendiquent ni ne garantissent l'exactitude, le caractère applicable et approprié ou l'exhaustivité du contenu de ce programme. Ils déclinent toute responsabilité, expresse ou implicite, quelle qu'elle soit.

Je dédie ce livre à chacune des femmes de ce monde, car en votre sein repose l'avenir de nos enfants et celui de l'humanité.

Remerciements

De tout mon cœur, je remercie...

Tous les parents qui font le choix de reprendre en main la santé de leur famille par leurs actions quotidiennes. Leur volonté d'apprendre motive mes activités professionnelles.

Ma sœur, Sylvie Arsenault, qui est mon bras droit dans la matérialisation de mes écrits autant sur le papier que sur le Web.

Mes relectrices, Hélène Morency, Diane Doyon, Mahalia Gagnon, Julie Bolduc et Françoise Berthoud, qui raffinent autant mon écriture que mon contenu!

Mes enfants bien-aimés, Olivier, Geneviève, Marianne et Gabrielle, d'être tout simplement ce qu'ils sont et de continuer de m'apprendre à être une bonne mère.

Mon conjoint, Normand, pour sa douce présence amoureuse.

Et je remercie ceux qui m'ont précédée et qui m'accompagnent aujourd'hui du Haut des Cieux. Leur guidance et leur inspiration me sont essentielles.

Amour et Paix,

Avertissement

Les soins proposés dans ce volume ont été choisis en raison de leur efficacité, de leur facilité d'application et de leur innocuité pendant la grossesse et l'allaitement. Par contre, ces conseils n'excluent aucunement le suivi médical courant. Dans le doute, consultez votre médecin, votre sage-femme ou votre naturopathe. Ni l'éditeur ni l'auteure ne pourront être tenus responsables des effets produits par une quelconque thérapie naturelle ou par un remède proposé dans cet ouvrage.

Préface

Ce livre de Céline est un message de *prévention* dans le sens le plus noble du terme. « Mieux vaut prévenir que guérir », dit l'adage populaire. Bien sûr, encore faut-il distinguer la juste note dans la symphonie plus ou moins harmonieuse portant l'étiquette de *prévention*.

Pour un médecin conventionnel, prévenir, c'est vacciner, proposer des contrôles, prévenir les rechutes, donner des médicaments. C'est la *prévention* institutionnalisée par l'industrie médico-pharmaceutique, qui allège bien rarement les coûts faramineux des systèmes de santé sur notre planète.

Céline agit en amont. En amont de la naissance, en amont de la grossesse, en amont même de la conception. Ses propositions pour une préparation consciente et belle à la venue d'un enfant sont basées sur sa riche expérience de naturopathe et de mère de quatre enfants, et aussi sur le « gros bon sens », comme on dit au Québec.

La Bible nous disait déjà que le grain semé dans la terre rocailleuse ne peut pas donner un épi joyeux et fort. Les parents sont des jardiniers qui peuvent laisser leur terrain en friche pour accueillir la graine au hasard des vents. Ils peuvent aussi œuvrer pour que la terre soit la meilleure possible pour recevoir cette graine, énergie potentielle de ce qu'ils chériront le plus au monde.

Comment libérer les corps physiques des deux parents de leurs toxines, en suivant des programmes simples?

Comment les préparer émotionnellement, pour gérer leur peurs et leurs angoisses autour de la naissance et de la petite enfance, conscients que cet enfant qui nous est donné deviendra un jour indépendant ou même disparaîtra peut-être de nos vies?

Comment ajuster notre mental, travailler sur nos jugements et nos idées préconçues à propos de la grossesse et de la naissance et affronter souvent un environnement médical ou familial hostile à notre attitude de confiance dans la vie?

Comment, enfin, entrer dans la pleine conscience que nous allons accueillir une âme qui nous a choisis comme parents pour accomplir sa mission sur cette terre?

Céline nous donne des pistes pour répondre à toutes ces questions, au point où nous en sommes sur notre chemin vers la santé globale et vers l'équilibre sur le plan spirituel.

Si nous sommes dans la confiance dans la vie et dans la pleine conscience du moment présent, cette aventure humaine unique d'attendre un enfant – trop souvent banalisée ou surmédicalisée – deviendra une lumineuse période d'apprentissage mutuel entre parents et enfant où nous grandirons tous.

Ce sera peut-être la plus belle aventure de notre vie.

Françoise Berthoud
Pédiatre homéopathe suisse

Table des matières

Deuxième partie
La grossesse, un temps à protéger et à privilégier

Introduction

Ce volume a été publié pour la première fois en 1996. Il n'y a eu qu'un seul tirage qui a mis quelques années à s'écouler. Plus de douze ans plus tard, une demande régulière se fait sentir. De jeunes mamans veulent le faire renaître. Est-ce le signe que davantage de parents s'interrogent sur l'état de santé de leurs enfants? Ou seraient-ils plus nombreux à croire en leur capacité de promouvoir la santé de leurs petits? C'est souvent un peu des deux. L'essentiel est qu'il y ait une ouverture au changement, car il faut que ça change. Nous ne pouvons plus assister sans mot dire à toutes les formes d'agression subtile que nous faisons subir à nos enfants. Un enfant, c'est fort et fragile à la fois. L'environnement émotionnel aura un impact certain sur son développement tout comme les apports nutritionnels et l'environnement physique. Ces éléments seront abordés dans ce volume.

Dans la première version du livre, j'abordais uniquement les « relevailles » de la maman et la santé du petit bébé sous l'angle des soins naturels. Avec mes années de pratique naturopathique, j'ai constaté que la santé du bébé débutait bien avant sa naissance, c'est pourquoi vous trouverez une partie complète sur la préparation à la conception. Peut-être consultez-vous ce volume spécifiquement pour votre nouveau-né, mais je vous invite quand même à découvrir ce thème de la préconception. Cela pourrait être utile pour une nouvelle grossesse ou encore pour informer une sœur ou une amie. C'est ainsi que les informations circulent.

Dans cette deuxième version, la grossesse sera aussi abordée non pas sous l'angle du développement physiologique du bébé, puisque de nombreux livres soulignent cet aspect de la grossesse, mais plutôt sous l'angle de la réflexion et des soins naturels. Les « relevailles » suivront avec l'alimentation et les soins du bébé jusqu'à dix-huit mois environ. Vous constaterez, étant donné le nombre croissant d'enfants allergiques, que les recommandations alimentaires seront encore plus détaillées que dans la première édition.

Ce livre, bien qu'il soit destiné aux couples, s'adresse en premier lieu aux femmes puisque ce sont elles qui portent les enfants et qui dévorent plusieurs volumes sur la grossesse afin de mieux comprendre la grande aventure qui s'offre à elles. Mais j'aborderai aussi certains sujets qui concernent spécifiquement les pères. Je vous invite donc, mesdames, à faire lire ces passages à vos conjoints. Ce sera une occasion de partage et d'ajustement afin d'être sur la même longueur d'onde.

Le présent ouvrage permettra peut-être aux nouveaux parents de découvrir que mère Nature est beaucoup plus sensée, organisée et généreuse qu'on a bien voulu nous le faire croire ces dernières décennies; que le corps humain est divinement bien construit; qu'il répond à des lois de la vie qui sont immuables; qu'il nous faut à tout prix réapprendre ces lois pour le mieux-être de nos bébés et pour la survie de l'humanité.

Le contenu de ce volume portant sur les soins naturopathiques n'est pas exhaustif. Afin d'éviter que les parents ne se perdent dans mille possibilités, j'ai fait des choix accessibles et faciles d'utilisation. Pour approfondir cette matière ou trouver d'autres types de soins, référez-vous à la bibliographie.

Il va sans dire que les soins sont simplifiés pour un maximum d'efficacité afin d'atteindre la réalité des mères d'aujourd'hui. Par contre, le soin de nos enfants demandera toujours un certain temps qu'il est essentiel de leur offrir. Nous devons consacrer un minimum de temps à la qualité de notre alimentation et respecter le corps dans sa guérison. Nous devons réapprendre la souplesse et la patience dans notre quotidien par rapport aux soins de notre famille.

Ce qu'il y a d'extraordinaire et de merveilleux lorsqu'on découvre la naturopathie[1], c'est que nous redevenons responsables de notre

---

1. Définition québécoise de la naturopathie retenue lors du premier symposium sur la naturopathie en 1994 : « La naturopathie est une philosophie, un art et une science de la santé qui vise le mieux-être global de la personne dans une vision biopsychosociale à l'aide de moyens naturels et écologiques. »

vie et de notre santé et que nous comprenons enfin pourquoi notre corps exprime certains malaises ou maladies, car là où il y a la connaissance, la peur et la crainte s'estompent!

Nous avons à reprendre confiance en la vie en développant nos connaissances, mais surtout en ouvrant notre cœur à l'intuition et en développant notre sens critique. Tout est tellement emballé et maquillé dans notre société qu'on arrive à nous faire croire n'importe quoi. Je vous invite donc à lire ce livre avec votre cœur pour découvrir ce qui vous interpelle, ce qui a du sens *pour vous*. Lorsqu'on se sent bien dans une décision, dans un choix de vie, on se sent capable d'être différent et d'accepter la différence. L'épanouissement de votre enfant et sa santé florissante seront les plus beaux encouragements afin de vous aider à persévérer votre apprentissage des lois de la VIE.

Mode d'utilisation

Pour faciliter la compréhension du texte, j'ai inséré les définitions successivement au bas des pages.

Consultez l'index alphabétique en fin de volume pour retrouver rapidement certains sujets.

La majorité des aliments santé, des plantes ou des remèdes se retrouvent dans les magasins d'alimentation naturelle ou dans certaines pharmacies spécialisées.

Tout ce qui est en lien avec les soins, les cataplasmes ou les produits se retrouve détaillé dans le chapitre 19 portant sur la pharmacie naturelle.

Prenez la précaution d'acheter progressivement quelques produits de base pour votre pharmacie naturelle. Ils vous serviront bien le moment venu.

PREMIÈRE PARTIE

La préconception,
une conscience à retrouver

Chapitre 1
Préparation du cœur et de l'esprit

Où en sommes-nous en ce début de millénaire? Nous pouvons déjà conclure que, malgré toute l'avancée de la technologie, malgré le modernisme, la diminution du travail physique pour les humains (car nous sommes remplacés impitoyablement par la robotique), la science médicale, les milliers de diplômes universitaires qui sont délivrés chaque année, l'humanité se meurt. Elle souffre de cancer, de sida, de pauvreté, de suicide, de dépression, d'épuisement professionnel, de violence. Pire, le mal de la guerre la ronge encore.

Que se passe-t-il donc? Est-ce à dire que nous avons oublié l'essentiel de la vie puisqu'elle nous quitte à une vitesse de plus en plus rapide : déforestation, extinction des animaux, pollution, perte des terres arables, malformations génétiques et congénitales, tant animales qu'humaines, maladies mentales, détresse de l'âme, etc.

Et si nous avions occulté l'origine même de la vie? Ainsi, nous aurions oublié sa magnificence, sa grandeur et surtout comment l'actualiser sur cette terre.

Seul le développement de notre conscience, ou devrais-je dire la redécouverte de notre vie spirituelle, pourra redonner un sens à la vie et surtout la sauver de son extinction sur notre planète. La spiritualité est la seule force capable de maîtriser, de contrôler, d'équilibrer les actes de violence que l'intellect a libérés sans réfléchir.

Nous avons perdu le sens de la beauté, du merveilleux, de l'Amour. Est-ce en faisant naître nos enfants dans des laboratoires (par clonage) que nous retrouverons notre humanité dans son sens le plus élevé? Non! C'est le meilleur moyen de perpétuer un monde de violence, sans âme et sans scrupule. L'avenir de l'humanité est plus que jamais entre les mains des femmes, ou plutôt dans leur esprit et dans leur corps. Elles seules peuvent se préparer à recevoir de belles Âmes. Cessons d'abandonner notre pouvoir féminin à d'autres forces que nous ne connaissons pas. Redonnons un monde de beauté et d'harmonie à nos enfants. Écoutons notre intuition. Elle saura bien nous guider. N'acceptons plus le langage de la peur : il crée tous les maux de ce monde.

Observez la nature au printemps. Prenez conscience de la beauté du bourgeon qui éclot, du perce-neige qui traverse les obstacles pour s'abreuver au soleil printanier. Fondez vos yeux dans le regard d'un nouveau-né et vous saisirez peut-être, l'espace d'un instant, la magie de la Vie. Tout n'a pas à être expliqué « scientifiquement ». Nous avons plutôt avantage à ressentir profondément le miracle de la Vie en rendant humblement grâce.

Nous reproduisons la plupart du temps ce que nous avons vécu dans notre milieu familial, de façon souvent inconsciente, et parfois consciemment, parce que nous croyons aux bienfaits de cette action ou de cette pensée.

Très peu de mères, de nos jours, disent à leurs filles que leur attitude, leur façon de penser, pourrait avoir, avant même la conception, une incidence directe sur les qualités du bébé qu'elles désirent. Nous croyons à peine qu'une alimentation de qualité est utile *pendant* la grossesse pour former un bébé en santé. Penser que ce qui est fait *avant la conception* a aussi une influence est encore plus difficile à accepter. Pourtant, ce n'est que l'expression des lois de la vie.

Est-ce que la beauté de l'arbre ne dépend que de la graine qui est semée? Non, bien sûr. La semence déterminera la variété de l'arbre ou de la plante. Elle contient le plan directeur de ce qu'il devrait être. La graine a besoin d'un milieu favorable pour développer son potentiel maximal. Plantez une graine dans un sol rocailleux et elle germera à peine. Plantez-la dans un bon sol, mais au nord d'un édifice, elle manquera de soleil et poussera en longueur en demeurant toute frêle. Plantez la graine dans un sol riche en humus, bien ensoleillé, mais oubliez de l'arroser, et sa croissance sera très ralentie. Arrosez-la à nouveau et elle deviendra belle, mais elle ne pourra jamais reprendre le temps perdu dans cette saison. Il se peut qu'il soit trop tard pour que ce plant donne des fruits, ou bien ses fruits n'auront pas le temps de venir à maturité avant que ne vienne l'automne. Avec la même graine, nous aurons des résultats différents selon le milieu nourricier de celle-ci. Ce sont les lois immuables de la vie. Pourquoi changeraient-elles pour nous?

Nous avons vu que, au-delà de la graine, le milieu environnant modèlera la forme de la plante. L'humain n'y échappe pas. Au-delà de l'ovule ou du spermatozoïde, le milieu interne physique, émotionnel et spirituel de la mère et du père influencera les qualités de l'enfant à naître. Nous devons travailler sur le plan physique en éliminant nos toxines, en augmentant notre qualité nutritionnelle pour nous assurer que la semence soit de grande qualité, c'est ce que nous apprendrons dans les autres chapitres. Mais nous devons aussi *nettoyer nos pensées* avant même la conception. Car la pensée précède la forme.

Le désir de concevoir un enfant monte en soi comme femme, monte en nous comme couple, mais dans quel but? Est-ce pour nous faire plaisir? Est-ce pour assurer nos vieux jours? Est-ce pour cimenter l'amour de notre couple? Est-ce que nous sommes le seul couple n'ayant pas encore d'enfant dans la famille, et il faut bien faire comme tout le monde, ou est-ce encore pour répondre à des conventions sociales?

Concevoir un enfant, c'est avant tout accueillir une Âme. Plus les parents auront guéri leurs propres blessures, plus ils seront en équilibre. Plus ils auront intégré l'amour dans leur quotidien, plus ils offriront un milieu favorable à la nouvelle conscience qui veut naître.

La vie de tous les jours nous offre mille occasions de faire des choix, de grandir, de développer le meilleur de nous-mêmes, de nous dépasser. Lorsqu'on désire un enfant, il faut accentuer ce processus de compréhension et d'amour et chercher toutes les occasions pour se nourrir dans ce sens. C'est la préparation cruciale d'un terreau fertile pour votre futur bébé.

Un bon livre nourrira votre esprit. Une bonne musique nourrira votre âme. Assister à certaines conférences ou à des ateliers de croissance vous permettra de vous découvrir. Apprendre la relaxation ou la méditation vous aidera à vous centrer, à vous détendre et à mieux répondre aux défis de la vie. Observez plus souvent les merveilles de la nature. Vous découvrirez à nouveau la beauté et le mystère de la vie. Côtoyez de belles personnes, celles qui rayonnent, qui vous apportent du bien-être, de la joie. Faites une sélection consciente des relations que vous entretenez dans votre vie. Quelles sont les personnes qui siphonnent votre énergie, qui vous épuisent? Cessez de les rencontrer ou voyez-les très peu même si elles font partie de votre famille immédiate. Choisissez volontairement de vous entourer d'Harmonie, d'Amour et de Joie. Résistez à la violence gratuite et aux médisances. Ce n'est pas la perfection qui nous est demandée, mais plutôt la volonté d'exprimer le meilleur de nous-même, avec les actions qui l'accompagnent. Chaque journée qui nous est confiée nous donne l'occasion de faire un pas de plus dans ce sens.

Nous aborderons au cours de ces pages l'éducation de l'enfant à naître. Avant même de penser éduquer quelqu'un d'autre, ne vaut-il pas mieux que l'on commence par soi-même? La préparation à la conception nous offre cette chance de parfaire notre éducation, car notre futur enfant apprendra davantage par nos faits et gestes que par notre parole.

Imaginez, l'espace d'un moment, que tous les couples se préparent à concevoir un enfant et que les femmes offrent à cet enfant une terre d'accueil riche et harmonieuse. En l'espace d'une génération, la vie serait différente sur toute la terre. Nous avons besoin de gens sages à la tête de nos gouvernements et non de gens riches et influents. Nous avons besoin d'hommes et de femmes qui connaissent les lois de la vie et qui les respectent. Nous avons besoin de gens épris de justice, d'intégrité, courageux, créatifs et audacieux. Nous avons besoin d'hommes et de femmes qui mettront au monde des enfants respectés dans leur potentiel d'être. La vie a besoin de chacun de nous pour éclore dans sa splendeur.

Il se peut que les deux personnes d'un couple ne soient pas sur la même longueur d'onde dans leur vision de l'enfant à venir. Il est bon de vérifier s'il existe quand même une petite ouverture chez l'autre, car concevoir un enfant avec une conscience diamétralement opposée sera source de discordances aussi bien dans le couple que chez l'enfant à naître. Mieux vaudrait alors s'abstenir. Un couple sain vit dans la complémentarité et non dans l'opposition. La femme étant le « réceptacle », la formatrice de cette vie, elle ressentira plus facilement la justesse de la préconception. Elle peut faire beaucoup elle-même dans son intimité même si le conjoint n'adhère pas entièrement à sa philosophie de vie. La grande majorité de la préparation se fait de toute façon à l'abri des regards, dans notre être intérieur. Elle sera par contre étonnée de ce qu'elle dégagerera car elle sera des plus radieuse.

Vous croyez que le vrai pouvoir appartient aux hommes politiques ou peut-être aux dirigeants des multinationales? C'est ce qu'on essaie de vous faire croire. Le vrai pouvoir est actuellement dans le cœur de la femme. C'est elle qui incarne la Vie, c'est elle qui peut diriger le sens de l'évolution en mettant au monde des enfants sains dès maintenant et ensuite en les accompagnant avec leur père dans le développement maximal de leurs multiples talents.

Chapitre 2

Préparation du « réceptacle », le corps

Nous labourons les champs et nous les fertilisons avec de l'humus ou du fumier pour nous assurer que les graines germeront rapidement et qu'elles donneront de bons fruits ou de bons légumes. C'est exactement le même principe pour le corps humain. Il a besoin de certains nutriments bien spécifiques pour assurer sa croissance et son entretien. Imaginez combien de matériaux de qualité sont essentiels lorsqu'on pense à construire un nouvel être humain. La création de la vie est une œuvre d'art. Les matériaux doivent être nobles si on veut créer la beauté et l'harmonie. Tout est à réapprendre pour la majorité des Nord-Américains et des Européens, car nous nous sommes tellement éloignés de la vie naturelle que nous ne savons plus faire la différence entre ce qui est vivant et ce qui est mort. Seule la vie engendre la vie et la mort n'entraîne que la mort.

Sachez que les efforts que vous ferez pour vous refaire une santé ne seront pas utiles qu'à votre futur bébé. Vous le remercierez de vous avoir donné la motivation de modifier vos habitudes de vie, car vous en retirerez vous aussi de grands bénéfices. Il faut vous accorder du temps pour faire des changements. Une période de six mois à un an de préparation à la conception est idéale. Imaginez le temps que vous avez consacré à l'étude de votre métier. Trop longtemps, nous avons cru que nous pouvions nous improviser parents, que c'était inné pour tous. Erreur. Il est vrai que certaines personnes ont des aptitudes naturelles, d'autres ont eu un bon modèle dans leur famille, mais cet état de fait n'est pas le lot de tous. Lorsque nous choisissons de consacrer du temps pour nous préparer à ce rôle, notre cellule familiale en ressort gagnante. Donner la vie est un acte de grande responsabilité car il est irréversible. Nous devenons parents pour la vie entière! Alors vaut mieux s'y préparer!

En fait, ce sont les grands principes de vie saine et naturelle, si chers aux naturopathes, qui devraient être appliqués ici. Chaque personne est différente dans son histoire de santé. Il est même très recommandé de consulter un naturopathe qualifié pour un bilan de santé avant de concevoir votre bébé. Ajoutez à cette consultation un plan de remise en forme adapté à votre condition et vous aurez contribué à créer un espace privilégié pour la conception, la grossesse et la naissance à venir.

Dans les règles de base, je réviserai des habitudes de vie. Certaines vous toucheront plus que d'autres. L'essentiel est de tendre vers l'amélioration de vos habitudes personnelles et non pas d'atteindre la perfection. Il y a toujours des sommets plus élevés à atteindre. Il est préférable de gravir une marche à la fois et maintenir les changements que l'on fait que vouloir tout faire et abandonner parce que c'est trop difficile. Le but est d'éclairer notre conscience. Les transformations suivront sans difficulté, car nous sommes appelés intérieurement vers ces changements. Ils ne sont pas imposés pour faire plaisir à quelqu'un d'autre, ils émergent du gros bon sens et de notre intuition. Ils nous rendent heureux.

Des règles de base[2]

Intégrez les règles de base en respectant votre rythme. Les personnes plutôt débutantes pourraient étaler ces changements sur une période de six mois. La sagesse nous dit d'avancer lentement afin d'éviter de reculer en cours de route.

---

2. Ces règles sont en fait l'application des facteurs naturels de santé qui sont très détaillés dans le volume *Soins à mon enfant*, de la même auteure, aux Éditions Le Dauphin Blanc.

L'eau

Consommez une eau de qualité. Vous êtes composé de près de 70 % d'eau. Elle est nécessaire à votre métabolisme. La première recommandation à donner à quelqu'un qui souffre d'un problème de santé est de boire suffisamment d'eau. Bien des maux de dos, maux de tête, troubles digestifs et douleurs articulaires disparaissent avec ce simple ajustement. Votre concentration s'améliorera aussi si vous buvez de l'eau régulièrement. Elle nettoie également votre corps de ses impuretés si elle est, elle-même, suffisamment pure.

Le chlore est une substance cancérigène, c'est reconnu. Boire de l'eau chlorée, même à faible dose, nous met en contact avec une substance nocive. Combien de personnes s'abstiennent de boire de l'eau, car elles n'aiment pas le goût du chlore, tout simplement? Ce faisant, elles se privent de la base même de la vie : l'eau. De plus, les usines de filtration d'eau n'éliminent pas tous les métaux lourds, les pesticides, les herbicides ou les insecticides qui s'y déversent et encore moins les résidus hormonaux et médicamenteux qu'on retrouve dans l'eau des grands lacs et des fleuves. Tous ces facteurs contribuent à augmenter les cas de stérilité de même qu'à affaiblir la santé des gens. Il faut donc choisir de consommer une eau de source locale de qualité à moins de cent parties par million (100 ppm) de minéraux ou encore une eau filtrée à l'aide d'un filtre au charbon ou à osmose inversée. Cette eau s'achète dans les magasins d'alimentation naturelle ou dans certains supermarchés. Vous pouvez aussi avoir un système de filtration à la maison. Vérifiez que l'entretien des appareils soit fait régulièrement. Six à huit verres d'eau de 250 ml par jour sont nécessaires à la santé d'un adulte.

Il est peut-être bon de rappeler que l'eau est une ressource très abondante au Canada. Elle fait l'envie de bien des pays et sera un enjeu important dans l'avenir[3]. En 2007, 4 200 enfants de moins de 5 ans mourraient chaque jour par manque d'eau potable! Soit 1,6 millions d'enfants qui décèdent chaque année par notre négligence collective. Plus de 2,6 milliards de personnes

---

3. Consultez l'excellent livre de Maude Barlow et Tony Clarke, *L'Or bleu – L'eau, nouvel enjeu stratégique et commercial* aux Éditions Boréal, en 2002.

manquent actuellement d'un système d'assainissement des eaux de base[4]. On prévoit que 5 milliards d'humains n'auront pas accès à l'eau potable en 2025[5]. C'est aussi bien connu que le manque d'eau potable est à l'origine de la transmission de bien des maladies infectieuses[6]. Alors, apprécions cette grande richesse et soyons vigilants afin de la protéger.

Les légumes et les fruits

Augmentez votre consommation de légumes et de fruits frais. Ces recommandations font régulièrement la manchette des journaux depuis que des scientifiques et des médecins s'intéressent davantage à ces aliments en matière de prévention contre le cancer[7]. Tant mieux si la crainte de cette maladie permet à la population de changer ses habitudes alimentaires. Mais, en fait, ces aliments ne sont pas seulement bénéfiques sur ce point, ils sont importants pour notre qualité de vie générale, car dans les fruits et les légumes nous retrouvons une grande quantité de vitamines, de minéraux, d'oligoéléments et de composés phytochimiques (plus de 10 000!) qui agissent en synergie pour nous maintenir en santé. Ces précieux aliments ont donc des fonctions nutritives, digestives, curatives, antioxydantes, reminéralisantes et même désintoxicantes[8].

De plus, une étude préliminaire d'une durée de deux ans réalisée au Québec par l'équipe du Dr Jean-Marie Moutquin[9] montre que la qualité de l'alimentation semble avoir un réel impact sur les risques d'accouchement avant terme dont le nombre augmente dans tous les pays industrialisés. Cette étude révèle

---

4. Genève (AFP), L'eau tue encore 1,6 millions d'enfants par année, *Le Journal de Montréal*, mercredi 16 septembre 2006, p. 10.

5. Isabelle Hachey, Sauvons la planète – L'eau menacée, *La Presse*, samedi 29 septembre 2007, p. A 5.

6. Genève (AFP), Le manque d'eau tue, *Le Journal de Montréal*, jeudi 28 septembre 2006, p. 33.

7. Consultez le livre *Les aliments contre le cancer* de Richard Béliveau et de Denis Gingras aux Éditions Trécarré, en 2005.

8. Désintoxicantes : qui permettent de débarrasser l'organisme de ses toxines ou de ses déchets internes.

9. François Gougeon, Bien manger diminuerait les naissances prématurées, *La Tribune*, Sherbrooke, mardi 26 octobre 2004, p. A.

que les femmes en menace d'accouchement prématuré avaient des niveaux anormalement bas de fer, de zinc et de vitamines A et E, pour ne nommer que ces éléments. De telles carences ne s'installent pas du jour au lendemain. Elles ne se comblent pas si rapidement non plus, d'où l'importance de bien nous préparer pour la conception de notre enfant.

Évaluez votre consommation de fruits frais. C'est vraiment en prenant le temps d'écrire tout ce que nous mangeons pendant deux semaines que nous pouvons quantifier nos apports alimentaires. Je vous invite donc à faire cet exercice. Pour ce qui est des fruits, ils se mangent bien au lever ou à la collation de seize heures. Ils se digèrent mieux seuls et créent ainsi moins de fermentation intestinale. Par contre, évitez les excès de fruits (plus de trois à quatre portions par jour) en hiver, car ces derniers rafraîchissent l'organisme et augmentent la déminéralisation chez les personnes maigres et frileuses. L'été est la meilleure saison pour se gorger de fruits frais. Sachez que les jus de fruits ne sont pas réellement équivalents à un fruit complet surtout si c'est un jus de fruits acheté dans le commerce, car presque tous les jus de fruits sont pasteurisés[10] pour assurer une plus grande durée de conservation. Leur valeur nutritive s'en trouve diminuée. Les enzymes présents naturellement dans les aliments sont détruits, il y a des pertes de vitamine B, de vitamine C, de bêta-carotène[11] et de certains acides aminés comme la lysine et la méthionine. De plus, le jus ne contient pas les fibres nécessaires à une bonne élimination intestinale ni les éléments nutritifs que l'on retrouve dans la substance solide du fruit. Le jus de fruits fera aussi monter l'index glycémique plus rapidement qu'un fruit complet. Si vous désirez consommer des jus de fruits, procurez-vous un extracteur à jus pour la maison ou un presse-agrumes. Vous obtiendrez par cette fraîcheur le maximum de valeurs nutritives dans votre jus.

---

10. Pasteurisation : opération qui consiste à chauffer un liquide à des températures inférieures à 100 °C, puis à le refroidir brusquement, de manière à y détruire un grand nombre des germes pathogènes qui pourraient possiblement y avoir. Le temps de conservation demeure limité.

11. Julie Brière, Petit guide de conservation des aliments, *Ressources santé*, juillet – août 2003, p. 23-24.

Par contre, augmentez vos portions de légumes l'hiver. Si vous vivez dans un pays nordique, préférez les légumes-racines (carotte, navet, panais, patate douce, etc.) agrémentés d'un légume vert à chacun des repas. Les légumes-racines nous apportent les calories nécessaires pour combattre le froid. Les légumes doivent être consommés crus ou cuits à la vapeur et *al dente*. De plus, intégrez à votre assiette des germinations (tournesol, fenugrec, radis, etc.). Elles regorgent de vitamines et de minéraux essentiels à la vie. Elles sont faciles à faire à la maison et très économiques.

Achetez des aliments de culture biologique lorsqu'ils sont accessibles selon les saisons. Vous vous assurerez ainsi d'éviter de consommer des aliments modifiés génétiquement (AGM)[12] en laboratoire. L'innocuité d'un tel procédé est loin d'avoir fait ses preuves et ne fait pas l'unanimité dans la communauté scientifique, le principe étant d'insérer un gène étranger à l'espèce en vue d'améliorer une caractéristique de ce dernier. Les scientifiques jouent aux apprentis sorciers en combinant des gènes qui ne se seraient jamais retrouvés ensemble n'étant pas de la même espèce. De plus, comme il y a eu modification de l'espèce, ce procédé est breveté. Il appartient donc à la compagnie qui le produit. De tout temps, la nature nous nourrissait gratuitement si nous voulions bien cultiver notre jardin. Avec la commercialisation des OGM, les aliments ne nous appartiennent plus. Les fermiers doivent acheter chaque année les graines modifiées par les multinationales comme Monsanto[13] pour faire leurs semences. Il leur est interdit par la loi d'utiliser les graines de leurs propres plants pour refaire une prochaine semence. En plus de perdre notre biodiversité, de devenir dépendants des multinationales, de détruire les petits producteurs terriens, nous mettons en jeu notre santé, nous risquons l'avenir de nos enfants. Comme l'étiquetage n'est pas encore obligatoire au Canada, la seule façon de les éviter est de choisir des aliments certifiés biologiques. Je vous invite à lire sur le sujet, car pour votre futur bébé, ce sera un choix important à faire. Le bébé est en pleine

---

12. Le sigle AGM fait référence aux aliments génétiquement modifiés. Par contre, l'utilisation du sigle OGM, pour organismes génétiquement modifiés réfère aussi à l'alimentation humaine.

13. Consultez l'ouvrage percutant de Marie-Monique Robin, *Le monde selon Monsanto*, aux Éditions Stanké, en 2008, ainsi que le documentaire du même titre.

croissance et les aliments qu'on lui donne construisent sa structure, son système glandulaire, son système nerveux et son immunité (pour ne nommer que ces éléments). Notez que proportionnellement au poids, le bébé mange davantage que nous, d'où une plus grande exposition aux divers agents polluants. Dans le doute, mieux vaut utiliser le principe de précaution et s'abstenir. De plus, vos aliments seront meilleurs au goût et plus nutritifs, et vous ne consommerez pas tous les résidus de pesticides, d'herbicides ou d'insecticides qui sont utilisés à profusion dans la culture commerciale. Ces derniers s'accumulent dans l'organisme, ils oxydent notre corps en développant des radicaux libres, ce qui nous dirige entre autres vers le développement des cancers. La culture biologique respecte aussi l'équilibre du sol et nous fournit donc des aliments plus nutritifs. Plus la population choisira des aliments de qualité, plus l'industrie s'ajustera à cette demande. Si vous choisissez d'acheter localement et directement du producteur[14], vous ferez des économies substantielles tout en réduisant les gaz à effet de serre[15].

Le sucre

Diminuez la consommation des sucres raffinés tels que le sucre blanc, la cassonade, le sirop de maïs et tous les aliments faits à partir de ces ingrédients. Lisez attentivement les étiquettes. Ces sucres déminéralisent le corps, ils lui volent les bons minéraux. Ils acidifient l'organisme et contribuent ainsi à nous user prématurément. Pensons à l'arthrose, à l'ostéoporose. Les sucres perturbent aussi le bon fonctionnement du pancréas, ce qui nous conduit à l'hypoglycémie et par la suite au diabète. Les sucres concentrés et raffinés font chuter le système immunitaire, ils irritent la muqueuse intestinale, ils perturbent le fonctionnement de notre cerveau en nous laissant dans un état de confusion. William Reymond, dans son livre *Toxic*[16], nous met aussi en garde contre le sirop de glucose-fructose extrait du maïs, établissant un lien direct entre l'utilisation

---

14. Pour connaître ces ressources au Québec, consultez le site d'Équiterre au www. equiterre.qc.ca.

15. Consultez l'excellent livre de Laure Waridel, *L'envers de l'assiette*, aux Éditions Écosociété, en 2003.

16. William Reymond, *Toxic – obésité, malbouffe, maladies : enquête sur les vrais coupables*, Flammarion Enquête, 2007.

de ces sucres et l'augmentation de l'obésité dans la population. Ce sirop ajouté aux boissons gazeuses et aux aliments sucrés perturberait notre sentiment de satiété envers le sucre, ce qui nous incite à en consommer davantage sans avoir mal au cœur! Bref, soyez vigilants dans vos choix de sucre. Choisissez des sucres non raffinés tels que le miel, le sirop d'érable ou le sucre brut, mais ne les consommez que modérément. Le sucre est une drogue douce et légale. Il crée l'assuétude ou la dépendance. Plus vous en mangez, plus vous en avez besoin et l'inverse est aussi vrai. Prenez le temps de vous sevrer du sucre en modifiant vos habitudes alimentaires. C'est le plus grand service que vous rendrez à votre enfant! L'épidémie d'obésité chez les enfants[17] et la sédentarité les conduisent tout droit au diabète de type 2. Ce type de diabète était autrefois appelé diabète *de vieux*. Ensuite, c'est devenu le diabète *d'adulte* et aujourd'hui on parle davantage de diabète de *type 2*[18], car il atteint des individus de tous âges. Ces changements alimentaires sont aussi essentiels pour la future maman afin d'éviter de développer un diabète de grossesse.

On ne peut parler de sucre sans aborder le sujet des édulcorants de synthèse. Les produits dits *diététiques* abondent sur le marché. On incite la population à réduire ses calories en consommant ces succédanés de sucre sans calories mais à garder la dent sucrée! Il existe actuellement deux générations d'édulcorants chimiques. La première génération est composée de la *saccharine* (Hermesetas), des *cyclamates* (Sucaryl, Sweet'n Low, Sugar Twin) et de l'*aspartame* (NutraSweet, Equal, Canderel).

L'aspartame est de loin le plus connu des édulcorants. Les plus récents sont dits de la deuxième génération. Nous retrouvons alors l'*acésulfame de potassium* (Sunett), le *sucralose* (Slenda), le *néotame* et l'*alitame*. Il existe aussi une autre classe d'édulcorants que l'on considère comme moins chimique, car ils sont issus de différents sucres d'origine végétale. Ce sont des sucres-alcools comme le

---

17. Québec (PC), Épidémie chez les jeunes, *Le Journal de Montréal*, lundi 13 novembre 2006, p. 11.

18. Le diabète de type 2 voit ses origines dans les habitudes de vie, tandis que le diabète de type 1 est une affection auto-immune liée à un dysfonctionnement des cellules du pancréas qui ne produisent plus d'insuline.

maltitol, le *mannitol*, le *sorbitol*, le *xylitol*, l'*érythritol*, l'*isomalt*, etc. Nous les ingérons à travers les aliments commercialisés, car ils ne sont pas vendus pour un usage de table. Consommées en quantité importante, ces molécules de sucre-alcool peuvent provoquer des troubles intestinaux comme la diarrhée ou les flatulences. Officiellement, tous ces produits sont sans danger pour la population puisqu'ils sont acceptés par notre gouvernement. Par contre, la saccharine et les cyclamates, issus de la première génération d'édulcorants, ne sont pas recommandés pour les femmes enceintes. En ce qui a trait à l'aspartame, Santé Canada affirme que la consommation de cet édulcorant par les femmes enceintes est inoffensive pour la santé bien que le Ministère fasse une mise en garde contre une consommation excessive. Il nous rappelle que « la dose journalière admissible est de 40 mg par kilogramme de poids corporel, ce qui équivaut, pour une personne pesant 60 kg, à environ 16 canettes de boissons gazeuses « diètes » de 355 ml par jour »[19]. On comprend facilement qu'il sera difficile pour une femme d'atteindre une dose excessive selon ces normes! Dans mon cabinet privé, j'ai régulièrement rencontré des personnes pour qui la consommation d'aspartame causait entre autres des maux de tête et des maux de ventre. Bien des effets secondaires lui seraient attribués, mais ils ne font pas l'unanimité chez les chercheurs. De plus, des études démontrent que la consommation de ces boissons « diètes » stimule l'appétit et peut contribuer à une augmentation de poids chez le consommateur régulier!

Je ne peux clore ce sujet sans aborder un produit naturel sucrant de plus en plus connu : le *stévia*. Depuis longtemps, la population du Brésil et du Paraguay utilise les feuilles d'un petit arbuste, le *stevia rebaudiana*, pour adoucir ses différents plats nationaux. Ces feuilles contiennent des stéviosides qui donnent ce pouvoir sucrant très concentré. Selon le cultivar utilisé, la concentration en stéviosides des feuilles donnera un pouvoir sucrant de cent à trois cents fois supérieur à celui du sucre blanc sans aucune calorie. Dans les années 70, le Japon a interdit la commercialisation des édulcorants de synthèse en regard des risques potentiels sur la santé de la

---

19. www.hc-sc.gc.ca/fn-an/nutrition/prenatal/national_guidelines-lignes_directrices_
    nationales-06g_f.html#1, site consulté en février 2007.

population. Les autorités japonaises ont par contre permis l'utilisation des extraits de stévia comme édulcorant naturel. Ce dernier a étendu sa popularité autant en Asie qu'en Amérique du Sud ou en Europe dans une multitude de produits alimentaires. Nos voisins du Sud ont résisté à cette popularité, car le stévia entrait en compétition directe avec leurs propres édulcorants de synthèse. En 1991, aux État-Unis, il était interdit de l'importer. Ce n'est qu'en 1995, sous la pression des consommateurs, que la *Food and Drug Administration* (FDA) revient sur sa décision et permet la vente du stévia sous forme de supplément alimentaire. Tout comme au Canada, le stévia ne peut être vendu comme additif alimentaire mais bien comme supplément naturel. Tout récemment, de nouveaux développements sont apparus avec le stévia. En mars 2008, une compagnie américaine, la Wisdom Natural Brands, a réussi à démontrer l'innocuité de l'extrait de stévia afin de le vendre en enveloppe comme édulcorant de table sous le nom de SweetLeaf. Les multinationales Coca-Cola (avec le Truvia) et PepsiCo[20] (avec le PureVia) se livrent une bataille acharnée afin de sortir le plus rapidement possible, en 2009, leur nouvelle boisson gazeuse adoucie avec un édulcorant naturel extrait du stévia (*rebaudioside-A*). Les édulcorants n'ont pas fini de faire parler d'eux!

Nous nous retrouvons toujours confrontés au même principe de précaution à l'égard du bébé à naître. Avons-nous vraiment besoin d'édulcorants même s'ils sont de source naturelle? Pourquoi ne pas consommer des sucres que notre corps reconnaît, qu'il peut bien métaboliser, et en diminuer la quantité tout simplement? Le miel est reconnu pour ses vertus bénéfiques, le fructose, pour l'équilibre de la glycémie, ou encore la mélasse, pour son apport en minéraux dont le fer. La prudence et la vigilance s'imposent dans ce domaine.

Les aliments-camelotes

Diminuez, pour finalement cesser, la *consommation régulière* d'aliments morts tels que les croustilles, les bonbons, les grignotines, les boissons

---

20. Betsy McKay, La guerre des boissons gazeuses prend un nouveau goût sucré, *The Wall Street Journal*, article paru dans *Le Journal de Montréal*, le lundi 1er septembre 2008, p. 36.

gazeuses, etc. Ils sont responsables de nos surplus de poids : un enfant américain sur trois est obèse tandis que 26 % des jeunes Canadiens âgés de deux à dix-sept ans souffrent d'embonpoint et d'obésité. Ces récentes données statistiques[21] permettent de conclure que les jeunes d'aujourd'hui développeront des maladies (diabète, maladie cardiaque, calcul urinaire[22], trouble mental et articulaire) reliées jadis au vieillissement beaucoup plus tôt que leurs aînés, d'où une espérance de vie réduite. Est-ce cet avenir que nous voulons leur offrir? Ces faits exigent une grande réflexion de société. Comme les enfants apprennent par l'exemple, ce sont les parents qui doivent intégrer avant tout de nouvelles habitudes de vie.

En plus des méfaits énumérés plus haut, votre corps doit dépenser beaucoup d'énergie et de bons nutriments pour éliminer ces toxines (poisons), d'où des sensations de fatigue et des déchets qui s'accumulent. Cela ne veut pas dire de ne plus jamais manger une croustille, car *l'occasion ne fait pas le larron.* Le corps est capable de gérer une certaine quantité de toxines, de déchets, mais le problème est que nous le surchargeons tous les jours inlassablement. La consommation très élevée de boissons gazeuses contribue fortement à miner la santé des petits et des grands. Trois jeunes sur quatre boivent des boissons gazeuses chaque jour. La consommation de ces liquides a augmenté de 100 % entre 1977 et 1997 chez les enfants et les adolescents. De plus, une étude[23] publiée au mois de juillet 2007 dans la revue *Circulation* de l'American Heart Association démontre que les personnes qui boivent au moins une boisson gazeuse par jour « diète » ou régulière, voient leur risque de développer un syndrome métabolique augmenter de 45 % en comparaison à celles qui n'en boivent pas. Ce dit syndrome métabolique est caractérisé par cinq symptômes précis : excès de poids (risque d'obésité), taux d'insuline élevé (risque de diabète),

---

21. Ottawa (PC), Une génération obèse – Les enfants d'aujourd'hui vivront moins longtemps que leurs parents, *Le Journal de Montréal*, mercredi 28 mars 2007, p. 27.

22. Sandrine Cabut, Épidémie de calculs du rein chez les enfants américains, *Le Figaro.fr*, lundi 3 novembre 2008.

23. Richard Béliveau, Les boissons « diètes » : loin d'être inoffensives, *Le Journal de Montréal*, lundi 8 octobre 2007, p. 50.

taux élevé de triglycérides (risque de maladie cardiovasculaire), faible taux du bon cholestérol (risque de maladie cardiovasculaire) et pression sanguine élevée (risque d'hypertension). Regardez le contenu des paniers à l'épicerie et vous comprendrez rapidement le bon sens de l'adage populaire qui dit que l'*on creuse sa tombe avec les dents*!

Certains aliments *morts* (barre chocolatée, gâteau, croustille, etc.) nous apportent aussi de mauvais gras, trans et saturés, qui encrassent nos artères, de même qu'un excès de sel qui déstabilise les autres ions de notre corps et qui augmente la rétention d'eau, sans parler de la quantité phénoménale de sucres cachés qu'ils contiennent avec les effets néfastes déjà énumérés et d'une multitude de colorants de synthèse dont l'innocuité ne fait pas l'unanimité. Ces grignotines vous apportent des calories qui vous privent d'un bon apport alimentaire de vitamines, de minéraux, d'oligoéléments, de bons gras, de protéines, etc. Par exemple, lorsque vous mangez machinalement dix *jelly beans* au cinéma (et c'est très peu), c'est l'équivalent en calories de la consommation de 200 ml de fraises tranchées avec 125 ml de bleuets, 5 ml de sucre et 15 ml de yogourt nature! Avez-vous le même apport nutritif pour le même nombre de calories ingérées? Non! Évidemment. L'argent économisé vous permettra de vous acheter plus régulièrement des aliments de qualité, voire biologiques. Et si l'envie de grignoter persiste, mangez des noix (amandes, noix de Grenoble, pacanes, pistaches, avelines, cajous, etc.), des graines (de citrouille, de tournesol, de chanvre, etc.), des fruits ou des légumes.

Les céréales

Consommez, dès maintenant, des céréales complètes. Éliminez les farines blanches qui sont très peu nutritives. Redécouvrez le goût d'un aliment naturel. Les céréales entières vous fourniront bon nombre de nutriments tels que les vitamines B pour soutenir votre système nerveux, la vitamine E, les minéraux comme le magnésium, le zinc, le fer et les fibres qui permettent une meilleure élimination intestinale. Le pain cuisiné avec de telles farines est plus soutenant. Choisissez régulièrement des pains au levain, car le son des céréales contient de l'acide phytique qui, lorsqu'il n'est pas neutralisé par une lactofermentation naturelle, entrave le métabolisme des minéraux dont le calcium et le fer. Le levain neutralise l'acidose toxique du son. Rappelez-vous que manger du pain blanc et des farines blanches équivaut à manger du sucre. L'effet sur le corps est semblable, car vous ne consommez que l'amidon du grain qui est en fait le sucre de la céréale. L'index glycémique de ce type de pain est très élevé comparativement à un pain fait de céréales entières. Il existe plusieurs boulangeries artisanales. Osez goûter à différentes sortes de pains. Essayer c'est l'adopter!

De plus, choisissez attentivement vos céréales du matin, car elles sont en général très peu nutritives et très riches en colorant et en sucre. Pensez à éviter le sirop de glucose-fructose. Les céréales les plus économiques et les plus nourrissantes demeurent les céréales chaudes du matin comme le gruau (flocons d'avoine), les crèmes d'orge, de riz brun, de sarrasin, de millet, etc. Plusieurs compagnies offrent aussi des céréales sèches du matin biologiques sucrées au jus de fruits. Ce sera un choix à faire tôt ou tard, car votre enfant voudra difficilement manger des céréales santé si vous mangez devant lui des céréales qui contiennent tellement de sucre et de colorants qu'elles sont en vérité des friandises! C'est bien connu qu'un mauvais déjeuner chez l'enfant est en lien avec une moindre performance scolaire.

Les pâtes alimentaires sont omniprésentes dans le menu des enfants. Intégrez dès maintenant des pâtes complètes de blé entier ou encore de sarrasin, de kamut, d'épeautre, de riz brun ou de maïs. Elles donnent un meilleur sentiment de satiété tout en procurant des fibres et des nutriments de qualité.

Les gras (lipides)

Intégrez des gras de qualité dans votre alimentation quotidienne. Il y a plus de vingt ans, les fameux gras trans que tout le monde connaît maintenant ont été introduits. Jusqu'à tout récemment, ils devaient nous assurer une santé cardiaque resplendissante, car ils remplaçaient les gras saturés dans les aliments transformés et même dans nos recettes maison. Pensons à la fameuse margarine et à la graisse végétale. Aujourd'hui, ils sont décriés à tout venant. Leur ingestion serait pire pour augmenter le risque des maladies cardiovasculaires que de consommer des gras saturés. Selon certains médecins, comme le Dr Michael Lyon[24], ils seraient aussi générateurs de cancer et imposeraient un stress toxique à notre cerveau. Qui plus est, le cerveau des enfants est en pleine croissance avec toute la fragilité que cela implique. Des chercheurs américains[25] ont même découvert que les gras trans augmenteraient les risques d'infertilité chez les femmes en entravant l'ovulation. Ces troubles seraient reliés à l'action inflammatoire des gras trans. C'est toujours intéressant de constater les changements de courants qui touchent les produits façonnés par l'industrie, n'est-ce pas? Mais qui paie la note? On peut sérieusement se poser la question. Il faut donc éviter tous les gras hydrogénés et partiellement hydrogénés ainsi que les grandes fritures qui produisent les mêmes gras toxiques.

Les noix, les graines et leurs huiles de première pression à froid ainsi que les gras de poisson fournissent à notre corps des acides gras essentiels à notre métabolisme. Ces gras maintiennent l'intégrité de nos membranes cellulaires, ils soutiennent notre système immunitaire, notre système hormonal, notre système cardio-vasculaire, ils contribuent à conserver l'intégrité de notre peau, ils diminuent les réactions allergiques, ils ont des propriétés anti-inflammatoires, etc. Ils sont nécessaires à la vie. Notre alimentation moderne nous fournit davantage de gras oméga-6 (huile de tournesol, de carthame, de maïs, viandes industrielles) que d'oméga-3 (huile de lin, de chanvre, de noix, de soya et poisson), c'est pour cette raison qu'il y a tant de publicités sur la nécessité de consommer des gras oméga-3. Nous devrions consommer quatre à sept fois plus d'oméga-6 que d'oméga-3, c'est le ratio reconnu. Cependant, notre alimentation nord-américaine nous fournit plutôt un ratio de dix oméga-6 pour un oméga-3. Un excès de gras oméga-6 augmente entre autres les problèmes d'inflammation dans l'organisme, tandis que les gras

---

24. Michael R. Lyon, et G. Christine Laurell, *Le cerveau de votre enfant est-il affamé?*, Éditions Mind Publishing, p. 28-29.

25. Chavarro JE, Rich_Edwards JW, *et autres*, Dietary fatty intakes and the risk of ovulatory infertility, *Am J Clin Nutr*, 2007;85 : 231-7.

oméga-3[26] font l'action inverse. En 2006, une étude québécoise[27] révélait que 85 % de la population ne consommait pas la dose quotidienne recommandée d'oméga-3.

L'idéal est de privilégier une bonne huile à haute valeur mono-insaturée (85 %) comme l'huile d'olive (riche en oméga-9 ou acide oléique) de première pression à froid. C'est une huile de base à consommer quotidiennement, de préférence crue, sur des salades ou des aliments pour sa protection sur le plan cardiovasculaire. L'huile de canola est aussi intéressante par sa richesse en gras mono-insaturé qui représente près de 60 % de son contenu en gras, l'autre partie étant composée de gras polyinsaturés (acide alpha-linolénique) précurseurs d'oméga-3. Par contre, le canola cultivé au Canada serait en grande partie de culture transgénique. Si vous désirez éviter ce type de produit, le canola peut aussi provenir d'une culture biologique et être de première pression à froid. Vous re-marquerez que cette huile est plus foncée et plus goûteuse que l'huile ordinaire de l'épicerie et elle est plus riche en vitamine E.

Afin d'augmenter votre apport en oméga-3, intégrez des noix et des graines ainsi que leurs huiles de première pression à froid. Privilégiez le lin, le chanvre et le soya ou des mélanges d'huiles qui les contiennent. Et, finalement, consommez du poisson, non frit, deux à trois fois par semaine. Vos besoins en bons gras seront ainsi bien comblés. Il est important de considérer que les gras de source végétale doivent subir des transformations dans notre corps pour devenir des oméga-3, acides gras à longue chaîne de type EPA[28] et DHA[29] comme on en retrouve dans le poisson. Cette transformation se fait lentement et nécessite des cofacteurs comme le zinc, le magnésium, les vitamines B3 et B6. De plus, si votre alimentation est riche en oméga-6, en gras saturés et trans et en alcool, la transformation se fera moins bien. Au mieux, 5 à 10 % des gras végétaux se transforment en EPA. C'est pour cette raison que le poisson est un aliment à privilégier.

---

26 Renée Frappier et Danielle Gosselin, Le guide des bons gras, Éditions Asclépiades, p. 66-67.

27. Marilyse Hamelin, Oméga-3 : les Québécois n'en mangent pas assez, Le Journal de Montréal, jeudi 28 septembre 2006, p. 56.

28. EPA : acide éicosapentaénoïque

29. DHA : acide docosahexaénoïque

Il est vrai que les huiles commerciales (bouteille transparente, de goût très neutre et de couleur jaune doré) sont très abordables, mais elles sont sources de calories tout en étant appauvries en valeur nutritive. Elles ont été extraites à la chaleur et aux solvants chimiques. Pour cette raison, elles sont à éviter. Le coût d'une huile de qualité est plus élevé, mais c'est quand même moins dispendieux qu'une simple bouteille de vin. Et qui s'empêche d'apporter une bonne bouteille le samedi soir lors d'un souper entre amis? C'est une question de priorité. La bouteille d'huile vous nourrira pendant un mois. Et le vin?

Les protéines

Les sources de protéines sont nombreuses, mais la variété manque dans l'alimentation quotidienne. Évitez de surconsommer de la viande. Un repas par jour est amplement suffisant. Et variez les sortes de viandes. Essayez le bison, l'agneau, le lapin, la dinde, la pintade, le canard, l'autruche, etc. Consommez des œufs réguliè-rement. Le jaune doit être coulant pour préserver sa bonne qualité de lécithine essentielle pour solubiliser le cholestérol présent dans le jaune. Ils nous apporteront aussi de bonnes sources de fer et de vitamine B12. De plus, les jaunes d'œufs contiennent de la lutéine et de la zéaxanthine, deux antioxydants qui protègent votre vision. Il a été démontré que la consommation d'œufs n'a pas d'impact sur un taux de cholestérol normal[30]. Plus de trente ans de recherche[31] sur les œufs ont démontré qu'on pouvait manger des œufs tous les jours et qu'ils facilitaient au contraire la perte de poids en procurant une plus grande satiété, ce qui enlève le goût de grignoter! Optez encore une fois pour des produits biologiques qui garantissent une meilleure qualité de vie aux poules pondeuses tout en augmentant la qualité nutritionnelle de l'aliment.

Intégrez d'autres sources de protéines que le bœuf et le poulet. Pensez aux poissons, au tofu, aux différentes sortes de légumineuses.

---

30. Katz DL, Evans MA, Nawaz H, Njike VY, Chan W, Comeford BP, Hoxley ML, Egg consumption and endothelial function : a randomized controlled crossover trial, *International Journal of Cardiology*, vol. 99, n° 1, 10 mars 2005, p. 65-70.

31. Rita Demontis (Sun Media), Les remarquables propriétés des œufs, *Le Journal de Montréal*, lundi 29 septembre 2008, p. 58.

Les fèves au lard d'autrefois de même que la soupe aux pois apportaient les protéines nécessaires à l'organisme quand ces mets étaient accompagnés de pain, car ils complètent mutuellement l'équilibre de leurs protéines[32]. Aujourd'hui, avec la mondialisation, nous connaissons une multitude de légumineuses toutes aussi nutritives les unes que les autres. Qui n'a jamais mangé de pois chiches dans un couscous, de fèves rouges dans un chili, de lentilles dans une soupe, etc.? Ces aliments sont très économiques et nutritifs tout en étant facilement accessibles en culture biologique.

Évaluez votre consommation de charcuteries. Ce sont des viandes très transformées avec une quantité incroyable de sel et d'ajouts artificiels incluant les fameux nitrates et nitrites. Le nitrate en soi est sans danger, mais au contact de la chaleur ou durant la digestion, il se transforme en nitrite. Les nitrites entravent le transport de l'oxygène dans le sang et sont associés à des malformations congénitales. Ces derniers, en se liant aux protéines, forment des nitrosamines (N-nitroso) reconnues comme étant cancérigènes. La consommation régulière de charcuteries industrielles[33] augmente les risques de développer un cancer de l'estomac d'environ 20 à 40 %. Prenez le temps de lire les étiquettes et vous serez étonnées par leur contenu. Leur teneur en protéines est très variable, de même que leur teneur en gras trans et saturés. Les nitrites sont souvent la cause de maux de tête même chez les enfants. Préférez des charcuteries de très bonne qualité en petite quantité.

Le café, le thé et le chocolat

Évaluez votre consommation d'excitants comme le café, le thé, le chocolat ou même les boissons énergétiques. Par la caféine qu'elles contiennent, ces boissons vous donnent de la vigilance, mais à long terme, elles irritent votre système nerveux (palpitation, tremblement,

---

32. Protéines : les protéines sont composées d'une association d'acides aminés. Huit sont essentiels et doivent être apportés par les aliments. Leur teneur est variable selon l'aliment. Seuls les aliments de source animale contiennent tous les acides aminés essentiels. Les aliments de source végétale doivent être combinés entre eux pour optimiser leur valeur protéique.

33. Richard Béliveau, Une boîte à lunch sans cancérigène, *Le Journal de Montréal*, lundi 1er septembre 2008, p. 30.

anxiété, insomnie, etc.) et épuisent vos surrénales (vous devez en consommer plus pour un coup de fouet), ce qui diminue votre tolérance au stress. De plus, une consommation de caféine de plus de 575 mg par jour, selon votre tolérance, déminéralise votre corps en provoquant l'élimination de bons minéraux dont le calcium et le fer, car son action devient aussi diurétique. Ces boissons sont souvent accompagnées de trop de sucre, ce qui perturbe aussi votre glycémie. Plus de trois tasses de café par jour augmenteraient le taux de cholestérol sanguin[34]. Une nouvelle recherche américaine[35] vient aussi de confirmer qu'une consommation de 200 mg de caféine par jour double le risque de fausse couche. Ce qui équivaut à une ou deux tasses de café ou à cinq canettes de boissons gazeuses. Il est donc souhaitable pour la femme qui désire devenir enceinte d'éviter de consommer du café ou des boissons énergétiques de façon quotidienne. Sans le savoir, nous sommes souvent accros à ce type de boisson, car la caféine est une drogue. Il est facile de vérifier si vous êtes dépendant de ces boissons. Il suffit de cesser d'en consommer pendant quelques jours et de vous observer. Avez-vous des maux de tête, de la fatigue ou des signes de sevrage comme l'impatience et la sensation de manque? Si non, votre consommation est, somme toute, adéquate. Si oui, il est préférable de diminuer graduellement la quantité de caféine que vous ingérez. Méfiez-vous aussi des boissons énergétiques très populaires : elles contiennent un minimum de 80 mg de caféine par bouteille de 351 ml. Remplacez ces boissons par de l'eau pure et des tisanes.

Comme l'imagination humaine ne semble pas avoir de limites, je ne peux passer sous silence un nouveau venu sur le marché : « une gomme à mâcher bourrée de caféine »[36]. La Launch Energy Drink Gum contient douze gommes par emballage qui totalisent 756 mg de caféine, l'équivalent de neuf boissons énergétiques populaires. Donc 63 mg de caféine par gomme. Que va-t-il se passer si votre

34. Christensen B. Mosdol A. Retterstol L. Landaas S. Thelle DS, *Abstention from filtered coffee reduces the concentrations of plasma homocysteine and serum cholesterol-a randomized controlled trial*, Am J Clin Nutr 2001 sep;74(3):302-7.

35. Montréal (PC), Études : les femmes enceintes devraient complètement éviter la caféine, www.passeportsanté.net, 21 janvier 2008.

36. Reynaldo Marquez, Gomme à mâcher bourrée de caféine, *Le Journal de Montréal*, mercredi 8 octobre 2008, p. 10.

enfant trouve votre paquet de gommes dans votre sac à main et qu'il ingère ce que bon lui semble? Six heures d'hyperactivité garantie, c'est le temps que met l'organisme pour éliminer la molécule de caféine, une action diurétique certaine, au moins une selle urgente puisque la caféine stimule entre autres la sécrétion de bile, ce qui stimule l'intestin à éliminer et, finalement, une augmentation de ses battements cardiaques qui, espérons-le, ne mettront pas sa vie en danger. Je suppose ici que votre enfant tolérera bien la caféine et qu'il n'aura pas ingéré tout le paquet.

Revenons à nos boissons favorites. Il a été démontré que le thé et le chocolat, pour être bénéfiques, doivent être consommés noirs ou natures et sans ajout de lait[37]. Ces deux aliments sont particulièrement riches en polyphénol, une substance aux vertus astringentes causant une sensation temporaire de sécheresse dans la bouche. Ces polyphénols entrainent une relaxation des vaisseaux sanguins, notamment des artères, ce qui donne un effet positif au système cardiovasculaire. De plus, ils permettent une augmentation importante des antioxydants dans le sang. « Le cacao a une activité antioxydante deux fois plus élevée que le vin rouge et jusqu'à cinq fois plus grande que le thé vert! »[38] Le chocolat noir, par sa richesse en flavonoïdes, réduirait la pression sanguine tout en diminuant l'agrégation plaquettaire, tandis que les polyphénols joueraient un rôle clé comme anti-inflammatoires. Mais il y a un hic! La consommation doit se faire à petites doses d'environ 20 g par jour et toujours à 70 % et plus de concentration de chocolat, noir, bien sûr!

Pour ces raisons, le chocolat s'est refait une belle réputation ces dernières années. Il faut bien préciser le mot *chocolat* et non pas *friandise chocolatée*, car ce que l'on retrouve à l'épicerie ou au dépanneur du coin est essentiellement des friandises chocolatées qui n'ont aucunement les vertus du chocolat noir. Ces barres sont bourrées de sucre, de colorants, de gras hydrogénés (trans) et autres additifs. Par ailleurs, le chocolat noir est particulièrement

37. Paris (AFP), Les vertus du thé. Il faut éviter le nuage de lait, *Le Journal de Montréal*, mardi 9 janvier 2007, p. 4.

38. Richard, Béliveau, Le chocolat noir, un dessert anti-inflammatoire!, *Le Journal de Montréal*, lundi 6 octobre 2008, p. 57.

riche en minéraux dont le magnésium, le fer, le zinc, le phosphore et le cuivre. On ne peut pas en dire autant des friandises chocolatées. L'achat d'un bon chocolat peut aussi aider à faire vivre des communautés entières puisqu'il est offert facilement dans la version biologique et équitable.

Les produits laitiers

Vérifiez si vous ne consommez pas trop de produits laitiers. Le lobbying de l'industrie laitière est tellement puissant aujourd'hui que la majorité de la population croit qu'il est nécessaire de manger beaucoup de laitages pour conserver la santé et que ces aliments sont complets pour l'homme. Le lait de vache est l'aliment idéal pour le veau et non pour l'homme. Le lait de femme est le lait idéal pour le bébé de l'homme, c'est une vérité de La Palice! Le lait de la vache ou de la chèvre peut être utile à l'homme mais *non essentiel*. Observez les autres mammifères de la nature et vous constaterez *qu'aucun d'entre eux* ne se nourrit d'un autre lait animal une fois qu'il est sevré de sa mère. Pourquoi serait-ce différent pour l'être humain? Quoi qu'il en soit, il est vrai que les produits laitiers sont, entre autres, une bonne source de protéines et de calcium. On peut donc en consommer, mais sans excès et surtout s'assurer que c'est bien un produit laitier que l'on mange. Lisez bien les étiquettes de tous les produits laitiers que vous avez à la maison et vous constaterez avec surprise que la plupart de vos produits sont fabriqués avec des substances laitières modifiées ou non! Vous ne savez donc pas si votre aliment est composé de lait en poudre, de lait frais, de lait écrémé, etc.

Qu'est-ce qu'une substance laitière? Voyons la nomenclature proposée par l'Agence canadienne d'inspection des aliments.

Substances laitières (article 7)

« Toute forme liquide, concentrée, séchée, congelée ou reconstituée des produits suivants : beurre, babeurre, huile de beurre, matière grasse de lait, crème, lait, lait partiellement écrémé, lait écrémé et tout autre constituant du lait dont la composition chimique n'a pas été modifiée et dont l'état chimique est celui dans lequel il se trouve dans le lait. »

Substances laitières modifiées (article 7.1)

« Toute forme liquide, concentrée, séchée, congelée ou reconstituée des produits suivants : lait écrémé à teneur réduite en calcium (obtenu par procédé d'échange d'ions), caséine, caséinates, produits laitiers de culture, protéines lactosériques, lait ultrafiltré, lactosérum (petit-lait), beurre de lactosérum (petit-lait), crème de lactosérum (petit-lait) et tout autre constituant du lait dont l'état chimique a été modifié de façon à différer de celui dans lequel il se trouve dans le lait. »

Source : Guide d'étiquetage et de publicité sur les aliments, *annexe 2-2, noms de catégorie pour les ingrédients, Agence canadienne d'inspection des aliments*

Fabriquer des sous-produits laitiers avec du lait complet ou de la crème coûte plus cher à l'industrie que de prendre la même quantité de lait et de la diviser en multiples parties sous-utilisables. La question logique que l'on doit se poser est la suivante : est-ce que ces nouveaux produits laitiers ont les mêmes qualités nutritives que le lait complet? Il serait temps d'avoir de bonnes études comparatives. Par exemple, la crème glacée fabriquée avec des substances laitières modifiées est produite avec de l'huile de beurre et non avec de la crème fraîche.

« L'huile de beurre est le reste du beurre après avoir retiré l'eau. Les importateurs mélangent ces gras avec 51 % de sucre. La mixture n'est donc plus considérée comme un produit laitier. [...] Au sens de la réglementation, l'huile de beurre n'est pas un produit laitier mais de la matière grasse sucrée. De ce fait, elle échappe à la barrière des tarifs douaniers de 200 %. »[39] Ces huiles de beurre sont importées de l'étranger (Nouvelle-Zélande, Mexique, Royaume-Uni, États-Unis) et coûtent environ 4 $ du kilo. Si vous choisissez de la vraie crème, cela vous coûtera environ 7,25 $ du kilo[40]. La vente de crème au Québec est bien sûr en chute libre avec toutes les conséquences économiques que cela crée pour les fermiers. C'est encore une fois une question de choix pour le consommateur :

39. Site consulté en novembre 2006 : Radio-Canada.ca/La semaine verte.
40. Site consulté en novembre 2006 : Radio-Canada.ca/L'Épicerie.

faire confiance à l'industrie les yeux fermés ou exiger un étiquetage plus précis des aliments transformés.

Quoi qu'il en soit, si on désire consommer des produits laitiers, on doit choisir des produits les plus nature possible, sans ajout d'additifs de toutes sortes ainsi que des vrais fromages et non pas des préparations de fromages fondus. Il est bon de souligner que le lait est le premier aliment incriminé dans les allergies. Il peut aussi causer des ballonnements, des gaz, des maux de ventre, des maux d'estomac, des maux de tête, de la dysplasie mammaire[41], des maux de dos, des douleurs articulaires, des mucosités, de l'eczéma, de la diarrhée ou de la constipation, etc. De plus, la pasteurisation et l'homogénéisation ne seraient pas sans conséquence sur notre capacité à bien assimiler les différents nutriments contenus dans le lait. La consommation de lait[42] cru est permise dans plusieurs pays à travers le monde. Ici, au Canada, nous pouvons commercialiser les fromages de lait cru seulement.

Pour conclure sur ce vaste sujet, pensons qualité, achetons localement quand nous le pouvons, et l'adage populaire *la modération a bien meilleur goût* reste de mise. Prenez le temps d'écrire pendant deux semaines ce que vous mangez pour découvrir la quantité réelle de produits laitiers que vous ingérez. Incluez le lait, le fromage, les yogourts, le fromage dans les mets cuisinés, la crème glacée et vous constaterez que bien souvent l'adulte dépasse les deux portions recommandées par le *Guide alimentaire canadien.*

L'alcool, la bière et le vin

Évaluez votre consommation de boissons alcoolisées. Certains alcools ont acquis une meilleure réputation ces dernières années, notamment le vin rouge par sa richesse en antioxydants (polyphénols). La protection cardiovasculaire reliée à la consommation

---

41. Dysplasie mammaire : douleur à la glande mammaire accentuée avant les règles et causée, semble-t-il, par un trouble de la réceptivité hormonale de la glande elle-même.
42. Consultez l'excellent livre de Carol Vachon, *Pour l'amour du bon lait*, aux Éditions Convergent, en 2002.

d'alcool est en lien avec l'âge des consommateurs. Les jeunes n'auraient aucun avantage à prendre du vin pour protéger leur santé cardiaque. Ce sont les hommes de plus de quarante ans et les femmes ménopausées qui tireraient des bénéfices de cette consommation modérée d'alcool[43]. Les spiritueux sont beaucoup plus concentrés en alcool (environ 40 %) que le vin (environ 12 %) ou la bière (environ 5 %). L'alcool en lui-même déshydrate, augmente les besoins en magnésium et en vitamines B tout en accentuant leur perte. Il surcharge le foie. L'alcool est un sucre fermenté avec tous les effets négatifs de ce dernier. Il influence directement le taux de sucre sanguin (la glycémie). Et, finalement, pour les personnes qui ont un surpoids, l'alcool représente un bon apport calorique à considérer.

De plus, nous connaissons tous au moins une personne qui souffre de maux de tête après avoir consommé du vin de mauvaise qualité. On attribue ces réactions aux sulfites qui y sont ajoutés. Les sulfites sont des additifs alimentaires présents dans une grande quantité de produits de consommation courante en passant par le vin, la bière, le cidre, le vinaigre, les fines herbes séchées, les charcuteries, les céréales transformées, les fruits et les légumes en conserve ou congelés, les confitures, etc. Les sulfites font d'ailleurs partie des neuf allergènes alimentaires d'intérêt prioritaire au Canada avec le lait, les arachides, les noix, les graines de sésame, les œufs, les fruits de mer (poissons, crustacés et mollusques), le blé et le soya.

Les sulfites sont donc des substances naturellement présentes dans les aliments et l'organisme, mais ce sont aussi des additifs alimentaires réglementés. Ils sont utilisés comme « agents de conservation pour préserver la couleur et prolonger la durée de conservation des aliments, pour prévenir la croissance de micro-organismes et pour maintenir la puissance de certains médicaments. Les sulfites servent aussi au blanchiment d'amidons alimentaires (comme la pomme de terre) et entrent dans la fabrication de certains matériaux d'emballage alimentaire (comme la cellophane)[44]. »

---

43. Consulter la rubrique alcool-Passeportsante.net, site consulté en octobre 2008.

44. Agence canadienne d'inspection des aliments : www.inspection.gc.ca/francais/ fssa/labeti/allerg/sulphf.shtml.

La famille des sulfites est grande et leurs noms sont variés. Pour les reconnaître, nous devons chercher les mots suivants : acide sulfureux, agent de sulfitage, bisulfite de potassium, métabisulfite, bisulfite de sodium, dithionite, métabisulfite, sulfite, dioxyde de soufre, E 220, E 221, E 222, E 223, E 224, E 225, E 226, E 227, E 228 (noms européens). Les réactions sont variables en intensité. Les maux de tête sont faciles à percevoir, mais il peut aussi y avoir des malaises digestifs comme une chaleur dans l'estomac ou encore le nez bouché, des difficultés respiratoires ressemblant à l'asthme, des rougeurs au visage, des palpitations, de l'urticaire, etc. Les normes dites *acceptables* pour la quantité de sulfite à ajouter dans les aliments ou boissons n'empêcheront pas les gens sensibles de réagir. Si vous choisissez des vins agrobiologiques, le taux de sulfite sera minimal, donc plus tolérable pour les gens sensibles. Les personnes franchement allergiques devront quand même s'abstenir.

L'alcool n'est pas recommandé pendant la grossesse ni pendant l'allaitement. L'abstinence devrait être stricte, car l'alcool passe dans le lait maternel et passe la barrière placentaire. Il est donc préférable de se défaire d'une habitude de consommation régulière dès maintenant. Il existe ce qu'on appelle le *syndrome d'alcoolisation fœtale*[45]. Il s'agit d'un mal qui est sous-diagnostiqué avec de terribles conséquences sur l'enfant à naître et le futur adulte. Ce serait la première cause de déficience du développement et des capacités d'apprentissage chez les enfants. Au Canada, une personne sur cent aurait des séquelles reliées à la consommation d'alcool de la mère pendant la grossesse et une sur mille développerait la forme la plus grave qui va jusqu'à marquer les traits du visage du bébé visible à la naissance. Le milieu du visage sera aplati, le nez sera court, la lèvre supérieure sera mince, il n'y aura pas de sillon entre le nez et la bouche et les fentes oculaires seront petites. Ces traits particuliers vont s'estomper avec la croissance. Mais ce n'est que la pointe de l'iceberg puisque de nombreuses conséquences de la consommation d'alcool ont été observées : cerveau plus petit du fœtus, retard de développement physique avec faible poids et

45. Claudette Samson, Les ravages du syndrome d'alcoolisation fœtale, *Le Soleil*, dimanche 10 septembre 2006, p. A-16-17.

taille réduite, faiblesse du système immunitaire, dysfonctionnement du système nerveux central avec des conséquences importantes comme une baisse du quotient intellectuel, des difficultés d'apprentissage, des retards dans le développement du langage, de la marche et de la propreté, des déficits de l'attention, des problèmes de jugement, etc.[46] Dans une société où la consommation d'alcool est banalisée, voire encouragée dans les médias, et ce, dès l'adolescence, plus d'un fœtus sera mis en contact avec de l'alcool au début de la conception avant que la mère ne sache qu'elle est enceinte. De plus, pour mettre fin à sa consommation, elle devra être consciente des dommages que l'alcool peut engendrer sur son futur bébé. Dès que l'on entreprend une démarche de préparation à la conception, la future mère devrait éviter de boire de l'alcool, quel qu'il soit, car l'alcool accroît le risque de fausse couche et nuit à la fécondité. Le futur père devrait aussi revoir sa consommation d'alcool, car l'alcool nuit à la qualité du sperme.

On ne peut passer sous silence l'usage si populaire de multiples drogues. De plus en plus de bébés naissent toxicomanes[47] avec tous les symptômes de sevrage que cela implique dans leur si jeune vie. Des femmes consomment du crack, de la cocaïne, de l'héroïne ou du cannabis pendant leur grossesse sans égard aux risques qu'elles font courir à leurs bébés. Ces enfants seront souvent hyperactifs par la suite et ils vivront des difficultés d'apprentissage ou d'adaptation. La société banalise la consommation de drogue douce comme le cannabis, mais quels en sont les impacts réels sur l'enfant à naître? On sait que le cannabis augmente les risques d'accouchements prématurés et de bébés de faible poids. Chez les hommes, il nuit à la production des spermatozoïdes et il peut même causer des problèmes érectiles. Le principe de précaution sera déterminant pour la santé de votre bébé. Il faut éviter à tout prix de consommer toute drogue pendant la grossesse. Mieux vaut se départir de cette habitude en période de préconception et consulter une personne-ressource appropriée si cela est trop difficile. Cette recommandation s'adresse aussi aux futurs pères.

---

46. Consultez le site www.safera.qc.ca.

47. Jean-Philippe Pineault, Déjà accros à l'héroïne, *Le Journal de Montréal*, samedi 29 septembre 2007, p. 3.

Les modes de cuisson

Les modes de cuisson ont un impact sur les aliments que nous mangeons. Une cuisson dans l'eau entraine une perte de vitamines et de minéraux. La cuisson à la vapeur ou à l'étouffée permettra de conserver une plus grande valeur nutritive des aliments bien que certaines vitamines seront partiellement détruites (par exemple, la vitamine C). Une cuisson *al dente* permet aussi de maintenir la qualité nutritive des aliments. Ces habitudes sont importantes à intégrer puisque le temps venu de cuisiner les purées de bébé, l'impact sera important pour lui. La qualité des récipients revêt aussi toute son importance. Les casseroles en aluminium sont à bannir de la cuisine, car l'aluminium se dissout dans les aliments surtout si ces derniers sont acides, comme un mets à base de tomates ou de fruits. L'excès d'aluminium est dommageable pour l'organisme tant sur le plan cérébral qu'osseux ou glandulaire. Attention aussi aux casseroles ou poêles antiadhésives, car l'innocuité du téflon sur la santé est mise en doute. Il aurait un pouvoir cancérigène et serait la cause de malformations congénitales. Ce serait l'acide perfluorooctanoïque, ou APFO, principal ingrédient du téflon, qui serait mis en cause. Des traces de ce produit seraient présentes dans le sang de tous les humains sur la planète bien que les scientifiques ignorent comment l'absorption se fait. Cessez d'utiliser ce type de casserole lorsqu'elles sont égratignées et minimisez-en l'usage. Par contre, le téflon[48] est aussi employé dans une multitude de produits (pièces d'auto, vernis à ongles, tapis, etc.). Les poêlons en fonte de fer de nos grands-mères étaient intéressants. Les poêlons en acier inoxydable sont également un bon choix tout comme les nouveaux poêlons enduits de céramique.

Le four à micro-ondes offre une méthode de cuisson qui sème encore la controverse. Les précautions d'usage touchent d'abord la répartition de la chaleur qui peut être non uniforme selon l'aliment qui est chauffé, ce qui amène l'Organisation mondiale de la Santé (OMS) à faire des recommandations.

---

48. Charles Côté, Le Téflon pourrait être cancérigène, *La Presse*, vendredi 21 janvier 2005.

« En raison de la possibilité d'une distribution inégale de la cuisson, les produits alimentaires chauffés dans un four à micro-ondes doivent reposer plusieurs minutes après l'achèvement de la cuisson pour permettre à la chaleur de se distribuer uniformément[49]. » Selon les sources, le temps de repos doit être de quelques minutes à douze minutes, ce qui donne largement le temps à l'aliment de se refroidir! Si on mange trop rapidement un aliment chauffé par micro-ondes, les ondes émises en écho dans l'aliment peuvent se transmettre aux muqueuses digestives et les brûler.

Les recommandations d'usage disent aussi d'éviter de réchauffer le lait maternel au four à micro-ondes, car ce procédé détruirait une partie des enzymes du lait, limitant sa digestibilité, et abaisserait les facteurs immunitaires présents naturellement dans le lait maternel. De plus, les professeurs Lubec, Wolf et Bartosh (Lancet, mars 1990) auraient découvert que les micro-ondes transforment certains acides aminés (constituants de base des protéines), comme la L-proline en D-proline, ce qui leur permet d'échapper à l'action de nos enzymes, d'où une moins bonne biodisponibilité (capacité d'assimilation). En fait, il y a peu de publications sur les altérations moléculaires de ce mode de cuisson. Mais pour nos bébés et nos jeunes enfants, il serait plus sage d'éviter ce mode de réchauffage ou de cuisson.

Il est amusant de noter que la compagnie *Panasonic* vient de sortir une nouvelle sorte de four à micro-ondes qui jumelle la cuisson à convection avec la cuisson à la vapeur afin d'éviter que les légumes ne s'assèchent et qu'ils perdent une partie des vitamines et des nutriments naturels des aliments. Comme quoi la cuisson à la vapeur avec la petite marguerite avait ses avantages!

Les médicaments

Évitez de consommer des médicaments lorsque c'est possible. Il existe plusieurs solutions de rechange (homéopathie, plante, acupuncture, médecine chinoise, etc.) pour les soins de santé. Il suffit de consulter et de s'informer. La plupart des médicaments causent

---

49. Document d'information de l'OMS février 2005 au
    www.who.int/peh-emf/publications/facts/micro_ondes_info_sheet2005.pdf.

des effets secondaires qui sont relevés dans des livres spécialisés sur le sujet comme le *Compendium des produits et spécialités pharmaceutiques* qui est l'ouvrage de référence canadien. À parcourir un tel volume, on s'aperçoit facilement que la liste d'effets indésirables peut être très longue pour certains médicaments. Et on peut toujours faire partie de l'exception qui confirme la règle. Les médicaments peuvent être utiles et essentiels dans certains cas, mais ils sont à utiliser avec parcimonie pendant la grossesse. Le médecin et le pharmacien se doivent de vous donner toutes les informations relatives à une prise de médicaments, qu'ils soient sous ordonnance ou en vente libre. Si vous consommez chaque semaine des analgésiques de type Advil ou Tylenol, c'est qu'il y a un problème sous-jacent. Mieux vaut aller à la source et régler le déséquilibre, car un corps en santé n'a pas besoin d'analgésique ou d'anti-inflammatoire.

Les contraceptifs oraux sont aussi des médicaments de synthèse, bien que ce soit des hormones. Il est préférable de choisir un autre mode de contraception, un an avant la conception, afin de laisser le corps reprendre son équilibre hormonal naturel. Il n'est pas rare que des femmes attendent plusieurs mois l'arrivée de leurs règles après une prise prolongée d'anovulants. De plus, les anovulants perturbent l'équilibre de certaines vitamines et minéraux en augmentant les besoins en vitamines B (B2, B6, B8 ou biotine, B9 ou acide folique, B12) et C, tout en déséquilibrant le rapport du zinc et du cuivre (accumulation de cuivre et perte accrue de zinc) ainsi qu'une perte de manganèse. Un comprimé de multivitamines et minéraux serait indiqué pour les femmes qui prennent des anovulants afin de minimiser ces déséquilibres.

Il faudra penser à d'autres méthodes contraceptives efficaces. La prise de température liée à l'observation de la glaire ainsi qu'à l'utilisation du condom apportent un haut degré d'efficacité. Ces méthodes ont l'avantage de ne pas laisser la responsabilité de la contraception à la femme seulement. De cette façon, l'homme doit aussi assumer la contraception. De plus, la femme connaîtra bien son cycle et il sera facile de prévoir la conception de façon consciente lorsque le moment sera venu. Il sera bon de s'informer sur les effets secondaires réels des anovulants avant de choisir à nouveau ce mode de contraception. La contraception est importante, mais pas au risque de rendre les femmes malades. Restez bien à l'affût des signes que vous donne votre corps si vous utilisez ce mode de contraception. Chaque femme réagit à sa façon, selon son individualité biochimique.

Les métaux toxiques

Nous sommes tous conscients aujourd'hui que la pollution existe. C'est souvent la mauvaise qualité de l'air qui nous fait réaliser ce fait. Mais la pollution n'imprègne pas seulement l'air, elle imprègne aussi la terre et l'eau. Et nous nous nourrissons à partir de la terre et nous buvons l'eau et ses dérivés. Nous accumulons des centaines de produits chimiques dans notre corps mis en réserve dans nos tissus graisseux. Le Dr Michel Odent, célèbre obstétricien français, confirme que, depuis les années 90, il y a assez de données scientifiques pour « réaliser qu'une menace majeure planant sur les générations futures vient de la pollution intra-utérine engendrée par ces molécules que l'homme a créées[50]. » Ce que nous ignorons bien souvent, c'est que lors de la grossesse et de l'allaitement, nous transmettons à notre bébé une partie de ces métaux lourds et produits chimiques emmagasinés dans notre corps! C'est impossible aujourd'hui d'être parfaitement à l'abri de ces polluants, mais là où nous pouvons agir, nous devons le faire pour la santé de notre enfant. Ce qui est merveilleux dans le corps humain, c'est qu'il prend aussi les moyens pour les éliminer naturellement au meilleur de ses capacités. Il aura donc besoin d'antioxydants, de certains minéraux (calcium, magnésium, zinc, sélénium, etc.) et de vitamines supplémentaires comme la vitamine C. Si le corps est constamment exposé à beaucoup de polluants, il s'installera dans le corps des carences, car les réserves s'épuisent plus vite que les sources ingérées et les métaux s'accumuleront aussi avec les méfaits associés.

Par exemple, vous êtes une adepte d'antiquités et vous avez décapé plusieurs meubles. Vous avez négligé de porter un masque et la

---

50. Extrait de l'article *New reasons and new ways to prepare the prenatal environnement* paru dans le bulletin du Centre de recherche pour la santé primale, vol. 13, n°2 (2005).

pièce où vous travailliez n'était pas bien aérée. Il y a de fortes probabilités que vous ayez accumulé beaucoup de plomb dans vos tissus, car jusqu'en 1978 le plomb était une composante importante de la peinture au Canada. De plus, il y avait aussi du plomb dans l'essence jusqu'en 1991, ce qui polluait l'air et indirectement les sols et les aliments cultivés en bordure des routes. Une partie du plomb que vous avez accumulé s'éliminera en le donnant à votre bébé. L'enfant est plus sensible que l'adulte à la présence de métaux lourds, car son cerveau[51] est en pleine croissance et sa capacité d'élimination rénale est plus faible. Les symptômes peuvent être de légers à sévères en lien avec le degré de métaux accumulés. Pour le plomb, il pourrait y avoir une multitude de symptômes dont les troubles de l'attention et du sommeil, de l'agitation, de la colère excessive et, à la limite, un retard intellectuel.

Dans le volet sur le *mode de cuisson*, nous avons abordé la toxicité de l'aluminium, mais ce dernier se retrouve aussi en abondance dans les antisudorifiques. Pour la femme, il sera approprié de choisir un déodorant sans aluminium, car la peau assimile une partie de ce qui y est mis. C'est d'ailleurs pour cette raison qu'on voit apparaître plusieurs médicaments présentés sous forme de timbres à coller sur la peau. Ces déodorants sont offerts dans les magasins de produits naturels.

De plus, si le corps assimile ce qui est mis sur l'épiderme, que doit-on penser de tous ces maquillages et crèmes que les femmes utilisent si abondamment? Consultez le merveilleux livre de Rita Stiens[52] sur les cosmétiques et vous réaliserez que nous faisons confiance aveuglément à l'industrie sans réaliser que pour la plupart des compagnies c'est le profit qui mène leur conscience, et ce, aux dépens de notre santé et de notre portefeuille! On retrouve donc du plomb, de l'aluminium, du bismuth, des colorants, des solvants, etc., avec lesquels on doit vivre ensuite. Heureusement, il existe des compagnies qui ont à cœur la qualité de leur travail. Vous retrouverez donc des cosmétiques, comme la gamme de

---

51. Si le sujet vous intéresse, consultez le volume *L'équilibre nerveux de mon enfant*, de la même auteure, aux Éditions Le Dauphin Blanc.

52. Rita Stiens, *La vérité sur les cosmétiques*, Éditions Leduc.s, 2005.

produits du Dr Hauschka, qui sont biodynamiques et composés essentiellement d'ingrédients naturels et sains pour le corps. Dans les magasins de produits naturels, vous découvrirez aussi d'autres compagnies intéressantes, mais n'hésitez pas à demander des références et de la documentation sur le sujet.

Les futurs parents qui travaillent avec des substances toxiques auraient avantage à consulter un naturopathe afin de faire une analyse de cheveux[53] avant la grossesse. Dans ce test, on peut voir s'il y a surcharge de certains métaux toxiques et si les réserves minérales sont suffisantes pour bien éliminer ces métaux. Vous devez vous assurer que la personne est compétente pour faire cette analyse.

J'aimerais aborder un dernier point important sur le sujet en lien avec votre future grossesse, soit l'exposition au mercure par les amalgames dentaires traditionnels. Les fameux plombages gris ne contiennent pas de plomb, mais plutôt un alliage de mercure (50 %), d'argent (30 %), d'étain (9 %), de cuivre (9 %) et d'un peu de zinc selon le mode de fabrication. Le mercure est un des métaux les plus toxiques dans l'environnement. Il doit être éliminé comme un déchet dangereux et, pourtant, plusieurs dentistes l'utilisent encore aujourd'hui pour réparer des dents cariées. Ce sujet ne fait pas l'unanimité encore une fois mais certains pays n'hésitent pas à le bannir de leur cabinet de dentiste (par exemple, en Suède et en Allemagne). Il existe une association de dentistes holistiques au Québec[54] qui se nomme l'Académie de dentisterie biocompatible du Québec. En consultant le site Web, vous obtiendrez beaucoup d'informations sur le sujet. Si vous avez des dents à faire réparer, mieux vaut le faire dans la période de préconception. Évitez de remettre du mercure en choisissant plutôt un composite blanc. Évitez de changer plusieurs amalgames en même temps, car vous remettez ainsi en circulation une bonne quantité de mercure que votre corps devra éliminer. Consultez un dentiste holiste qui aura l'équipement adéquat pour faire ce travail sans vous exposer

---

53. Pour information à propos de ce type d'analyse, voir le site suivant : www.doctorsdata.com/test_info.asp?id=1.

54. www.adbq.qc.ca.

aux vapeurs de mercure. Le mercure des amalgames dentaires de la femme enceinte migre et se concentre dans les tissus du fœtus pouvant causer des dommages à ce dernier. Le mercure peut être à l'origine de plusieurs dérèglements dont la diminution de la capacité d'adaptation, des changements dans le facteur de croissance nerveuse dans le cerveau du bébé, ceci jumelé à des effets encore plus néfastes si le fœtus est exposé, en plus du mercure, à d'autres métaux toxiques comme le plomb, le cadmium, l'arsenic et à bien d'autres pendant la grossesse.

L'élimination des déchets

Assurez-vous de bien éliminer vos déchets. Vous devez faire au moins une selle par jour, de bon volume, bien formée et longue comme votre avant-bras. Ne tolérez pas la constipation, car ce sont des toxines que votre corps réassimile. Votre vitalité en sera affectée de même que l'apparence de votre peau et votre humeur. Plusieurs individus souffrent d'ailleurs de maux de tête lorsqu'ils sont constipés. À long terme, la constipation chronique favorise toutes les maladies de l'intestin que nous connaissons, de la diverticulite au cancer en passant par les colites, les hémorroïdes, les gaz et les ballonnements. Le gros intestin est comme une poubelle. Il doit être vidé tous les jours!

Lors de la grossesse, la progestérone (hormone) ralentit le péristaltisme et le volume du bébé comprime aussi l'intestin, d'où une augmentation des problèmes de constipation. Les habitudes de boire de l'eau, d'avoir une alimentation riche en fibres (fruits frais, légumes crus et cuits al dente, céréales complètes), de consommer des bons gras et de vous adonner à des activités physiques sont tous des facteurs d'équilibre pour votre intestin. Si vous tolérez bien les produits laitiers de vache ou de chèvre, privilégiez le yogourt non sucré qui contient naturellement des bactéries favorables pour la santé de votre intestin.

Prenez l'habitude de masser votre ventre avec la paume de votre main le matin, au réveil. Le mouvement doit être fait dans le sens des aiguilles d'une montre, de la droite vers la gauche, en faisant un cercle. Trois à quatre minutes suffiront pour stimuler les contractions naturelles de l'intestin (péristaltisme). Ensuite, au lever, buvez un grand verre d'eau tiède (300 à 500 ml) et le tour est joué! Le moment propice pour l'évacuation des selles est le matin entre cinq et sept heures. C'est l'heure où le mouvement naturel d'évacuation se fait; assurez-vous donc d'avoir du temps. La course contre la montre du matin est antiphysiologique pour notre élimination. Et ce n'est pas une perte de temps. Apportez votre journal s'il le faut!

L'activité physique

Recommencez à faire de l'exercice. Commencez par une marche quotidienne à l'extérieur, en forêt, de préférence, ou encore dans un parc, et augmentez graduellement vos activités. Le mouvement fait circuler votre sang et votre lymphe plus rapidement. Vos organes seront ainsi mieux irrigués, mieux nettoyés, et ils fonctionneront mieux. L'activité physique développe la souplesse et augmente la vitalité. Le corps est fait pour bouger, sinon il rouille. Pensez à l'ankylose, aux rhumatismes, aux courbatures de toutes sortes. L'exercice vous apportera par surcroît une oxygénation en profondeur. Il est bon de vous essouffler régulièrement en faisant de l'exercice, car ainsi vous échangerez l'air résiduel de vos poumons contre un air plus pur, moins chargé en CO_2. Vous contribuerez ainsi à diminuer le taux d'acidité présent dans votre organisme. Une respiration plus profonde bonifiera la qualité de votre sommeil tout en vous procurant de la détente. La qualité de l'air que vous respirez est par contre importante, car la pollution nuit véritablement à la santé du bébé même s'il est encore dans votre ventre. Un fœtus exposé à de la pollution est plus à risque de développer des maladies respiratoires une fois adulte[55]. L'activité physique vous permet évidemment d'augmenter votre masse musculaire. Ces muscles deviennent une belle réserve de protéines (ou d'acides aminés) très utile pour fournir les matériaux pour la guérison de plaies ou de blessures et pour assister votre système immunitaire de façon optimale dans les cas d'infections ou de maladies. De plus, l'activité physique permet de régulariser la

---

55. Berlin (AFP), La pollution de l'air affecte la santé des fœtus, *Le Journal de Montréal*, dimanche 5 octobre 2008, p. 38.

glycémie. Des patients diabétiques de type 2 voient leur situation se stabiliser juste en intégrant davantage d'activités physiques dans leur quotidien. Une glycémie stable harmonise aussi les humeurs et empêche les coups de fatigue de fin de journée. Finalement, avoir un enfant demande une bonne forme physique! Mieux vaut la retrouver dès maintenant, car il aura besoin de votre exemple pour intégrer le *mouvement* dans sa vie. Le Dr Michel de Lorgeril[56], cardiologue et nutritionniste, affirme que « la sédentarité est une catastrophe humanitaire ». Alors, qu'attendons-nous?

Par contre, le surentraînement nuit à la fertilité. Il peut mettre en suspend le cycle hormonal. Pendant la grossesse, il peut aussi monopoliser l'apport calorique et ralentir la prise de poids du bébé. La modération a encore une fois meilleur goût!

Le stress

La vie est trépidante pour la majorité d'entre nous. Nous vivons à un rythme très accéléré et les effets négatifs du stress s'amoncellent jour après jour, insidieusement. Les tensions s'accumulent dans notre corps : notre nuque et nos épaules sont tendues, notre dos est douloureux plus souvent que jamais, le sommeil n'est plus ce qu'il était, l'irritabilité et l'impatience s'installent, etc. Bref, la chaudière est à la veille de sauter! Nous avons la fâcheuse habitude d'étirer l'élastique en pensant qu'il ne cassera jamais. Oh! Surprise! Un bon jour, nous sommes pris dans un embouteillage, il y a une longue maladie ou un décès dans la famille, il y a un conflit au travail, le couple n'est plus aussi harmonieux et c'est la goutte nécessaire pour faire déborder le vase. L'élastique vient de se rompre. Nous vivons un *burn-out* ou une dépression, et tout est à reconstruire. Pourquoi attendre si longtemps? Examinez tout de suite à quel niveau de stress vous êtes rendu. Ne pensez surtout pas qu'ajouter un enfant à tout ce tableau ne fera pas bouger la balance. L'amour ne donne pas de temps, au contraire, il faut du temps pour s'investir en amour! La venue d'un enfant pèse plus lourd qu'on ne le croit dans nos vies. C'est vrai qu'il nous porte

---

56. Dr Michel de Lorgeril, *Dites à votre médecin que le cholestérol est innocent et il vous soignera sans médicament*, Éditions Thierry Souccar, France, 2007, 414 pages.

au ciel un certain temps, mais il y a aussi une réalité de soins quotidiens qui a son poids très terrestre!

Se préparer à concevoir un enfant, c'est aussi l'occasion de faire le bilan de ses activités et de ses attitudes envers celles-ci. Suis-je portée à trop en faire, à trop m'impliquer pour ma capacité personnelle? Ai-je du temps pour récupérer? Y a-t-il place à l'imprévu dans ma semaine ou tout est organisé à la minute près? Est-ce que les tâches familiales sont partagées équitablement? Ai-je le temps de rencontrer des amis? Ai-je le temps de cultiver le beau dans ma vie, comme écouter de la belle musique ou en faire moi-même, peindre ou m'émerveiller devant les tableaux des autres, observer la nature et m'y promener, bricoler, embellir mon intérieur, chanter, rire, m'amuser? La télévision, Internet et les jeux vidéo occupent-ils tout mon temps libre? Suis-je prête à mettre des activités de côté pour être avec mon enfant? Est-ce que je dois retourner rapidement au travail par choix ou par obligation? Est-ce que le père préfère que la mère de son enfant prenne un long congé de maternité? Plusieurs personnes vivent des désillusions en attribuant au conjoint leurs propres désirs qui ne correspondent pas forcément à la réalité de l'autre.

Pourquoi est-ce si important de diminuer le niveau de stress en préconception? Principalement, pour deux raisons. La première, c'est que le stress est un facteur majeur d'accouchement prématuré. Soixante-cinq pour cent des femmes[57] ayant accouché d'un bébé prématuré avaient vécu un stress important dans les derniers mois que ce soit des grands drames ou un stress conjugal. Et la deuxième raison, c'est tout simplement parce que le bébé ressentira tout stress excessif de sa maman. Le placenta protège partiellement le bébé des hormones du stress, mais à partir d'un certain niveau, il ne peut neutraliser tout le cortisol qui lui est transmis par sa mère. Cette hormone de stress peut conduire à des retards de croissance et préparer le terrain à des troubles d'apprentissage et d'attention avec forte augmentation de l'activité motrice (hyperactivité). Ce n'est pas le fruit du hasard si tant d'enfants ont des difficultés de

---

57. François Bougeon, Bien manger diminuerait les naissances prématurées, *La Tribune*, Sherbrooke, mardi le 26 octobre 2004, p. A 3.

toutes sortes en garderie ou à l'école[58]. De plus, selon une étude faite par des chercheurs de l'université Columbus[59] aux États-Unis, les réactions allergiques augmenteraient si vous avez tendance à avoir des allergies saisonnières en période de stress. Il est vrai que certains nutriments comme les vitamines du groupe B et le magnésium vont aider à mieux réagir au stress, mais la base demeure. S'il n'y a jamais assez de temps dans une journée pour faire tout ce que vous avez à faire, vous serez au bout du rouleau! La prévention commence maintenant.

Sources de vitamines B	▷	Pollen, levure de bière, céréale complète, noix, légumineuse, germe de blé, foie.
Sources de magnésium	▷	Légume vert (biologique, de préférence), chlorophylle, noix et graine, légumineuse.
Activités de détente	▷	Sport, yoga, tai-chi, QiGong, relaxation, méditation, respiration profonde, écoute de la musique, jouer d'un instrument de musique, peinture, etc.

Le sommeil

Nous dormons en moyenne le tiers de notre vie. Quelle perte de temps, ai-je déjà pensé! Nous méconnaissons les bienfaits du sommeil et nous ne savons plus comment nous abandonner dans les bras de Morphée[60]. Pire, nous croyons pouvoir le mater à notre convenance. Le sommeil est précieux. Parlez-en aux insomniaques. Ils sauront vous le confirmer! Il est donc essentiel à la récupération du corps humain. En fait, il n'y a que notre conscience d'éveil qui disparaît lors du sommeil. Le corps et l'esprit n'arrêtent pas de fonctionner. Au contraire, le corps profite de notre inactivité pour faire un travail d'épuration, de grand nettoyage et de réparation. Notre inconscient fait aussi le ménage à sa manière.

---

58. Si le sujet vous intéresse particulièrement, consultez le livre de la même auteure, *L'Équilibre nerveux de mon enfant*, publié aux Éditions Le Dauphin Blanc, en 2005.

59. Pierre Lefrançois, Le stress accentuerait les réactions allergiques, *PasseportSanté.net*, jeudi le 21 août 2008.

60. Morphée : dieu de la nuit, du sommeil et des songes selon la mythologie grecque.

Quelquefois, nous avons la chance de nous souvenir de certains rêves qui pourront nous aider à voir plus clair, ou encore nous aurons des inspirations pour solutionner des problèmes qui nous paraissaient insolubles. C'est bien connu que les grands génies puisent souvent leurs inspirations dans leur sommeil. Mais encore faut-il dormir!

Le sommeil est essentiel pour l'équilibre du système nerveux, car nous sécrétons des hormones et des neurotransmetteurs que nous ne pouvons pas produire en état de veille lorsque nous sommes sur le système nerveux orthosympathique[61]. C'est connu que le manque de sommeil profond augmente l'irritabilité, la violence, l'anxiété et les humeurs dépressives. Ce qui est moins connu, c'est que le manque de sommeil aurait aussi un effet aggravant sur l'obésité, les fringales de sucre, le cancer et l'infertilité[62]. Et à l'opposé, une bonne qualité de sommeil en profondeur et en durée soutient le système immunitaire, augmente la longévité, améliore l'humeur, augmente la vitalité et diminue l'obésité. Bref, le sommeil est essentiel à la santé. Mais pas dans n'importe quelles conditions. Le corps doit être exposé à la noirceur totale pour bien sécréter ses deux principales hormones pendant la nuit (mélatonine et prolactine). Selon l'auteur T. S. Wiley, nous aurions besoin de neuf heures et demie de sommeil, dans la noirceur totale, au moins sept mois par année, pour respecter notre équilibre biochimique. Trop souvent, nous avons un lampadaire qui laisse filtrer de la lumière par la fenêtre ou nous avons des appareils électriques (réveille-matin, ordinateur, téléphone, témoin lumineux de l'air conditionné, etc.) qui diffusent une lumière permanente dans la chambre à coucher. Ce changement d'habitude est facile à régler avec de nouveaux rideaux très opaques et un petit réveille-matin à pile qui éclaire au besoin ou encore en vous procurant un « cache-yeux » noir. Si vous avez besoin d'une veilleuse pour vous diriger dans la maison, la lumière devrait être rouge. Cette couleur

---

61. Le système nerveux orthosympathique ou sympathique est antagoniste du système nerveux parasympathique. Son médiateur chimique est l'adrénaline et la noradrénaline, il soutient l'action. Le système nerveux parasympathique permet le repos et la détente avec le médiateur chimique acétylcholine.

62. T. S. Wiley and Brent Formby, *Lights Out: Sleep, Sugar and Survival*, Pocket Books, New York, 2000.

ne nuira pas à la sécrétion de la mélatonine par votre cerveau contrairement à la lumière blanche que vous ouvrez en pleine nuit. Vous retrouverez le sommeil plus facilement après vous être levé.

En plus de perturber la qualité de notre sommeil, l'éclairage artificiel a modifié nos habitudes de sommeil. Autrefois, les gens se couchaient très tôt, c'est-à-dire peu après le coucher du soleil, et ils se levaient aussi très tôt, à l'aube, pour pouvoir profiter de la lumière naturelle. C'est encore le même rythme qui est observé chez les animaux. Depuis que le monde est monde, la vie est modelée sur ce rythme. En moins d'un siècle, nous avons avancé la montre d'environ trois heures, ce qui est énorme pour l'adaptation des rythmes biologiques du corps humain. Nous nous couchons plus tard et nous nous levons aussi beaucoup plus tard. Le médecin allemand Goerg Alfred Teines a étudié les effets du sommeil naturel sur ses patients. Il s'est rendu compte que ses patients difficiles à traiter retrouvaient la voie de la guérison plus aisément s'ils se couchaient tôt, vers 20 h 30, pour se lever très tôt, vers quatre ou cinq heures du matin. Il soutenait que le sommeil avant minuit permettait une meilleure récupération du système nerveux. Pensons à nos grands-mères qui nous répétaient que le sommeil avant minuit était le meilleur... sans preuves scientifiques, malheureusement! Mais l'observation de leurs nombreux enfants les aidait à faire un lien de cause à effet. Alors, ce n'est peut-être pas étonnant qu'en ce siècle notre système nerveux n'ait jamais été si mal en point.

Toute notre vie est donc orchestrée autour de la lumière artificielle, surtout la vie sociale. L'avènement de la télévision et de l'ordinateur nous accroche à notre fauteuil de plus en plus tard mais à quel prix? Étant épuisés le matin, nous ne pouvons pas bénéficier de l'énergie montante du soleil, contrairement au monde animal qui s'en donne à cœur joie. Pensez aux petits oiseaux qui chantent leur joie à quatre heures du matin au printemps. Avez-vous le goût de les entendre? Payez-vous une bonne cure de sommeil (dans la noirceur totale!) régulièrement; ça ne coûte rien et vous en retirerez d'énormes bienfaits. Et si vous avez besoin d'un coup de pouce pour vous détendre afin de sombrer dans un sommeil profond, choisissez un bon complexe de plantes dans une boutique de produits naturels. Les conseillers se feront un plaisir de vous présenter toutes les solutions possibles. N'hésitez pas à changer de formule si la première n'est pas très efficace pour vous. On trouve aussi de la mélatonine dans les mêmes boutiques en dose de 3 ou 5 mg. Cette hormone synthétique favorise un sommeil plus profond et plus récupérateur. Elle ne crée pas d'accoutumance et ne donne pas de sensation de lourdeur le matin. Préférez les présentations sublinguales qui agissent rapidement au coucher. Révisez aussi votre rituel avant de vous mettre au lit. Peut-être auriez-vous avantage à faire une période de relaxation, à écouter de la musique de détente, à lire quelques pages d'un roman au lit dans le calme, à mettre quelques gouttes d'huile essentielle de lavande sur votre oreiller, etc.? La médication chimique doit être le dernier recours, car beaucoup de gens ne peuvent s'en passer par la suite.

La cigarette

L'usage du tabac est très généralisé dans nos sociétés industrialisées. Depuis plusieurs années, des études sérieuses nous dévoilent tous les dangers inhérents à cette habitude. Nous connaissons tous les risques accrus de cancer du poumon chez les fumeurs actifs et passifs (ceux qui inhalent la fumée des autres!), les risques d'emphysème, de bronchite et les atteintes cardiovasculaires par le durcissement des artères. Par contre, nous méconnaissons les atteintes du système nerveux par la nicotine, les risques élevés de bébé à faible poids à la naissance et la destruction massive de la vitamine C par l'usage de la cigarette. Une baisse de vitamine C dans nos tissus entraîne une diminution de l'immunité et un vieillissement prématuré de la peau. L'exposition à la fumée secondaire perturbe le développement des alvéoles pulmonaires chez le fœtus avec comme conséquence une fragilité à la toux et aux bronchites à l'âge adulte de même qu'une capacité respiratoire réduite. L'usage du tabac nuit aussi à la fertilité tant féminine que masculine. De plus, la nicotine diminue l'accumulation du fer dans les tissus maternels et son absorption intestinale. Pendant la grossesse, la nicotine réduit de plus de 40 % le transport du fer à travers le placenta, ce qui peut rendre le fœtus anémique. Une récente étude japonaise[63] vient d'établir un lien entre l'obésité chez l'enfant et le tabagisme chez la mère. Le risque d'obésité est donc 2,9 fois plus élevé parmi les enfants dont la mère fumait durant les trois premiers mois de la grossesse comparativement à une mère non fumeuse. Le futur papa doit aussi se sentir très concerné, car l'augmentation du nombre de radicaux libres causés par l'usage de la cigarette influence la qualité du sperme. Le nombre de spermatozoïdes, leur motilité, leur maturité et leur viabilité peuvent être affectés. Le Dr Bruce Ames, de l'université de Californie (Berkeley), a démontré qu'après quatre semaines de supplémentation en vitamine C (1 000 mg par jour), les altérations des spermatozoïdes commençaient à diminuer de façon significative. Donc, messieurs, si vous avez fumé ou que vous fumez encore, vous pourriez dès maintenant ajouter un supplément de vitamine C à vos habitudes quotidiennes pour améliorer la qualité de votre sperme. L'idéal étant de cesser de fumer, et plus tôt on le fait, mieux c'est pour la santé des bébés. Une nouvelle recherche a été publiée en janvier 2009 dans la revue scientifique *Pediatrics* sur les méfaits de la fumée tertiaire, celle qui s'est imprégnée dans les meubles, dans les maisons, dans les voitures et dans les fumeurs eux-mêmes. Les enfants en rampant et en mâchonnant tout ce qui leur tombe sous la main sont plus exposés à de multiples toxines dont le plomb, l'arsenic, le monoxyde de carbone et l'acide cyanhydrique. Moins longtemps il y aura eu de la fumée dans une maison ou une voiture, moins il y aura de résidus chimiques provenant de cette exposition.

Ce ne sont pas les raisons valables qui manquent pour motiver quelqu'un à cesser de fumer. Le tabac crée la dépendance. Tout comme le sucre, le tabac est une drogue douce et légale. Toute dépendance répond aussi à un besoin psychologique. Cela ne sert à rien de focaliser sur la cigarette en se jugeant de toutes les manières parce qu'on arrive pas à cesser de fumer. Soyez ingénieux, modifiez vos autres habitudes de vie, changez votre alimentation, faites de l'exercice, buvez beaucoup d'eau, modifiez vos pensées, gardez des pensées harmonieuses et positives, soyez à l'écoute des autres et élogieux à leur égard, et comme un fruit mûr tombe de

63. Tokyo (AFP), Mères fumeuses, enfants obèses, *Le Journal de Montréal*, mardi 30 octobre 2007, p. 50.

l'arbre, vous réaliserez un bon matin que vous ne voulez plus de cette dépendance à un paquet de cigarettes, que vous désirez être libre de toutes dépendances physiques ou émotionnelles. Ce jour-là, vous pourrez vous aider en consultant un acupuncteur. C'est souvent très efficace. Vous pourrez aussi consulter un conseiller dans un magasin d'alimentation naturelle et vous y trouverez plusieurs produits pour vous soutenir pendant votre sevrage. Des milliers de fumeurs ont déjà cessé de fumer. *Vous* en êtes capable sans aucun doute. Il suffit de choisir le bon moment.

Les règles de base sont connues. Vous comprendrez qu'une période d'un an n'est pas exagérée pour se préparer à concevoir un enfant, à moins que vous n'ayez déjà entrepris une démarche personnelle depuis plusieurs années. Il faut donc se donner le temps. Observez encore la nature. Elle y met le temps pour se faire une beauté. Cessons d'être si pressés.

Plan de remise en forme

Une fois que vous avez commencé à intégrer les règles de base et que le désir d'avoir un enfant est toujours très présent, vous êtes prêt pour une nouvelle étape. Il est judicieux de suivre un plan de remise en forme qui vous permettra de revitaliser votre organisme, de combler vos carences tout en vous assurant que le corps a éliminé le maximum de déchets. Tant que l'organisme rejette plus de déchets qu'il n'en produit, l'équilibre se maintient ainsi que la santé. Pour ce faire, notre corps évacue ses déchets par des émonctoires ou portes de sortie. La plus évidente est l'intestin qui expulse les selles, ensuite viennent les reins qui excrètent l'urine, la peau éliminant la sueur, le foie filtrant le sang et finalement les poumons rejetant le gaz carbonique sanguin à chaque expiration ainsi que le mucus, les poussières et polluants accumulés. Toutes ces portes d'élimination doivent bien fonctionner. C'est ce qui contribue à nous donner de la légèreté, une digestion facile, un teint clair, une humeur joyeuse, une pensée claire. Si vous avez mauvaise haleine le matin, que votre langue est chargée (elle n'est pas d'un beau rose), si vous êtes fatigué au réveil, que votre teint est terne, si vous souffrez d'embonpoint, que vous n'allez pas à la selle tous les jours, si votre première urine du matin est très concentrée, etc., il y a une surcharge et il faut ouvrir davantage les émonctoires.

De plus, rappelez-vous qu'on ne peut donner *que ce que l'on possède déjà*, que votre but est d'offrir un milieu de gestation, de croissance le plus sain possible pour votre enfant. Il n'est aucunement question de performance ou de comparaison avec qui que ce soit. Je vous propose de lire les trois plans de remise en forme et de faire votre choix par la suite. À la lumière de ces informations, vous pourriez aussi bâtir votre plan personnalisé. Les étapes seront semblables, le but étant de stimuler chacun des émonctoires à tour de rôle. Il existe une multitude de façons d'y arriver. Il y a des méthodes qui ne coûtent rien du tout et d'autres qui sont à des prix très variés. On peut utiliser des aliments à la maison, faire des actions particulières ou acheter des gouttes, des tisanes, des liquides, des capsules ou encore des comprimés. C'est en essayant différentes méthodes que vous allez vérifier *ce qui vous convient le mieux*. Certaines personnes aiment prendre toutes sortes de produits, tandis que d'autres ont horreur d'avaler une seule capsule. Ce qui est merveilleux, c'est qu'il y en a pour tous les goûts! À la suite des suggestions de produits, consultez les spécialistes des magasins de produits naturels et voyez ce qu'ils peuvent vous offrir de semblable.

Le premier plan est prévu pour les débutants. Il est recommandé aux couples qui *commencent* à changer leurs habitudes de vie. Il est préférable de gravir les marches une à une. N'essayez pas de sauter les étapes. C'est la seule façon d'intégrer en profondeur de nouvelles habitudes. À la prochaine grossesse, vous aurez peut-être le goût de suivre le deuxième ou le troisième plan.

Le deuxième plan est recommandé aux couples qui ont déjà modifié leur hygiène de vie depuis un certain temps, tandis que le troisième plan sera plus utile aux mordus de la vie saine et naturelle. Rien ne vous empêche de faire le plan 2 en empruntant quelques éléments qui vous plaisent dans le plan 3. Vous pouvez aussi innover et suivre votre intuition. Ces plans sont là essentiellement pour vous guider, pour vous aider à vous structurer.

Rappelez-vous comment il est agréable de se préparer pour Noël ou encore de préparer l'anniversaire de l'être aimé ou de préparer un voyage. C'est une grande joie que vous vivrez lors de la préparation à l'accueil d'un enfant, *votre enfant*. Vous préparez votre nid!

Plan 1 : Débutant

Durée : 1 an

Ce plan est conseillé à l'homme et à la femme à moins de notes particulières.

Les six premiers mois

Modification des habitudes de vie et intégration progressive des règles de base citées antérieurement. Fixez-vous des objectifs réalistes et écrivez-les.

Exemple :

Objectifs	Acquis	Priorité	À venir
Augmenter la consommation de légumes	☐	☐	☐
Diminuer l'utilisation du micro-ondes et cuire à la vapeur	☐	☐	☐
Manger deux fruits par jour	☐	☐	☐
Modifier les desserts, les faire maison et moins sucrés	☐	☐	☐
Boire de l'eau de qualité tous les jours	☐	☐	☐
Diminuer ou cesser la consommation de boissons gazeuses	☐	☐	☐
Diminuer ou couper le café surtout pour la femme	☐	☐	☐
Enlever le lait dans le thé et le café	☐	☐	☐
Cuisiner davantage à la maison pour les repas	☐	☐	☐
Intégrer l'huile d'olive de première pression à froid	☐	☐	☐
Lire les étiquettes	☐	☐	☐
Réserver l'alcool pour la fin de semaine seulement	☐	☐	☐
Diminuer la cigarette ou cesser complètement de fumer	☐	☐	☐
Diminuer les repas rapides à une fois par semaine	☐	☐	☐
Goûter un nouveau légume ou fruit une fois par semaine	☐	☐	☐
Choisir un pain complet	☐	☐	☐
Choisir des pâtes complètes	☐	☐	☐
Vérifier les dents chez le dentiste	☐	☐	☐
Bouger davantage, intégrer la marche	☐	☐	☐
Rétablir le poids santé	☐	☐	☐
Diminuer les heures de télévision ou d'ordinateur	☐	☐	☐
Consulter un ostéopathe (voir partie 2, chapitre 4)	☐	☐	☐
Autres : _____	☐	☐	☐
_____	☐	☐	☐

Maintenant que vous avez commencé à faire des changements dans votre vie, il sera plus facile d'intégrer de la nouveauté, car le plus difficile est de commencer l'action. Ensuite, le mouvement se fait presque tout seul. Cela devient un défi très positif.

Septième mois : acide folique

À cette étape-ci, il serait bon d'intégrer la prise d'une multivitamine et de minéraux aussi bien pour l'homme que pour la femme. Par contre, la femme pourrait choisir tout de suite un complexe prénatal de qualité dans lequel il y aura de l'acide folique. Le dosage de base est de 0,4 mg par jour. Ce supplément d'acide folique est destiné à la *femme* en prévention d'une malformation du tube neural[64] chez le fœtus qui causerait un *spina bifida,* malformation qui survient dans le premier mois de la gestation, précisément entre la troisième et quatrième semaine de grossesse. Si la femme attend d'être enceinte avant de prendre l'acide folique, le supplément n'aura pas l'effet escompté. Par contre, une alimentation riche en légumes et en fruits procure d'emblée tout l'acide folique nécessaire au bon développement du tube neural du fœtus. Ce sont les mauvaises habitudes alimentaires propres à nos sociétés modernes qui obligent cette recommandation préventive. D'ailleurs, des chercheurs[65] ont démontré qu'une prise d'acide folique pendant les six premières semaines de la grossesse avait abaissé de 75 % les risques de mettre au monde un enfant porteur d'anomalies du tube neural. Et, autre fait intéressant, une étude américaine[66], dirigée par les Drs Suzanne Young et Brenda Eskenazi de l'université de Californie, a démontré qu'une alimentation riche en acide folique chez l'homme non fumeur aurait aussi une incidence positive sur la qualité des spermatozoïdes. Des hommes en bonne

---

64. Le tube neural désigne le système nerveux primitif des embryons. À une extrémité du tube neural se développe la moelle épinière. En cas de carence en acide folique, le tube neural ne se ferme pas bien laissant jaillir la moelle à un degré plus ou moins important. Dans les cas sévères, des paralysies y seront associées.

65. Richard Béliveau, La prévention des maladies commence dès la grossesse, *Le Journal de Montréal,* lundi 4 décembre 2006, p. 52.

66. SS Young, Eskenazi B, *et autres,* The association of folate, zinc and antioxidant intake with sperm aneuploidy in healthy non-smoking men, *Human Reproduction,* 19 Mars 2008.

santé qui consommaient 1 mg d'acide folique par jour présentaient moins de 20 à 30 % de spermatozoïdes anormaux. En théorie, ceci pourrait avoir un effet sur les anomalies congénitales ainsi que sur les avortements spontanés. C'est la première étude qui démontre que le futur papa a aussi intérêt à améliorer ses habitudes alimentaires afin d'augmenter la qualité de son sperme. Il reste à déterminer si d'autres cofacteurs alimentaires auraient contribué à cette amélioration significative.

| Les meilleures sources alimentaires d'acide folique (vitamine B9) | | Foie d'agneau, foie de veau, légumineuses, épinard cuit, asperge, graine de lin, brocoli, laitue romaine, betterave cuite, orange, etc. |

Si le futur papa était ou est encore un grand adepte de fast-food et qu'il mange peu de légumes et de fruits, il pourrait aussi prendre un supplément de multivitamines et de minéraux pour la gent masculine. Il pourrait ainsi combler ses carences de base.

C'est aussi un bon moment pour aller chez le dentiste afin de faire les réparations ou nettoyages nécessaires avant la grossesse. S'il y a lieu, remplacez vos vieux amalgames gris contenant du mercure par des composites sans bisphénol A. Évitez d'en retirer plusieurs au même moment afin de ne pas surcharger votre organisme de ces métaux toxiques. De plus, il existe des produits en boutique de produits naturels qui favorisent l'élimination des métaux lourds. L'utilisation de l'une de ces cures serait appropriée.

Huitième mois : jus de légumes frais

Prise de *multivitamines et de minéraux* de préconception et de grossesse ou *acide folique* pour la femme à continuer.

Il serait facile à cette étape-ci d'intégrer les jus de légumes frais idéalement faits à la maison. Les jus de légumes frais à l'extracteur vous apporteront plusieurs vitamines, minéraux, oligoéléments et antioxydants très assimilables. De plus, ils contribuent à nettoyer votre organisme. Le Dr Natasha Campbell-McBride[67], neurologue

---

67. Le Dr Natasha Campbell-McBride est l'auteure du volume *Gut and Psychology Syndrome*.

et nutritionniste anglaise, recommande à sa clientèle ces jus frais afin d'éliminer les métaux lourds accumulés dans l'organisme. Ils sont à déguster, à boire à petites gorgées, en insalivant bien, car ce sont des aliments. À consommer de préférence au début du repas. Offrez-vous un bon verre par jour et alternez les variétés. La carotte biologique reste souvent le légume de base de ces jus. Il se vend aussi des jus frais de bonne qualité dans les magasins d'alimentation naturelle bien que ces derniers soient obligatoirement pasteurisés. Prenez plaisir à découvrir de nouvelles saveurs et faites les mélanges qui vous inspirent. Afin de prolonger leur conservation, verser le surplus de jus dans une bouteille de vin vide et retirer l'air de la bouteille avec le dispositif *vacuum*. Le jus de citron favorise la conservation. Ajoutez-en dans votre jus maison et ainsi vous aurez du jus frais pour deux ou trois jours.

Pourquoi boire ces jus quand vous prenez déjà une multivitamine et des minéraux? La biodisponibilité de ces derniers est à 100 % contrairement aux suppléments alimentaires qui offrent une biodisponibilité très variable. Vous pouvez ainsi éviter les suppléments alimentaires. Si vous désirez quand même en prendre, vous les potentialisez en les prenant au même moment.

Neuvième mois : activité physique

Prise de *multivitamines et de minéraux* de préconception et de grossesse ou *acide folique* pour la femme à continuer ainsi que les jus frais.

L'activité physique est essentielle à notre santé. Le jour est venu de trouver une activité qui correspond à vos goûts et à vos besoins. Pour certains, ce peut être un entraînement en salle, pour d'autres, la natation, le ski, le patin à roues alignées, la marche très rapide combinée à des exercices au sol, le jogging, des sports de groupe comme le volley-ball ou le badminton. Quelle que soit l'activité, vous en ressentirez rapidement un bien-être et du plaisir lorsque vous aurez fait le bon choix. Rappelez-vous que ce qui convient à votre conjoint n'est pas nécessairement recommandé pour vous. Respectez votre individualité.

Dixième mois : soutien des reins

Prise de *multivitamines et de minéraux* de préconception et de grossesse ou *acide folique* pour la femme à continuer ainsi que les jus frais et l'activité physique.

Poursuivre la consommation de jus de légumes frais. Bravo pour la persévérance dans l'activité physique! On ajoute maintenant une cure *d'eau distillée*. Pendant un mois, vous achèterez de l'eau distillée à la pharmacie ou dans certains magasins d'alimentation naturelle (bien vous informer). Vous ne boirez que cette eau à raison d'un litre et demi à deux litres par jour. Cette eau permettra l'ouverture de votre émonctoire rénal et accentuera l'élimination des déchets. Il est évident que vous urinerez davantage.

Onzième mois : soutien du foie

Prise de *multivitamines et de minéraux* de préconception et de grossesse ou *acide folique* pour la femme à continuer ainsi que les jus frais et l'activité physique.

Nous ajoutons pendant ce mois l'application d'une bouillotte chaude sur le foie, pendant une vingtaine de minutes au coucher. Le foie travaille à une température plus élevée que le reste de notre corps. En lui procurant cette chaleur supplémentaire, vous activez son fonctionnement. Vous pouvez aussi utiliser la bouillotte lorsque vous avez de la difficulté à digérer un repas. C'est une méthode très économique pour commencer un nettoyage.

Si vous le désirez, vous pouvez acheter des cures pour le foie à base de plantes. Elles existent sous forme de tisanes, de teintures-mères (liquide), de capsules ou de comprimés. Une cure ne devrait pas causer de diarrhée ni de maux de ventre. Optez pour une cure en douceur. De légers maux de tête peuvent apparaître les premiers jours et le volume et la texture des selles peuvent se modifier. Le chardon-Marie sera très doux ainsi que le pissenlit.

Douzième mois : soutien du système nerveux

Prise de *multivitamines et de minéraux* de préconception et de grossesse ou *acide folique* pour la femme à continuer ainsi que les jus frais et l'activité physique.

Vérifiez votre niveau de stress. Y aurait-il des améliorations à apporter dans vos habitudes de vie pour vivre plus calmement. Dormez-vous suffisamment? Mangez-vous des céréales complètes riches en vitamines du complexe B? Des légumes verts riches en magnésium? Avez-vous pensé à intégrer les tisanes comme boissons chaudes? La camomille (*Matricaria chamomilla*), la mélisse (*Melissa officinalis*) le tilleul (*Tilia platyphyllos*), le passiflore (*Passiflora incarnata*) et la valériane (*Valeriana officinalis*), pour ne nommer que celles-là, sont toutes utiles pour calmer le système nerveux et vous pourrez continuer de les prendre pendant votre grossesse.

Treizième mois : la conception

Prise de *multivitamines et de minéraux* de préconception et de grossesse ou *acide folique* pour la femme à continuer ainsi que les jus frais et l'activité physique.

C'est le grand jour de la conception de votre enfant... Ayez confiance dans votre capacité de donner la vie et donnez-vous le temps. Je vous invite à lire la partie 2 du volume qui concerne la grossesse.

RÉSUMÉ PLAN 1

Débutant
Six premiers mois

Notez ce que vous avez intégré de nouveau dans vos habitudes de vie.

_____

_____

_____

_____

_____

_____

_____

_____

_____

_____

_____

_____

Septième mois

Multivitamines et minéraux ou acide folique

_____

Visite chez le dentiste

_____

Huitième mois

Jus de légumes frais

_____

Multivitamines et minéraux ou acide folique

_____

Neuvième mois

Activité physique

_____

Jus de légumes frais

_____

Multivitamines et minéraux ou acide folique

_____

Dixième mois

Eau distillée

Activité physique

Jus de légumes frais

Multivitamines et minéraux ou acide folique

Onzième mois

Bouillotte chaude sur le foie

Activité physique

Jus de légumes frais

Multivitamines et minéraux ou acide folique

Douzième mois

Activité physique

Jus de légumes frais

Multivitamines et minéraux ou acide folique

Gestion du stress

Treizième mois et plus

Activité physique

Jus de légumes frais

Multivitamines et minéraux ou acide folique

Plan 2 : Intermédiaire

Durée : 9 mois

Ce plan est conseillé à l'homme et à la femme à moins de notes particulières.

Les trois premiers mois

Continuez d'intégrer dans votre vie les règles de base citées antérieurement. Vous pouvez certainement trouver de petits éléments à améliorer. Il y a toujours une marche de plus à atteindre, une habitude à peaufiner si ce n'est que de faire le ménage de vos armoires et de réduire les produits toxiques dans les produits de nettoyage. Une étude[68] vient d'être publiée qui démontre que les produits chimiques domestiques (eau de Javel, désinfectant, aérosol, détachant, insecticide, décapant, produit pour nettoyer les tapis, etc.) utilisés pour le ménage à la maison à la fin de la grossesse et peu de temps après la naissance augmentaient les sifflements respiratoires chez les bebes. À l'âge de huit ans, ces enfants démontraient encore une diminution de leurs capacités respiratoires. Choisissez ainsi des produits biodégradables compatibles avec la santé de la famille. Lisez bien les étiquettes et informez-vous sur la qualité du produit, car la publicité est souvent trompeuse. Il existe aussi des sites spécialisés de nettoyants faits maison. À découvrir!

C'est aussi le bon moment pour prendre rendez-vous avec votre dentiste afin de faire vérifier votre dentition. S'il vous reste encore des amalgames gris à base de mercure (lire page 36) dans la bouche, vous pourriez peut-être en changer quelques-uns. Les composites (amalgames blancs) doivent être sans bisphénol A. Vérifiez avec le dentiste avant de faire le changement. Lorsqu'on fait enlever des amalgames dentaires, on remet des métaux lourds en circulation. Un dentiste holiste prendra davantage de précautions pour éviter cette problématique. Quoi qu'il en soit, il est de mise de prendre un produit qui va vous permettre d'éliminer ces métaux lourds plus facilement et rapidement. Dans les boutiques de produits naturels, il existe des formules pour cette indication. Sinon, consultez

---

68. Paris (AFP), Usage de produits ménagers nuisible à la santé des jeunes enfants, *Le Journal de Montréal*, jeudi 28 février 2008, p. 63.

un naturopathe qualifié à ce sujet. Rappelez-vous que les métaux lourds passent la barrière placentaire et que vous en transférez une partie à votre bébé en allaitant. Le but de cette démarche est de réduire votre niveau interne de toxines afin d'en transmettre le moins possible à votre futur bébé.

Commencent ensuite les cures de nettoyage qui ouvriront les émonctoires ou portes de sortie des déchets tout en harmonisant le corps. Chaque étape dure théoriquement un mois. Terminez le contenant que vous avez acheté avant de passer à la seconde étape afin d'éviter le gaspillage. Il n'y a rien de plus désagréable que d'avoir une multitude de pots entamés dans une pharmacie. Je vous propose dans un premier temps des teintures-mères[69]. Vous pourriez les remplacer par des tisanes ou prendre les mêmes plantes en capsules. Expérimentez et ensuite choisissez ce qui vous rend le plus à l'aise.

Je vous suggère une posologie de deux fois par jour pour éviter de vous surcharger. Si cela est facile pour vous, vous pouvez prendre ces produits trois fois par jour comme indiqué sur les contenants. C'est la constance qui fera le succès de votre démarche. Vous pouvez aussi vous accorder une journée de *paix thérapeutique* (ne prendre aucun supplément) la fin de semaine, par exemple le dimanche, et ainsi vous maintiendrez votre routine plus facilement.

Quatrième mois : soutien du foie

Chardon-Marie (*Sylibum marianum*) : en teinture-mère ou en capsules.

Cette plante est une spécialiste du foie. Elle agit en douceur. Connue pour ses propriétés antioxydantes, elle diminue l'inflammation, régénère les cellules hépatiques, protège en cas d'empoisonnement. Légèrement laxative, elle favorise l'écoulement de la bile. C'est une plante très recommandée quand il y a

---

69. Teintures-mères : aussi appelées *concentrés liquides*. Ce sont des plantes qui ont macéré un certain temps (de trois semaines à deux mois) dans de l'alcool à 40 %, dans le vinaigre de cidre ou encore dans la glycérine pour en extraire les principes actifs. Elles se conservent ainsi plusieurs années. La forme liquide concentrée permet d'ajuster facilement le dosage selon la personne. L'assimilation est rapide, mais le liquide aura un goût particulier propre à la plante utilisée. Elles sont indiquées aussi pour les personnes qui ont de la difficulté à avaler des comprimés ou des capsules.

eu à long terme prise de médicaments, d'alcool ou de drogues. Notez que les anovulants font aussi partie des médicaments.

Dix gouttes dans un peu d'eau le matin, au lever, et avant le souper. Bien insaliver avant d'avaler. Prenez cette posologie pendant une semaine et si vous n'avez pas de maux de tête (signe que le foie se désintoxique), augmentez la dose à quinze gouttes pour quelques jours et ensuite à vingt gouttes matin et soir. Toujours bien agiter la bouteille avant de prendre le produit.

Si vous n'aimez pas le goût amer des plantes, vous pouvez aussi choisir de prendre le chardon-Marie en capsule. Suivez la posologie du fabricant, mais commencez lentement par une capsule par jour pour quelques jours.

Bouillotte chaude sur le foie : au coucher ou le soir, après le souper, mettre une bouillotte chaude pendant vingt minutes sur le côté droit du thorax, sur le foie. Cette chaleur externe se communique au foie et aide la bile à mieux s'écouler. Elle permet de mieux digérer après un repas lourd. Ce petit truc est très économique...

Prise de *multivitamines et de minéraux* de préconception et de grossesse ou *acide folique pour la femme*.

Cinquième mois : soutien des reins et du système digestif

Pissenlit (*Taraxacum officinale*) en teinture-mère ou en capsules.

> La racine de pissenlit est une bonne à tout faire. Elle agit comme un tonique et un dépuratif tout en étant une plante nutritive par ses minéraux et oligoéléments. En agissant sur le foie et les reins, elle permet l'élimination des toxines, de l'acide urique et du cholestérol, ce qui diminue l'inflammation et les douleurs articulaires. Elle tonifie aussi le pancréas et les glandes surrénales aidant ainsi à régulariser la glycémie.

Au printemps, vous pouvez manger des salades confectionnées avec de jeunes feuilles de pissenlit. Elles seront plus diurétiques que les racines et elles vous apporteront aussi des vitamines A et C. Assurez-vous que le terrain n'a pas été traité par des herbicides ou insecticides chimiques avant de les cueillir.

Mettre dix gouttes de teinture-mère dans un peu d'eau le matin, au lever. Bien insaliver avant d'avaler. Prendre cette posologie pendant quelques jours. Si vous tolérez bien cette posologie, ajoutez dix gouttes avant le souper ou au retour du travail. Après une semaine, vous pouvez augmenter à quinze gouttes, deux fois par jour. Agiter la bouteille avant la prise.

Cette plante est aussi offerte en capsules. Il faut suivre les indications du fabricant en commençant lentement.

Eau de qualité : profitez-en pour mesurer la quantité d'eau que vous buvez et faites un effort pour boire huit verres d'eau par jour pendant ce mois. Vous rendrez votre cure plus efficace. Votre haleine et votre teint s'en porteront mieux! Il est normal d'aller uriner plus souvent pendant ce mois.

Prise de *multivitamines et de minéraux* de préconception et de grossesse ou *acide folique pour la femme* à continuer.

Sixième mois : nettoyage du sang

Trèfle rouge (*Grifolium pratense*) en teinture-mère ou en capsules.

> Le trèfle rouge est une plante nutritive, entre autres par ses minéraux et oligoéléments tout en étant un dépuratif sanguin efficace. Il aide à réduire l'acidité. Il a des propriétés antifongiques. Il favorise l'intégrité des cellules. Il harmonise le cycle menstruel. Il convient aussi à l'homme.

Mettre dix gouttes de teinture-mère dans un peu d'eau le matin, au lever. Bien insaliver avant d'avaler. Prendre cette posologie pendant quelques jours. Si vous tolérez bien la posologie, ajoutez dix gouttes avant le souper ou au retour du travail. Après une semaine, vous pouvez augmenter à quinze gouttes, deux fois par jour. La dose maximale est de trente gouttes, deux fois par jour. Agiter la bouteille avant la prise.

Cette plante est offerte en capsules. Il faut suivre les indications du fabricant en commençant lentement.

Vitamine C

Si vous êtes encore fumeur ou ancien fumeur, ajoutez de la vitamine C à votre alimentation, particulièrement le futur papa, afin de revitaliser les spermatozoïdes[70]. C'est aussi recommandé pour la femme afin de contrer une partie des effets nocifs de la cigarette. Prendre 1 000 mg par jour le matin, au déjeuner, même si vos multivitamines et minéraux contiennent un peu de vitamine C. L'été, les fruits et les légumes frais sont une meilleure source de vitamine C comparativement à ce que l'on mange pendant l'hiver. Plus le temps s'allonge entre le moment où les fruits et les légumes sont cueillis et le moment où vous les consommez, plus ils perdent une partie de leur valeur nutritive. La vitamine C est particulièrement touchée par cette perte. De plus, si les fruits ne sont pas cueillis à pleine maturité, ils sont aussi moins riches en vitamine C.

Prise de *multivitamines et de minéraux* de préconception et de grossesse ou *acide folique pour la femme* à continuer.

Septième mois : soutien du système glandulaire et nerveux ainsi que de l'intestin

Avoine (Avena sativa) en teinture-mère.

> L'avoine est très utile pour accompagner toutes les formes de sevrage (cigarette, alcool, drogue, etc.), car elle soutient le système nerveux. Elle calme sans être sédative. Elle favorise le sommeil. L'avoine est une plante très nutritive par ses composantes (protéines, vitamines, minéraux). Elle favorise aussi les sécrétions hormonales en tonifiant particulièrement les ovaires, les surrénales, la thyroïde, le pancréas et la prostate.

Mettre dix gouttes dans un peu d'eau le matin, au lever. Bien insaliver avant d'avaler. Prendre cette posologie pendant quelques jours. Si vous tolérez bien la posologie, ajoutez dix gouttes avant le souper ou au retour du travail. Après une semaine, vous pouvez augmenter à quinze gouttes deux fois par jour. La dose maximale est de vingt-cinq gouttes deux à trois fois par jour. Brasser la bouteille avant l'utilisation.

---

70. Relire la partie sur la cigarette, page 71.

Cette plante est aussi offerte en capsules. Il faut suivre les indications du fabricant en commençant lentement.

Prise de *psyllium* en flocons.

> Le psyllium est une des principales source de fibres solubles. Il a la propriété de faire gonfler le volume des selles, de dissoudre et de décoller les croûtes de déchets accumulées dans l'intestin. Il provient du plantain (*plantago ovato*). Choisissez un produit qui ne contient que l'enveloppe du psyllium et non la graine. Les fibres solubles ont la propriété de faire diminuer le taux de cholestérol sanguin et d'aider à contrôler la glycémie. Les selles seront abondantes, molles et chargées de déchets.

Prendre une à deux cuillerées à thé de flocons dans 250 ml d'eau, minimum ou de jus le matin au lever. Boire six à huit verres d'eau dans la journée.

En pharmacie, nous retrouvons ce produit sous le nom de Metamucil, mais ce dernier est souvent aromatisé et édulcoré à l'aspartame. Comme il n'y a pas d'obligation légale d'écrire tous les ingrédients non médicinaux sur le contenant, vous lirez seulement la mention : *personnes allergiques à la phénylalanine s'abstenir*, car une des composantes de l'aspartame est la *phénylalanine*. Le psyllium nature se vend dans les magasins de produits naturels. Si vous avez tendance à la constipation, gardez l'habitude de prendre du psyllium. Cela ne crée pas de dépendance pour l'intestin. C'est comme si vous preniez un bol de céréales riches en fibres tous les matins. Les flocons d'avoine sont également riches en fibres solubles du même type (mucilage) tout comme les graines de lin.

Prise de *vitamine* C à continuer pour les fumeurs ou ex-fumeurs récents.

Prise de *multivitamines et de minéraux* de préconception et de grossesse ou *acide folique pour la femme* à continuer.

Huitième mois : soutien de tous les systèmes

Ortie (*Urtica dioica*) en teinture-mère.

> Cette plante est très recommandée à la future maman. Convient avant et pendant la grossesse. L'ortie est une plante adaptogène

qui nourrit le corps par sa grande richesse en minéraux et oligoéléments. Elle favorise spécialement l'assimilation du fer. Elle soutient tous les systèmes : digestif, reproducteur (féminin et masculin), endocrinien, urinaire, respiratoire, cardiovasculaire et nerveux. Elle convient aux femmes et aux hommes, aux enfants, aux malades, aux convalescents, aux personnes âgées, aux femmes enceintes et à celles qui allaitent.

Mettre dix gouttes dans un peu d'eau le matin, au lever. Bien insaliver avant d'avaler. Prenez cette posologie pendant quelques jours. Si vous tolérez bien la posologie, ajoutez dix gouttes avant le souper ou au retour du travail. Après une semaine, vous pouvez augmenter à quinze gouttes, deux fois par jour. La dose maximale est de vingt-cinq gouttes, une à trois fois par jour. Brasser la bouteille avant l'utilisation.

Cette plante est aussi offerte en capsules. Il faut suivre la posologie du fabricant et commencer graduellement.

Prise de *psyllium* en flocons à continuer si les selles ne sont pas quotidiennes et abondantes.

Prise de *vitamine* C à continuer pour les fumeurs ou ex-fumeurs récents ou encore en période hivernale.

Prise de *multivitamines et de minéraux* de préconception et de grossesse ou *acide folique* pour la femme à continuer.

Neuvième mois : soutien de la fécondation

Framboisier (*Rubus idaeus*) pour la femme.

Cette plante est parfaitement recommandée aux femmes. Elle tonifie et nourrit le système reproducteur féminin tout en supportant le système digestif. Utile en cas de diarrhée, de nausée, de ballonnement et d'hémorroïde. Elle harmonise le cycle menstruel, supporte la femme enceinte tout en la préparant à l'accouchement. Elle stimule la fertilité.

Mettre dix gouttes dans un peu d'eau le matin, au lever. Bien insaliver avant d'avaler. Prenez cette posologie pendant quelques jours. Si vous tolérez bien la posologie ajoutez dix gouttes avant le souper ou au retour du travail. Après une semaine, vous pouvez augmenter à quinze gouttes, deux fois par jour en préconception. Comme c'est une plante à prendre par la suite pendant la grossesse, prenez-la six jours par semaine. Agiter la bouteille avant l'utilisation. Le framboisier peut aussi se prendre en tisane pour varier les prises.

Ginseng pour *l'homme*.

> Le ginseng fait partie de la médecine traditionnelle chinoise depuis près de 2 000 ans. Il existe plusieurs variétés de ginseng cultivées à travers le monde, de l'Asie à l'Amérique du Nord. Le principe actif se nomme ginsenoside. Les extraits normalisés sont titrés de 4 à 7 %. Le ginseng est un puissant adaptogène. Il soutient le système immunitaire tout en donnant énergie et force au corps fatigué. Aide à la concentration intellectuelle et favorise une meilleure capacité de travail. Il est surtout recommandé si vous ne prenez aucun supplément ni vitamines et minéraux. Demandez conseil dans une boutique spécialisée pour acheter un produit de très bonne qualité. Suivez la posologie sur le contenant.

Prise de *psyllium* en flocons à continuer si les selles ne sont pas quotidiennes et abondantes.

Prise de *vitamine* C à continuer pour les fumeurs ou ex-fumeurs récents ou encore en période hivernale.

Prise de *multivitamines et de minéraux* de préconception et de grossesse ou *acide folique* pour la *femme* à continuer.

Dixième mois : conception

Prise de *vitamine* C à continuer pour les fumeurs ou ex-fumeurs récents ou encore en période hivernale.

Prise de *multivitamines et de minéraux* de préconception et de grossesse ou *acide folique* pour la *femme* à continuer.

Vous êtes prêts à concevoir votre trésor. Continuez à maintenir vos bonnes habitudes de vie et ayez confiance que la fécondation viendra au bon moment pour votre enfant. Je vous invite à lire la partie 2 du volume qui concerne la grossesse.

RÉSUMÉ PLAN 2

Intermédiaire

Trois premiers mois

Notez ce que vous avez intégré de nouveau dans vos habitudes de vie.

_____

_____

_____

_____

_____

_____

_____

_____

_____

_____

_____

_____

_____

_____

Quatrième mois (foie)

Chardon-Marie

_____

Bouillotte chaude sur le foie

_____

Multivitamines et minéraux et ou acide folique

_____

Visite chez le dentiste

_____

Cinquième mois (reins)

Pissenlit

_____

Eau pure

_____

Multivitamines et minéraux ou acide folique

_____

Sixième mois (sang)

Trèfle rouge

Multivitamines et minéraux ou acide folique

Vitamine C

Septième mois (glandes, nerfs, intestins)

Avoine

Psyllium

Vitamine C

Multivitamines et minéraux ou acide folique

Huitième mois (général)

Ortie

Psyllium

Vitamine C

Multivitamines et minéraux ou acide folique

Neuvième mois (hormonal)

Ginseng (homme)

Framboisier (femme)

Psyllium

Vitamine C

Multivitamines et minéraux ou acide folique

Dixième mois et plus (conception)

Framboisier (femme)

_____

Ginseng (homme)

_____

Vitamine C

_____

Multivitamines et minéraux ou acide folique

_____

Plan 3 : Avancé

Durée : 6 mois

Ce plan est conseillé à l'homme et à la femme à moins de notes particulières.

Ce plan est recommandé aux couples qui ont déjà changé leurs habitudes alimentaires. L'alimentation est en partie ou en totalité biologique. Vous consommez beaucoup de fruits et de légumes frais ainsi que des noix, des graines, des légumineuses à l'occasion ou régulièrement si vous êtes végétariens. Vos céréales sont entières et vous avez beaucoup diminué les sucres concentrés dans votre alimentation quotidienne. Vous avez l'habitude de bien lire les étiquettes afin d'acheter des produits les moins transformés possible.

Vous avez aussi l'habitude de bouger, l'activité physique fait partie de votre vie, que ce soit par le travail physique ou par des activités sportives. Vous êtes conscients de l'importance de votre environnement et vous portez attention au type de produits de nettoyage que vous utilisez à la maison afin d'éviter le maximum de produits toxiques dans votre demeure.

Vous êtes peut-être des adeptes du yoga, du tai-chi ou encore de la méditation. La croissance personnelle fait partie de votre vie par vos lectures, par vos activités (conférences, séminaires, etc.) et peut-être avez-vous déjà consulté un thérapeute (psychologue, psychothérapeute, etc.) lorsque vous viviez des difficultés de vie? Bref, vous recherchez une bonne qualité de vie et vous désirez vivre dans l'harmonie.

Étant donné que vous avez déjà intégré de très bonnes habitudes de vie, je vous propose un plan de préconception échelonné sur six mois. Libre à vous de prendre davantage de temps selon vos besoins. Si vous avez un problème de santé particulier qui n'est pas réglé, solutionnez-le dans la mesure du possible pendant cette période ou en prenant le temps nécessaire. Consultez au besoin les personnes adéquates pour vous.

Ce plan visera donc à activer l'élimination des déchets tout en soutenant les organes (émonctoires) qui jouent ce rôle continuel dans l'organisme. Le corps se sent ainsi plus alerte, le teint est plus beau, la pensée est plus claire, les petites douleurs inflammatoires diffuses disparaissent. Selon vos efforts, le poids santé peut se rétablir. Ensuite, viendra la revitalisation par un support nutritionnel particulier. C'est aussi le moment idéal pour faire une évaluation de votre profil minéral et vérifier s'il y a présence de métaux lourds dans votre organisme. L'analyse de cheveux faite en laboratoire[71] et interprétée par un naturopathe compétent en la matière sera très utile pour réajuster votre alimentation selon vos carences et pour vérifier s'il y a présence de métaux lourds.

Ces plans de préconception sont basés sur la science naturopathique. Il est possible que vous soyez déjà suivie par un homéopathe. Ce dernier peut aussi vous donner en parallèle (de ces plans) des produits, des draineurs homéopathiques, qui vous permettront de ne pas transmettre certaines tares à votre enfant. Cette thérapie doit être faite par un homéopathe d'expérience. La règle reste la même, consultez par référence personnelle, évitez le choix aléatoire des pages jaunes.

Vous vous apprêtez maintenant à transmettre la Vie. À la manière d'un papier-calque, le vécu qui vous habite s'imprimera aussi en votre enfant. Si votre propre naissance a été éprouvante (césarienne, forceps, ventouse, déclenchement du travail, etc.) autant pour l'homme que pour la femme, il existe des méthodes pour réparer ces blessures qui ont marqué la naissance. La *refacilitation de la naissance*[72] est l'une d'elles. Accompagné par des intervenants qualifiés, vous revivez symboliquement cette étape de votre vie afin de guérir les mémoires de peur, d'abandon ou autres souffrances qui lui sont reliées. Ceci afin qu'elles n'entravent pas le déroulement harmonieux de la naissance de votre bébé. C'est prioritaire pour la mère, mais le vécu du père a aussi son influence.

Premier mois : consolidation des acquis

Étant déjà en démarche depuis plusieurs années, profitez du premier mois pour parfaire vos habitudes de vie en vous assurant de

---

71. Pour information sur ce type d'analyse, consultez le www.doctorsdata.com/test_info.asp?id=1.

72. Consultez le www.naissance.ca/web/accompagnement/services/refacilitation.php.

faire de l'activité physique régulièrement trois fois par semaine. N'entrent pas en ligne de compte les petites marches quotidiennes. En lisant les plans débutant et intermédiaire, vous trouverez peut-être des habitudes de vie à améliorer, que ce soit sur le plan de l'environnement ou de l'alimentation ou encore sur le plan de la gestion du stress. Peut-être vous reste-t-il des amalgames dentaires à base de mercure à changer? Prenez le temps de faire une liste de ce que vous aimeriez améliorer dans votre vie pour le mieux-être de votre petite famille. Il y a toujours des projets que nous remettons à plus tard comme celui d'enlever les tapis (sources d'allergies) sur les planchers de la maison pour poser des revêtements de sol plus écologique[73]. Ce sera peut-être le moment de vous initier au jardinage et au compostage ou encore de trouver des fermes qui offrent des paniers d'aliments biologiques près de chez vous (ASC[74]). On peut aussi investir dans un système de filtration d'eau à la maison afin de boire une eau de meilleure qualité. Ou encore éliminer les contenants en plastique n° 1 et n° 7 afin de diminuer les sources de polluants comme l'*antimoine* et le *bisphénol A*[75]. Bref, avec un peu d'imagination (et sans se décourager!), on trouve toujours quelque chose à améliorer. Si vous en doutez, consultez le récent livre de Marc Geet Éthier[76] à ce sujet!

Par ailleurs, selon les recommandations médicales, un supplément d'acide folique est recommandé avant la grossesse et pendant les trois premiers mois de cette dernière afin d'éviter le *spina bifida* (voir page 76) chez le bébé. L'acide folique est une vitamine (B9) que l'on trouve abondamment dans les végétaux. Comme la population ne respecte généralement pas les recommandations du *Guide alimentaire canadien* en matière de portions (sept à dix par jour) de fruits et légumes, cette supplémentation est nécessaire pour une grande partie de la population. Libre à vous de prendre ou non ce supplément selon vos habitudes alimentaires. En ce

---

73. Attention aux planchers de bois flottant. Certains émettent des vapeurs toxiques, sources d'allergies et de troubles de santé. Voir les dossiers de *La Maison du 21ᵉ siècle* au www.21esiecle.qc.ca.

74. ASC : agriculture soutenue par la communauté, consultez le site www.equiterre.org .

75. Consultez le www.vivresansplastique.com.

76. Marc Geet Éthier, *Zéro Toxique : petit manuel de survie*, Éditions du Trécarré, 2008.

qui a trait aux multivitamines et minéraux, si vous choisissez d'en prendre, prenez un produit spécialisé pour la femme enceinte qui contiendra de l'acide folique et du fer. Il faut souligner qu'il y a une grosse différence entre des produits de synthèse comme les multivitamines et minéraux et les *super-aliments* comme la gelée royale, les jus verts (les *greens*), les poudres concentrées de légumes et de fruits, le pollen, le maca, etc. Ces derniers s'assimilent très bien et ne créent pas de surcharge. Les produits de synthèse s'assimilent moins bien et peuvent débalancer d'autres vitamines et minéraux dans l'organisme à long terme ou à hautes doses. D'ailleurs, une étude[77] a récemment été faite à l'Université de Sherbrooke. Elle dénotait que le surplus de vitamines C et E (on ne dit pas le dosage) pendant la grossesse favoriserait la naissance de bébés de petit poids. Il est préférable de combler vos besoins en vitamines et minéraux dans ce que vous offre la nature. De plus, les trésors de la nature travaillent souvent sur plusieurs plans dont l'équilibre de nos glandes. Ils nous donnent aussi de la vitalité tout en diminuant l'impact du stress sur notre corps. Ce sont des plantes dites adaptogènes qui nous aident selon nos besoins. Le maca (*Lepidium meyenii*) fait partie de ces trésors. Il est offert en poudre et peut-être biologique. La dose d'efficacité se situerait entre 1 500 mg et 3 000 mg par jour. Ajoutez-le à vos smoothies ou à vos jus du matin et vous constaterez la différence. Il n'y a aucune contre-indication connue à ce jour.

Prise de jus de légumes frais, de maca et d'*acide folique* pour la femme ainsi que l'activité physique à continuer trois fois par semaine.

Deuxième mois : soutien du système lymphatique

C'est le temps d'ajouter des jus de légumes frais, si ce n'est pas déjà fait dans votre quotidien. Prenez 200 à 250 ml de jus frais tous les jours, idéalement avant le repas. Vous pourriez aussi ajouter du jus d'herbes de blé. Ce dernier s'achète en capsules ou congelé, mais il peut se faire à la maison. Suivez le mode d'emploi du fabricant si vous achetez le jus d'herbe de blé. Tous ces jus vous permettront

---

77. Sherbrooke (PC), Fœtus-Santé. Trop de vitamines est nuisible, *Le Journal de Montréal*, dimanche le 28 septembre 2008, p. 38.

de refaire vos réserves en bons nutriments tout en nettoyant l'organisme en douceur.

La santé se maintient grâce à une bonne élimination des déchets et des polluants tout en intégrant de bonnes habitudes de vie. Le bon fonctionnement de notre système lymphatique est crucial pour la vitalité de notre immunité. Ce sont les petits vaisseaux lymphatiques qui relient tous nos ganglions entre eux. Lorsque la circulation de la lymphe est fluide et régulière, les ganglions jouent leurs rôles adéquatement en éliminant les toxines et en formant des anticorps pour détruire les virus et les bactéries. En recueillant une partie du liquide interstitiel dans lequel baignent toutes nos cellules, le système lymphatique fait circuler les nutriments et élimine les déchets. Il entretient notre vitalité. Il permet aussi de conserver la souplesse de la peau et lui donne une meilleure texture et une apparence plus saine. Maintenant, comment savoir si notre système lymphatique fonctionne bien? Plusieurs indices peuvent vous guider : si vous avez tendance à avoir les jambes lourdes et enflées en fin de journée ou que vos bas laissent une marque profonde sur vos chevilles lorsque vous les enlevez ou que vos paupières sont enflées au petit matin, ce sont des signes de congestion. Vos habitudes de vie sont aussi porteuses d'autres indices, car c'est le mouvement du corps qui fait circuler la lymphe naturellement. Si vous avez un emploi sédentaire, si vous portez des vêtements serrés à la taille, si votre respiration est superficielle, si vous ne faites aucune activité physique régulière, si vous souffrez de constipation ou que vous avez de la cellulite, il y a de fortes chances que votre circulation lymphatique demande du renfort!

Plusieurs possibilités s'offrent alors à vous. La première est de prendre rendez-vous avec un thérapeute qualifié qui fait du *drainage lymphatique* manuellement avec la technique *Vodder*[78]. Ce soin ressemble en apparence à un massage, mais il est beaucoup plus doux et il vise à refaire circuler la lymphe librement dans le corps. C'est très efficace, mais plusieurs traitements sont nécessaires. Planifiez un minimum de quatre soins à raison d'un par semaine pendant un mois. Par ailleurs, il existe des formules de plantes

---

78. Pour en connaître plus sur le sujet, consultez le www.vodderschool.com.

ou des complexes homéopathiques composés expressément pour ce système. Vous pourriez les prendre simultanément avec les drainages si vos besoins sont grands ou opter seulement pour les produits si votre budget est limité. Ce qui demeure essentiel, c'est de rectifier vos habitudes de vie afin de réintégrer le mouvement dans votre quotidien. La marche quotidienne de mi-journée lorsque vous faites un travail assis est une nécessité et non un luxe. Il est préférable de prendre deux marches de quinze minutes en pareil cas que de prendre une seule marche de trente minutes en fin de soirée. Même le chant vous permet de mieux faire circuler votre lymphe en faisant travailler votre diaphragme! Dans les cas importants de congestion, l'acupuncture peut aussi favoriser une bonne circulation lymphatique.

Prise de jus de légumes frais, de maca et d'*acide folique* pour la femme ainsi que l'activité physique à continuer trois fois par semaine et *drainage lymphatique.*

Troisième mois : soutien des reins

Certains urinent plusieurs fois par jour et d'autres trop peu. Un adulte doit uriner environ 1,5 l d'urine par jour. Pour ce faire, le rein filtre votre sang à une cadence incroyable. Il filtre environ 1,1 l de votre sang en une minute! Au bout de nombreuses années, il n'est pas étonnant que la qualité de son fonctionnement diminue. Les signes ne sont pas évidents à percevoir à moins de cas extrême. Une enflure des paupières qui demeure toute la journée peut être un indice de même qu'une sueur corporelle très malodorante. Par contre, l'analyse de l'urine par la bioélectronique de Louis Claude nous donne d'excellents paramètres à ce sujet. La résistivité[79] normale de l'urine est de 30-40. Si la résistivité s'élève, c'est le signal que le rein ne laisse plus passer suffisamment de déchets : son efficacité s'est amoindrie. Il faut alors soutenir le tissu rénal dans sa capacité de filtration. Une des premières solutions est de quantifier l'eau que vous buvez ainsi que les autres liquides. Plusieurs d'entre nous ne boivent pas un verre d'eau (voir page 35) par jour et, pourtant, c'est la meilleure façon de nous hydrater, de diluer nos toxines et de soulager le travail de nos reins. Rectifiez cette habitude si ce n'est pas déjà fait.

---

79. La résistivité est déterminée par la concentration en électrolytes d'un liquide.

Plusieurs compagnies de produits naturels offrent des produits spécialisés pour supporter le travail rénal. On peut utiliser des tisanes, des plantes ou encore des complexes homéopathiques. On retrouvera des produits à base d'aubier de tilleul (*Tilia platyphyllos et Tilia cordata*), de busserole (*Arctostaphylos uva-ursi*), de bouleau (*Betula pubescent*), de queue de cerise (*Prunus cerasus*), de pissenlit (*Taraxacum officinale*), etc. Ils sont offerts en tisanes, en liquides, en capsules ou encore en comprimés. Consultez un spécialiste des produits naturels et choisissez une cure de trente jours.

On parle souvent de la peau comme étant un troisième rein pour le corps. Cet émonctoire, la peau, a besoin d'être sollicité par l'exercice physique intense. La sueur élimine d'ailleurs les déchets. Les saunas si populaires dans les pays scandinaves auraient avantage à être plus utilisés dans nos régions. Ils sont souvent accessibles dans les centres d'entraînement physique ou encore dans les centres de santé. Le sauna infrarouge est aussi de plus en plus populaire dans les maisons privées, car il est petit, abordable, il peut être déménagé, il est moins incommodant pour la respiration que le sauna à chaleur humide et il travaille plus en profondeur. C'est un autre investissement santé à prévoir pour une famille, mais il importe de bien le magasiner, car les qualités sont variables sur le marché. Trois séances par semaine seront très bénéfiques.

Par contre, si le sauna ne vous est pas accessible, vous pouvez aussi faire un *bain de sudation* maison. C'est très simple à faire. Les mêmes recommandations en lien avec le sauna s'imposent, c'est-à-dire que les personnes cardiaques ou encore celles qui souffrent d'un problème d'hypertension non contrôlée doivent s'abstenir. Il suffit de faire couler l'eau dans votre bain en y ajoutant une tasse de gros sel de mer gris. L'eau doit être assez chaude. Pendant ce temps, brossez votre peau avec un gant de toilette ou une petite éponge de type *luffa*. Le gant de crin est trop irritant. Faites des mouvements rotatoires en allant des extrémités de votre corps vers le centre. Vous faites ainsi les bras, les jambes et vous terminez par l'abdomen et le dos. La peau devrait être rosée. Entrez ensuite dans votre bain. Demeurez dans votre bain de dix à quinze minutes en augmentant la température de l'eau graduellement. Votre visage commencera à suer. Sortez lentement du bain, ne vous asséchez pas et, enveloppez-vous dans une grande serviette ou dans une robe de chambre en ratine. Allez vous étendre dans votre lit, sous vos couvertures, pendant une vingtaine de minutes. Vous transpirerez beaucoup. Prenez ensuite une bonne douche fraîche. Vous aurez ainsi éliminé plusieurs toxines par votre peau. Ce bain de sudation est aussi très utile en début de rhumes. Prenez ce genre de bain une fois par semaine pendant un mois.

Prise de jus de légumes frais, de maca et d'*acide folique* pour la femme ainsi que l'activité physique à continuer trois fois par semaine, *sauna* trois fois par semaine, *cure* de nettoyage pour les reins.

Quatrième mois : soutien du système digestif

Le corps est fait pour s'autonettoyer si nous lui en donnons l'occasion. Nous vivons dans une société où il nous est facile de manger plus qu'il ne le faut et surtout d'ingérer une alimentation de piètre qualité. Ce sont ces habitudes de vie qui surchargent nos organes comme le foie et les intestins. Il existe des cures pour tout sur le marché, mais il n'est pas toujours agréable d'avoir encore et encore des produits à prendre. Je vous suggère donc une autre méthode pour soutenir votre système digestif. C'est ce qu'on appelle les mono-diètes. Le principe est simple. Il s'agit de rationner la nourriture afin que notre corps utilise ce qu'il a en réserve. Lorsque notre corps ne se dépense pas à digérer et à assimiler ce qu'il y a dans le système digestif, il entre en phase d'élimination des toxines. C'est aussi la fonction du jeûne, mais comme il n'est pas facile de jeûner tout en continuant de vaquer à ses occupations, la monodiète est une solution de rechange.

La monodiète signifie que vous ne mangerez qu'un seul type d'aliment dans votre journée. Pour la première fois, choisissez une journée de congé afin de vérifier votre réaction à ce type d'alimentation. Il est évident que ce n'est pas une journée pour visionner toutes vos émissions de télévision favorites, car il est connu que cette activité peut nous porter à grignoter, ce qui augmentera la difficulté! Donc, vous choisissez un seul aliment à consommer. Par exemple, nous pouvons faire une monodiète aux carottes (carottes râpées, potage de carottes sans lait, jus de carottes frais, carottes en bâtons), aux pommes (compote de pommes, pommes crues, pommes au four non sucrées), aux raisins (jus de raisins et raisins), etc. Il s'agit donc de manger le même légume ou le même fruit toute la journée dans le but de donner un repos digestif à votre corps. Buvez davantage d'eau pendant cette journée, soit de 1,5 à 2 l. Les tisanes et les fines herbes sont permises. Votre vitalité va demeurer et par la suite vous pourrez peut-être l'intégrer à une journée de travail. Plus on le fait régulièrement (une fois par semaine), plus les bénéfices se font sentir.

Bien que notre intestin élimine tous les jours, il se peut que l'élimination soit incomplète si la selle n'est pas importante en volume. On peut alors augmenter les fibres dans notre alimentation pour activer le transit intestinal et mieux balayer les déchets encroûtés dans l'intestin. Vous pouvez utiliser le psyllium, le mucilage de graines de lin ou encore le son d'avoine. Prenez l'un ou l'autre tous les matins pendant un mois et observez l'apparence de vos selles. Une bonne quantité d'eau dans la journée ajoutera à cette efficacité, sinon c'est l'effet inverse qui se produit. Vous pourriez être constipé si vous ne buvez pas suffisamment. Si la constipation est un problème chronique pour vous, un soin en ostéopathie pourrait révéler une tension particulière dans votre structure physique qui vous empêche d'éliminer aisément. C'est une approche à considérer. La grossesse favorise la constipation. Il est préférable de régulariser l'intestin avant celle-ci.

Il existe aussi une technique très recommandée pour les personnes qui ont déjà souffert de constipation. C'est une sorte de lavement fait par un professionnel (hygiéniste du côlon) que l'on appelle *irrigation du côlon* ou *hydrothérapie du côlon*[80]. Ce lavement fait par des spécialistes est beaucoup moins désagréable qu'un lavement évacuant fait dans le milieu hospitalier et aucun produit irritant n'est utilisé. L'irrigation permet de nettoyer en profondeur le gros intestin. De vieilles croûtes bouchent régulièrement les petites

---

80. Voir le site de la Corporation canadienne des hygiénistes du côlon au www.cchcc. ca/fr.html.

villosités intestinales, ce qui empêche une bonne assimilation des nutriments tout en favorisant la prolifération de mauvaises bactéries dans l'intestin. Avec le temps, la perméabilité intestinale augmente, ce qui accroît les allergies. C'est un soin qu'un adulte peut choisir de recevoir lors de chaque changement de saison ou encore pendant une cure particulière. Pour la première fois, il faut planifier trois visites espacées d'une semaine pour faire un bon nettoyage en profondeur. La même règle demeure : consultez un thérapeute qui vous a été référé. Un intestin en santé donne aussi un cerveau en santé! Combien d'enfants aujourd'hui par l'abus d'antibiotiques et une alimentation inadéquate ont développé un problème de perméabilité intestinale qui apporte une modification de l'humeur et des difficultés d'apprentissage? C'est lorsqu'on règle cette problématique que nous voyons l'impact réel de ce déséquilibre sur le cerveau[81].

Lorsque nous pensons à la santé de l'intestin, nous pensons rapidement aux *probiotiques*. Ce mot, presque inconnu du grand public il y a à peine deux ans, se retrouve aujourd'hui à la télévision dans bien des publicités. Autrefois, on entendait parler de capsules de yogourt, probiotiques de première génération. Ils étaient peu concentrés et les souches, moins spécifiques à l'intestin humain. Les probiotiques sont donc des concentrés de micro-organismes, qu'on appelle aussi flore commensale ou flore amie, qui colonisent normalement l'intestin et le vagin de la femme. Pourquoi sont-ils si populaires? C'est encore une fois notre mode de vie déséquilibré qui crée ce besoin. L'alimentation pauvre en fibres, la constipation, la diarrhée et les antibiotiques à répétition sont à l'origine du déséquilibre de notre flore intestinale saine. La conséquence : plus de diarrhée, plus de fragilité aux infections, plus de maux de ventre, plus de flatulences, l'abdomen est gonflé, etc. Sur le plan scientifique, l'utilité des probiotiques est démontrée. Ce qu'il faut encore préciser par plus de recherche, c'est le type de souche nécessaire selon le besoin de l'individu et dans quelle proportion. Il est donc préférable de choisir un probiotique de qualité avec de multiples souches et une concentration importante (pour un

---

81. Consultez le livre *L'équilibre nerveux de mon enfant*, de la même auteure, aux Éditions Le Dauphin Blanc.

adulte, un minimum de dix milliards de bactéries par capsule). Car une bonne partie des bactéries est détruite dans le passage du système digestif avant de se rendre à l'intestin à moins que vous achetiez des probiotiques dans des capsules entérosolubles (qui se dissolvent dans l'intestin) ou que vous les preniez en poudre entre les repas (ils ne resteront pas longtemps dans l'estomac). Les bactéries présentes dans un yogourt sont adéquates pour un entretien quotidien, mais elles ne sont pas suffisantes pour une action thérapeutique. Pour cette étape-ci de votre plan de remise en forme, je vous suggère un mois de prise de probiotiques afin de rééquilibrer votre flore intestinale. Cette cure pourrait être faite lors de chaque changement de saison ou dès qu'un épisode de diarrhée se présente dans l'entourage. C'est une excellente manière de se protéger.

Qu'en est-il maintenant des *prébiotiques*? Car vous retrouvez ce mot sur bien des produits céréaliers à l'épicerie. Les probiotiques sont les *soldats* que vous appelez en renfort pour votre organisme, tandis que les prébiotiques représentent le *camp d'entraînement* des futurs soldats! Les prébiotiques permettent à votre intestin de fabriquer ses propres bonnes bactéries. Le plus populaire des prébiotiques est l'inuline de chicorée. C'est une fibre soluble qui donne un goût sucré sans élever le taux de sucre puisque c'est une fibre, c'est un agent épaississant qui a une texture graisseuse sans être du gras. En plus, cette fibre favorise la croissance de nos bonnes bactéries. Mais, en fait, plusieurs aliments comme l'ail, l'oignon, le soya, la banane, l'artichaut, etc., contiennent des prébiotiques. Alors, si nous mangeons des légumes et des fruits variés tous les jours ainsi que des céréales complètes, nous aurons les prébiotiques nécessaires à notre santé.

Prise de jus de légumes frais, de maca et d'*acide folique* pour la femme ainsi que l'activité physique à continuer trois fois par semaine, *monodiète*, *psyllium*, *lin ou son d'avoine bio*, *probiotiques*.

Cinquième mois : soutien du foie et du pancréas

Les cures pour le foie sont très populaires, car de nombreuses personnes se sentent lourdes après les repas. Elles savent qu'elles ne digèrent plus bien les gras, elles ressentent même de la douleur sur le côté droit au niveau du foie si elles font des excès. Dans ce cas-ci, c'est la vésicule biliaire qui est mise en cause. La fluidité de la bile est moins grande. Elle s'écoule moins bien, à travers le petit canal conducteur, le cholédoque, ce qui peut créer des spasmes ou de la douleur. Comme la digestion se fait moins bien car la bile est insuffisante, on se sent lourd de longues heures après le repas. C'est ici que des plantes comme le pissenlit (*Taraxacum officinale*), l'artichaut (*Cynara scolymus*), le boldo (*Peumus boldus*) vont être très intéressantes, car elles fluidifient la bile. De plus, l'application de la bouillotte chaude pendant vingt minutes après le repas sera recommandée (voir page 55). On retrouve sur le marché un excellent produit qui contient ces trois plantes, le Boldocynara de la compagnie Bioforce. Il se présente en teinture-mère. Une meilleure production et une plus grande émission de bile favoriseront aussi l'évacuation des selles.

Le foie, quant à lui, est un organe qui n'occasionne pas directement de douleur même s'il est atteint par une cirrhose, un cancer ou un foie gras. Ce sont les prises de sang (enzymes hépatiques) qui révèleront cet état de fait ou des symptômes généraux de fatigue, de nausées, de coloration de la peau, etc. Il n'en demeure pas moins que nous savons que c'est le principal organe de désintoxication du corps et qu'il doit éliminer tous les produits chimiques (insecticides, pesticides, polluants de toutes sortes), les médicaments que nous ingérons ainsi que les résidus de notre métabolisme. Il a donc besoin d'être épaulé. Plusieurs produits spécialisés à cet effet sont offerts en magasin. La plante prédominante sera le chardon-Marie (*Silybum Marianum*), véritable élixir de jeunesse pour le foie.

Le pancréas est aussi un organe très sollicité, car nous mangeons beaucoup de sucre de façon directe et indirecte. L'évidence est là. Le nombre de cas de diabète est toujours en pente ascendante au pays. On parle même *d'épidémie* de diabète. La tendance au diabète va aussi se révéler par un plus grand nombre de cas de diabète gestationnel. C'est donc *avant* la grossesse qu'il vous faut rééquilibrer votre glycémie afin d'éviter cette condition. La meilleure façon est d'apporter les changements alimentaires énoncés au début de cette première partie de volume. Modifiez radicalement votre consommation de sucre en diminuant les quantités et en améliorant la qualité de ces derniers. De plus, vous pouvez améliorer votre glycémie en consommant de la levure de type Bjast combinée avec vos repas si vous l'achetez en flocons. Sinon, elle se vend aussi en petits comprimés. Ce type de levure est riche en vitamines du groupe B et en chrome, deux éléments essentiels au contrôle d'une bonne glycémie. La consommation de fenugrec (*Trigonella foenum graecum*) sous forme de germinations et en teinture-mère soutient le pancréas de même que les racines de bleuets (*Vaccinium myrtillus*) et la réglisse (*Glycyrrhiza*).

Prise de jus de légumes frais, de maca et d'*acide folique* pour la femme ainsi que l'activité physique à continuer trois fois par semaine, *cure* pour le foie, levure *Bjast*.

Sixième mois : soutien du système hormonal

Le temps de la conception arrive à grands pas. Le framboisier est la plante de premier choix pour la santé de la femme. Il pourra être pris tout le long de la grossesse. Utilisé en préconception, il pourra diminuer les nausées des premiers mois de la grossesse. Le framboisier tonifie et nourrit le système reproducteur féminin tout en supportant le système digestif. Utile en cas de diarrhée, de nausée, de ballonnement et d'hémorroïdes, il harmonise le cycle menstruel, supporte la femme enceinte tout en la préparant à l'accouchement. Le framboisier stimule la fertilité.

Prenez dix gouttes de teinture-mère de framboisier dans un peu d'eau le matin, au lever. Bien insaliver avant d'avaler. Prenez cette posologie pendant quelques jours. Si vous la tolérez bien, ajoutez dix gouttes avant le souper ou au retour du travail. Après une semaine, vous pouvez augmenter à quinze gouttes deux fois par jour en préconception. Comme c'est une plante à prendre par la suite pendant la grossesse, prenez-la six jours par semaine. Agitez la bouteille avant l'utilisation. Le framboisier peut aussi se prendre en tisane pour varier les prises. Bien que ce soit une excellente plante de grossesse, il faut éviter les excès. En trop grande quantité, cette plante peut stimuler l'apparition de contractions. La modération a toujours meilleur goût!

Prise de jus de légumes frais, de maca et d'*acide folique* pour la femme ainsi que l'activité physique à continuer trois fois par semaine, *Framboisier* pour la femme.

Le temps de la conception est maintenant arrivé. La prise de votre température corporelle vous permet de cerner le moment de l'ovulation afin de maximiser la conception. Par contre, s'il vous est difficile de bien cerner votre ovulation, vous pouvez aussi vous procurer des tests[82] à faire à la maison qui vous faciliteront la tâche. Par contre, moins vous focaliserez sur l'urgence de la conception, plus celle-ci viendra facilement en son temps. Je vous invite à lire la deuxième partie de ce volume qui concerne la grossesse.

Je ne peux terminer cette partie importante de préparation sans revenir sur la pollution chimique qui assaille nos vies. Comme les polluants s'emmagasinent dans nos tissus graisseux, le Dr Michel Odent, obstétricien, a conçu la méthode de l'« accordéon » pour favoriser l'élimination maximale de ces toxines de nos tissus. Cette méthode est basée sur des sessions de jeûne (sirop d'érable, sirop de palme, jus de citron et piment de Cayenne et eau sont permis) de trois jours avec perte de poids, car elle est combinée avec des exercices et des saunas en alternance avec la reprise de poids. Le tout échelonné sur une période de six mois et sous suivi médical, bien sûr. Les résultats sont encourageants, mais l'étude n'est pas encore assez importante pour exprimer des valeurs statistiques. Ce qui ne saurait tarder. La préparation à la conception est très peu connue actuellement ou, lorsqu'elle est approchée, elle est ridiculisée par nos proches ou par le monde médical conventionnel. Il y a fort à parier qu'elle sera devenue une réalité dans un futur très proche.

---

82. Consultez le site www.babywishes.org/ovulationtestsfrench.html.

RÉSUMÉ PLAN 3

Avancé

Premiers mois

Notez ce que vous avez intégré de nouveau dans vos habitudes de vie.

_____

_____

_____

_____

_____

_____

_____

_____

_____

_____

_____

_____

_____

_____

_____

Premier mois (consolidation)

Jus de légumes frais

_____

Jus d'herbes de blé

_____

Activité physique

_____

Acide folique pour la femme

_____

Maca

_____

Visite chez le dentiste

_____

Analyse de cheveux

_____

Deuxième mois (système lymphatique)

Jus de légumes frais

Activité physique

Acide folique pour la femme

Maca

Drainage lymphatique

Troisième mois (reins)

Jus de légumes frais

Activité physique

Acide folique pour la femme

Maca

Sauna ou bain de sudation

Cure de nettoyage pour les reins

Augmentation de la prise d'eau à 1,5 l par jour

Quatrième mois (système digestif)

Jus de légumes frais

Activité physique

Acide folique pour la femme

Maca

Monodiète

Psyllium, lin ou son d'avoine

Probiotiques

Visite chez l'ostéopathe pour la femme

Cinquième mois (foie et pancréas)

Jus de légumes frais

Activité physique

Acide folique pour la femme

Maca

Cure pour le foie

Levure Bjast

Sixième mois (système hormonal)

Jus de légumes frais

Activité physique

Acide folique pour la femme

Maca

Framboisier pour la femme

Septième mois (conception)

Jus de légumes frais

Levure Bjast

Activité physique

Acide folique pour la femme

Framboisier pour la femme

Maca pour l'homme

Plan de préconception personnalisé

Mois	1re grossesse	2e grossesse	3e grossesse	4e grossesse
1er mois				
2e mois				
3e mois				
4e mois				
5e mois				
6e mois				

Action ou produits

Mois	Action ou produits			
	1re grossesse	2e grossesse	3e grossesse	4e grossesse
7e mois				
8e mois				
9e mois				
10e mois				
11e mois				
12e mois				

Chapitre 3
La conception, acte sacré

Si la conception venait à tarder

Nous vivons à une époque où tout se planifie ou presque. Nos attentes sont les mêmes envers la conception de notre bébé. Par contre, la réalité est tout autre. Il est vrai que nous sommes biologiquement faits pour nous reproduire, mais le mode de vie actuel est « antivie » sur plusieurs plans, à commencer par l'âge avancé (35 ans et plus) de la première grossesse. Nous avons vu en préconception pourquoi cette étape était utile et souvent nécessaire pour les couples qui désirent avoir un enfant. Si vous n'avez pas fait de préparation à la conception, prenez le temps de lire cette première partie du volume et de mettre les recommandations en application, car l'amélioration de vos habitudes de vie aura un effet positif sur votre capacité de devenir enceinte.

Autant l'habitude de fumer que la consommation de café et d'alcool, la prise de médicaments, le manque de légumes et de fruits, l'ingestion de gras trans, les produits chimiques comme les pesticides, les herbicides, les métaux lourds, les polluants, la sédentarité, l'obésité et le stress sont des facteurs qui réduisent la capacité de se reproduire. La perception que vous avez de la grossesse ou de l'accouchement peut aussi jouer un rôle sur votre facilité ou non de devenir enceinte. C'est bien connu que certaines femmes ne pouvant pas avoir d'enfants après de longues années d'essais ont commencé une grossesse après avoir adopté un enfant. Chaque personne et chaque couple est unique. Il n'y a pas de recette magique qui convienne à tous.

Après un an de relations sexuelles lors de l'ovulation, sans grossesse, il est peut-être temps de consulter. Le plus facile étant que l'homme demande à son médecin de famille un spermogramme. S'il y a des irrégularités, des changements devront être faits autant dans les habitudes de vie en éliminant au maximum les polluants spécifiques à la spermatogenèse (pesticide, plomb, mercure, éther de glycol, styrène, toluène, alcool, cigarette, drogue et médicament) qu'en redonnant au corps les nutriments qui favorisent une belle qualité de spermatozoïdes (antioxydants, vitamines C et E, zinc et sélénium). Une consultation avec un naturopathe qualifié pourrait être utile à cette étape-ci afin que ces carences soient évaluées. Une analyse de cheveux en laboratoire privé pourrait aussi révéler s'il y a présence de certains métaux lourds et donner des informations utiles sur les carences minérales. Un autre spermogramme pourrait être fait après six mois de changements afin de quantifier les résultats.

Entre temps, il est plus facile de concevoir notre bébé quand la femme connaît précisément le moment de son ovulation. Certaines d'entre elles reconnaissent facilement cette période et pour d'autres, ce temps important passe inaperçu. La prise de température basale est un bon moyen économique pour reconnaître son ovulation, c'est ce qu'on appelle la méthode *symptothermique*. Vous trouverez facilement de l'information sur le Web à ce sujet ou en consultant des personnes-ressources œuvrant au sein du groupe Seréna.

Le principe est simple : la femme doit prendre sa température corporelle (buccale, vaginale ou rectale) à la même heure tous les jours, avec le même thermomètre, de la même manière (bucale, axillaire, vaginale ou rectale) et avant de se lever. La température sera notée sur un graphique à cet effet et l'ovulation aura lieu au changement de plateau de la température. La courbe de température féminine nous indiquera aussi s'il y a suffisamment de progestérone sécrétée pour permettre la nidation du petit embryon. Si ce n'était pas le cas, certaines plantes comme le *vitex*[83] pourraient être utilisées pour rétablir la courbe hormonale. Une prise régulière de trois à six mois est nécessaire pour remarquer des changements. Conservez précieusement ces courbes de températures qui seront utiles si vous devez consulter un médecin spécialiste en infertilité.

Le modernisme a ses avantages. Il existe aussi des tests que vous pouvez vous procurer en pharmacie ou sur le Web[84] pour connaître précisément le moment de votre ovulation. Par contre, ils ne vous donneront pas d'information sur le déroulement de tout votre cycle contrairement à la prise de température.

De plus, n'hésitez pas à consulter un bon psychothérapeute si vous vivez des craintes importantes ou des peurs irraisonnées par rapport à un aspect ou à un autre de la maternité. L'aspect psychologique n'est pas anodin dans le processus de conception. Il faut attendre de 18 à 24 mois avant de consulter un médecin pour infertilité, ce sont les recommandations de l'Organisation mondiale de la santé (OMS). Alors, plutôt que de vivre une attente passive, procurez-vous l'excellent livre de Zita West, *Fertilité et conception*, aux Éditions Trécarré, et si vous devez vous rendre à la fécondation in vitro (FIV), le livre de Marie Charbonniaud, *Infertilité : quand le bébé tarde à venir*, aux Éditions Logiques, vous aidera grandement à mieux comprendre les enjeux qui s'offriront à vous.

---

83. Vitex ou baie de Gattilier : plante pro-progestérone efficace pour traiter le syndrome prémenstruel, les douleurs mammaires et l'infertilité causés par une insuffisance de la phase lutéale du cycle hormonale.

84. Voir le www.babywishes.org pour commander un test.

Deuxième partie

La grossesse, un temps à protéger et à privilégier

Chapitre 4
Créer un espace privilégié

La grossesse est très banalisée dans notre société moderne, mais c'est un moment magique, c'est l'ultime création d'une vie, celle d'un nouvel être dans toute sa complexité. Si vous avez fait une préparation à la conception, vous avez déjà approché ce mystère de la vie et vous savez que nous pouvons influencer la qualité de notre enfant à naître par nos habitudes de vie.Il n'est jamais trop tard pour agir et, même si vous n'avez pas fait de programme de préconception, il serait intéressant de lire la première partie du livre afin de cerner les améliorations que vous pourriez apporter à votre hygiène de vie, tout ceci dans le but de donner à votre bébé les meilleures chances possibles de se développer en santé.

Dès le début de votre grossesse, vos intérêts commencent à changer et peu à peu vous vous tournez vers le centre de vous-mêmes, vers ce miracle qui se développe en vous. C'est bien sûr le temps de lire, de vous informer sur ce qui se passe. Ces lectures très importantes auront une influence certaine sur votre façon de voir et de vivre votre grossesse, car elles vous dirigeront soit vers une grossesse très médicalisée avec toutes les complications potentielles vues par le corps médical ou vers un évènement naturel qui s'accomplit depuis la nuit des temps. C'est à vous de choisir votre route. C'est souvent l'expérience d'une première grossesse et d'un premier accouchement qui vous fera faire des choix différents pour un second bébé et vous pouvez aussi apprendre de l'expérience de votre mère et de vos amies.

Ce temps magique ne dure que neuf mois. Si déjà vous consacrez du temps à cette préparation, à cet accueil, il sera plus facile, par la suite de trouver du temps pour vous occuper de votre bébé. Quoi qu'il en soit, prenez l'habitude de lui parler comme s'il était devant vous. Le bébé perçoit, entend, vit ce que vous vivez, et cela, très tôt durant la grossesse. Intégrez le papa dans cette communication. Il y a d'ailleurs des professionnels qui peuvent vous guider dans ce qu'on appelle la préparation affective à la naissance[85]. Cette préparation peut vous aider à établir une meilleure communication affective et interactive avec votre bébé pendant la grossesse, lors de l'accouchement et pendant la première année de vie de votre enfant. Il suffit de regarder nos propres lacunes familiales pour reconnaître que nous avons avantage à nous offrir cet accompagnement. Il est intéressant de savoir que des recherches ont été faites sur le sujet et que « Russak et autres (1996) ont rapporté que la santé des individus à l'âge adulte était grandement influencée par la qualité des relations avec leur père et leur mère. Vers la quarantaine, les individus qui ont eu une relation froide et distante avec leurs parents avaient une incidence de maladie chronique quatre fois plus élevée[86] ».

Le corps est bien fait et votre bébé est en partie protégé contre vos hormones de stress mais jusqu'à un certain point. Il vient un moment où le placenta ne peut plus sécréter suffisamment d'enzymes (11B-OHSD) pour transformer votre production de cortisol reliée à l'excès de stress. De plus, des niveaux élevés de stress, donc de cortisol chez la mère, diminuent la production de cet enzyme et le cercle vicieux s'établit. Le bébé devient surexposé aux hormones de stress, ce qui peut conduire à un retard de croissance tout en compromettant le développement du cerveau. Ce sont les premiers facteurs de risques pour de futurs troubles de concentration ou d'hyperactivité chez les enfants.

Le temps de la grossesse devrait être un temps de paix, de joie, d'espace et de créativité et non une course contre la montre pour

---

85. Consultez le www.naissanceaffective.com/pan/index.htm.
86. Michael J. Meany, Ph.D., *Le développement de l'enfant et ses effets à long terme sur la santé*, résumé de conférence.

arriver à tout faire avant que le bébé ne vienne au monde. Ce devrait aussi être un temps sans bruit excessif, sans pollution, sans souci, sans querelle, un temps d'amour, quoi. C'est un peu utopique dans notre monde, mais c'est quand même vers cet idéal que l'on doit tendre afin de mettre au monde des enfants sains et équilibrés.

Chapitre 5

L'alimentation spécifique

La règle la plus simple à suivre pour l'alimentation de la femme enceinte, c'est de manger selon son appétit, de choisir des aliments frais, de la qualité biologiques, le plus possible, et non raffinés. Lisez les règles de base sur la préconception au chapitre 2 de la première partie. L'alimentation saine y est bien décrite, c'est une continuité pour la grossesse.

Les besoins vitaux pour une grossesse simple sont presque identiques à ceux de la femme, car les besoins du fœtus ne représentent que 2 à 7 % des besoins de la mère. C'est évident qu'au deuxième et troisième trimestre de la grossesse, l'apport énergétique doit être augmenté d'environ trois cents calories, mais l'appétit sera le plus fidèle indicateur. Gardons en tête que la nature a tout prévu pour nous et que la grossesse est un évènement naturel.

La science de la nutrition est relativement jeune. La plupart des auteurs s'entendent pour dire que certains nutriments sont plus importants. Il s'agit des nutriments suivant :

l'*acide folique*, environ 0,4 mg à 4 mg par jour, pour les trois premiers mois de la grossesse, évite la formation d'un *spina bifida* chez le bébé.

du *fer*, de 20 à 30 mg par jour, en quantité suffisante, évite qu'une anémie se développe chez le bébé. Le fer est essentiel pour le développement harmonieux du cerveau et pour le bon fonctionnement des défenses immunitaires.

du *magnésium*, de 400 à 600 mg par jour, est essentiel pour la détente, pour le système nerveux et pour l'assimilation du calcium. Le magnésium permet de maintenir une tension artérielle normale.

du *calcium*, de 500 à 1 200 mg par jour selon les auteurs, évite une carence en calcium qui pourrait entrainer une hémorragie lors de l'accouchement ou être à l'origine de troubles osseux chez l'enfant durant l'enfance. De plus, un manque de calcium provoque une irritabilité des muscles, ce qui augmente la perception de douleur.

Par contre, il faut éviter de se concentrer uniquement sur ces nutriments, car tous les minéraux et les vitamines sont importants. Ce n'est pas parce que nous ne connaissons pas encore leurs fonctions spécifiques pour la grossesse qu'ils ne jouent pas un rôle majeur dans le bon déroulement de cette dernière. Regardez l'exemple suivant :

L'*iode* est essentiel pour le bon fonctionnement de la glande thyroïde. L'American Thyroid Association recommande actuellement 150 ug d'iodure de potassium par jour pour les femmes enceintes, car la grossesse a un grand impact sur la thyroïde. Pendant la grossesse, la thyroïde produit 50 % plus d'hormones que normalement. La glande grossit de 10 à 15 % en volume. Pendant les dix à douze premières semaines de la grossesse, le bébé est complètement dépendant de la production maternelle d'hormone thyroïdienne. À la fin du premier trimestre, le bébé commence à produire ses propres hormones. De plus, l'apport alimentaire de la mère en iode est essentiel pour le développement normal du cerveau du fœtus puisqu'une carence importante atrophiera certaines parties du cerveau du bébé en réduisant le nombre de cellules nerveuses ainsi que les connexions entre elles. Dans les cas extrêmes, le crétinisme[87] s'installera sans possibilité d'amélioration pour le futur.

---

87. Crétinisme : forme de débilité mentale et de dégénérescence physique en rapport avec une insuffisance thyroïdienne, souvent accompagnée de goitre.

Le *zinc* est aussi nécessaire au bon déroulement de la grossesse. Il réduit la fréquence des avortements spontanés, des césariennes et des hémorragies. Il est essentiel au développement et à la croissance du cerveau. Les carences en zinc sont fréquentes puisque le corps utilise ce minéral pour éliminer certains métaux lourds et toxiques de notre organisme.

Une alimentation diversifiée devrait théoriquement combler tous les besoins de la femme enceinte. La grande question est celle-ci : cette femme avait-elle des carences avant sa grossesse? Et sont-elles comblées par son alimentation actuelle? C'est pour cette raison qu'un supplément de multivitamines et de minéraux est prescrit de routine chez les femmes enceintes.

Régimes particuliers

Il existe une grande variété de modes alimentaires. Certaines précautions sont à prendre afin de s'assurer que les besoins du bébé seront comblés pendant la grossesse.

Crudivore

Les gens qui adoptent le crudivorisme de façon radicale mangent tous les aliments crus incluant le poisson, la viande, les légumes, les fruits, les céréales, les noix et les graines. En fait, nous pouvons les confondre avec les adeptes de l'alimentation vivante qui mangent aussi des aliments crus dont les jus frais, les germinations, les aliments fermentés, mais sans produit animal ni sous-produits comme les œufs et le lait. Ils tolèrent par contre une cuisson à très faible température.

Si vous êtes adepte de ce type d'alimentation, il est préférable de consulter une nutritionniste connaissante en la matière, car il y a un risque de manquer de calories, de protéines et surtout de vitamine B12.

Macrobiotique

Le régime macrobiotique actuel est d'influence japonaise. Il a pour but d'allonger l'espérance de vie. Cette philosophie vise l'équilibre des énergies yin et yang dans notre alimentation. Aucun aliment n'est interdit totalement, mais il peut représenter une très faible partie de l'alimentation. Dans son application très stricte, ce régime ressemble au végétalisme. Les céréales occupent une place majeure avec une consommation de 50 à 60 % du volume de l'assiette. Ensuite, viennent les légumes, les légumineuses, les algues, les produits de soya fermentés, un peu de poisson blanc et les fruits. Les gens qui choisissent cette diète alimentaire doivent être bien accompagnés pour la faire adéquatement. Quoi qu'il en soit, il n'est pas recommandé de façon stricte pour les femmes enceintes ni pour celles qui allaitent. Il serait aussi contre-indiqué chez les jeunes enfants et les adolescents. Il y a risque d'un manque de calories, de protéines, d'oméga-3 (DHA), de magnésium, de calcium et de vitamines B2, B12 et D.

Végétarien

Ce type d'alimentation est très pratiqué partout à travers le monde. Ses vertus sont démontrées pour la santé à plusieurs niveaux. Dans son application stricte, les gens mangent de tout sauf de la viande et du poisson. Par contre, ils peuvent manger les sous-produits animaux comme des œufs, du lait, du yogourt et du fromage.

Le piège est de manger trop de farineux et de produits laitiers et de ne pas manger suffisamment de légumineuses. Attention aussi à l'équilibre des protéines pour chacun des repas ainsi qu'à l'apport de fer, de zinc, de calcium et de vitamines D et B12. L'apport d'oméga-3 sera aussi à surveiller. Il existe maintenant de l'huile de lin (compagnie Udo) enrichit de DHA, extrait d'une algue, donc permise chez les végétariens et végétaliens.

Végétalien

Certains végétaliens peuvent être crudivores, mais un végétalien pourrait choisir de cuire ses aliments, d'où cette classe. Contrairement aux végétariens, ces personnes ne mangeront aucun sous-produits animaux : rien qui ne provient des animaux ni de près ni de loin. Les risques de carences sont les mêmes que pour le végétarisme auquel on doit ajouter la possibilité de manquer de vitamine D. Heureusement, le soleil est là pour compenser, en été du moins.

Omnivore

C'est le type d'alimentation de la majorité de la population. On peut manger de tout! Les risques de carences sont quand même possibles, car beaucoup de personnes n'ont pas une alimentation diversifiée. De plus, nous vivons dans l'excès de sucre, de mauvais gras, d'additifs chimiques, de stimulants, avec des carences en fibres, en légumes, en fruits et en aliments vivants! Bref, nous avons avantage à augmenter la qualité de notre alimentation pour éviter des déséquilibres autant pour la mère pendant la grossesse que pour l'enfant à naître. Voir la section sur la préconception dans la première partie.

Chapitre 6
L'activité physique

Pendant les neuf mois de la grossesse, le corps se transforme constamment. La femme doit s'adapter graduellement à ses nouvelles formes. Certaines hormones comme la *relaxine* sont sécrétées dès la dixième ou douzième[ième] semaine pour distendre et assouplir les ligaments qui relient nos articulations, tout ceci dans le but de favoriser l'accouchement par voie vaginale, bien sûr. Le volume sanguin augmente et le cœur travaille davantage pour faire circuler le sang.

Cette amélioration de notre souplesse nous offre un temps idéal pour découvrir le yoga adapté à la femme enceinte. La natation permet aussi à la femme de mieux supporter son nouveau poids. La marche reste très recommandée pour activer la circulation du sang et diminue le risque de congestion veineuse. Vous étiez une habituée des centres d'entrainement physique? Demandez un programme adapté à votre condition. Vous aimez le jardinage, jouer à la pétanque, faire du vélo ou du patin, etc.? Adaptez votre activité selon le volume de votre ventre.

L'exercice physique est primordial dans notre mode de vie plutôt sédentaire. Il permet de mieux contrôler notre poids corporel, il diminue l'apparition de varices en stimulant la circulation, il favorise l'élimination des selles, il maintient notre force, notre capacité de travail, il améliore le sommeil, il prévient et diminue les douleurs lombaires, il apporte de la détente et diminue notre stress et il raffermit les muscles de l'abdomen.

Chapitre 7
Les soins spécialisés

A vec la mondialisation et les communications très développées de notre monde moderne, nous avons maintenant accès à des savoirs élargis. Différentes techniques venues d'ailleurs ont fait leur place dans le monde occidental pour nous apporter un support pour le maintien de notre santé. Les femmes enceintes peuvent aussi bénéficier de ces expertises de même que les bébés et les enfants. Avec l'expérimentation, nous apprenons avec quel type d'intervention nous sommes à l'aise. Chacun trouve ce qui lui convient.

Acupuncture

L'acupuncture est une branche de la médecine traditionnelle chinoise qui consiste à insérer des aiguilles à des endroits très spécifiques du corps pour permettre une libre circulation des énergies circulant dans les méridiens. Les mécanismes d'action sont encore mal définis, mais les effets sur certains malaises et maladies sont aujourd'hui reconnus.

L'utilisation de petites aiguilles jetables (aucun risque de transmettre des maladies) est très peu douloureuse et il existe maintenant des acupuncteurs qui travaillent aussi avec un appareil au laser infrarouge pour stimuler les points pour les personnes hypersensibles ou qui ne veulent pas recevoir de traitement à l'aiguille. La thérapie par le laser est souvent utilisée pour les enfants. Elle est aussi efficace que le traitement traditionnel aux aiguilles.

Les traitements d'acupuncture ont plusieurs indications et ils peuvent être reçus à n'importe quel moment de la grossesse. Certaines personnes répondent mieux à cette forme de traitement que d'autres. Il faut l'essayer pour connaître notre réceptivité à cette thérapie. On pense à l'acupuncture pour les nausées, les troubles digestifs, les jambes lourdes, les troubles du sommeil, les lombalgies, pour préparer le périnée en vue de l'accouchement, pour l'ouverture du col, pour le travail qui ne se déclenche pas à la date prévue, etc. Consultez les thérapeutes spécialisés pour les soins à la femme enceinte.

Massothérapie

Le toucher est essentiel au développement harmonieux de l'enfant, c'est bien reconnu. Mais il est aussi primordial pour l'adulte, car il lui permet de se détendre, d'éliminer les tensions corporelles et d'apaiser le mental.

Une pratique régulière du massage contribue à l'équilibre du corps et prévient les maladies. Le massage accroît la circulation sanguine et lymphatique permettant ainsi une meilleure élimination des déchets et une meilleure circulation des éléments nutritifs. En relâchant les tensions, il permet de libérer des émotions refoulées, de sécréter un flot d'endorphines avec leurs vertus antistress et antidouleur, il réduit l'anxiété. Le massage permet aussi de mieux prendre contact avec son corps, d'accepter les changements corporels, d'aborder l'accouchement avec plus de calme. Il soutient le système immunitaire et redonne de la vitalité. Le massage permet d'assouplir la peau et la musculature, soulage les douleurs au dos et aux jambes.

Le massage se pratique à partir du deuxième trimestre, après les trois premiers mois de la grossesse. Consultez des massothérapeutes spécialisés pour la femme enceinte et pourquoi ne pas profiter de l'occasion pour suivre un cours d'introduction au massage en couple avec le futur papa? Les massages à la maison peuvent aussi apporter un très grand bien et cela donnera une ouverture pour découvrir le massage du bébé par la suite.

Ostéopathie

L'ostéopathie est de plus en plus populaire. C'est une médecine mécaniste holistique qui touche à la structure physique du corps, bien que le client soit considéré dans son intégralité. Le but de l'ostéopathie est de redonner une mobilité équilibrée aux différentes articulations et aux tissus (muscles, tendons, ligaments, organes) du corps afin d'assurer un meilleur fonctionnement de l'organisme. Cet ajustement mécanique touche aux micromouvements du corps, il enlève les tensions permettant ainsi une meilleure circulation des fluides physiologiques et énergétiques. Par son toucher, l'ostéopathe resynchronise les trois mouvements subtils du corps, soit le mouvement crânien, le mouvement diaphragmatique et le mouvement du sacrum. Cette harmonisation permet une meilleure circulation sanguine, lymphatique et énergétique.

Le changement rapide de poids et de forme pendant la grossesse demande une adaptation rapide au corps. Le suivi ostéopathique permettra de vivre ce changement dans l'harmonie et l'accouchement sera ainsi facilité, le bassin étant libéré de ses tensions. Après l'accouchement, un suivi ostéopathique est de mise afin d'aider le corps à retrouver rapidement son nouvel équilibre, d'autant plus s'il y a utilisation de l'épidurale pour l'accouchement.

Chiropractie

La science chiropratique est très connue en Amérique. Toutes les villes ont leur centre de chiropratique ou presque. Son fondement repose sur le fait que le système nerveux impose son contrôle à toutes les cellules, tissus, organes et systèmes du corps humain et que, par le système squelettique et musculaire, on peut libérer le système nerveux afin d'optimiser son fonctionnement. Le chiropraticien touche donc à la structure osseuse et vertébrale de l'organisme.

Les soins chiropratiques pendant la grossesse favorisent l'adaptation du corps aux différents changements posturaux qui sont impliqués afin de diminuer les contraintes utérines qui pourraient nuire au bébé. Les mauvaises postures et les traumatismes antérieurs peuvent faire apparaître des douleurs pendant la grossesse, et les ajustements chiropratiques permettent une diminution significative des maux de dos et des douleurs ligamentaires. Les soins peuvent être faits jusqu'à la fin de la grossesse.

Le corps est fait pour s'adapter à de multiples situations. Lorsqu'il y a douleur, nous avons outrepassé notre zone d'équilibre et la cause doit être trouvée et corrigée. C'est essentiel pour notre bien-être et pour celui de notre bébé.

Chapitre 8

À propos de...

Avortement spontané ou non

Il est possible d'avoir en début de grossesse des pertes légères au moment où nous aurions dû avoir nos règles, après les relations sexuelles, en cas de d'infection vaginale ou de fragilisation du col. Même si ces pertes n'affecteront probablement pas votre enfant ni le déroulement de la grossesse, mieux vaut en parler à votre sage-femme ou à votre médecin.

Un saignement abondant, surtout s'il s'accompagne d'une douleur ou de la présence de caillots, nécessite l'intervention immédiate d'un médecin. Ce type de saignement cesse parfois après un repos allongé sans que le fœtus ait subi de dommage. La grossesse peut alors suivre son cours normal. Si les saignements s'accentuent ou s'accompagnent de crampes abdominales, il s'ensuit généralement une fausse couche. Rien ne peut l'empêcher si elle doit se produire. En revanche, on peut éviter que cela se renouvelle.

Les fausses couches, ou avortements spontanées, se produisent au cours des dix ou douze premières semaines. Une échographie confirmera le diagnostic. Une grossesse sur trois se terminerait par un avortement spontané. Les causes sont nombreuses : déséqui-libre hormonal, ovule défectueux, sperme défectueux, anomalie chez le fœtus, infection, carences nutritionnelles (acide folique, vitamine B5 et B6, vitamine E, zinc, etc.), surmenage, traumatisme physique, choc émotif, malformation de l'utérus, col trop lâche, tabagisme, chaleur, toute activité qui augmente artificiellement la température corporelle (bain chaud, sauna, lieu surchauffé, exercice rigoureux), surexposition aux champs électromagnétiques, certains médicaments, hypothyroïdie, etc. Des fausses couches à répétition nécessitent un bilan de santé naturopathique afin de rétablir l'équilibre du corps et d'améliorer ses habitudes de vie pour favoriser une prochaine grossesse. De plus, dans ces conditions, les rapports sexuels avec pénétration devraient être évités pendant les trois premiers mois de la grossesse.

Vivre une fausse couche équivaut à un accouchement. Prenez le temps de vous rétablir physiquement et psychiquement. Les essences florales du Dr Bach peuvent être très utiles pour passer cette étape qui peut être vécue comme un deuil par certaines femmes.

Les avortements volontaires peuvent aussi être difficiles à accepter par certaines femmes. Ils peuvent laisser des traces émotives qui entravent le bon déroulement d'une future grossesse désirée. N'hésitez pas à consulter un psychologue ou un thérapeute qualifié en relation d'aide. Prenez le temps aussi de refaire vos forces et évitez de vivre cet événement comme s'il ne s'était rien passé. Dès que vous ressentez un mal-être, une tristesse, une culpabilité, consultez afin de libérer ces émotions le plus rapidement possible.

Cours prénataux

Les cours prénataux sont offerts à plusieurs endroits. Les services de santé publique procurent gratuitement ce service à la population. Il est donné par des infirmières. Ils informent les futurs parents sur le déroulement normal de la grossesse, de l'accouchement, sur les vertus de l'allaitement maternel et sur les premiers jours de vie du bébé. C'est une formation minimale à suivre, car les deux parents doivent s'arrêter pour penser à cet événement extraordinaire qui est de créer la vie. Ces formations peuvent être très classiques avec une vision très médicale de la grossesse et de l'accouchement. En mettant en garde les participants contre toutes sortes de complications hypothétiques de la grossesse et de l'accouchement, certains intervenants éloignent les parents d'une vision normale de la grossesse.

Yoga prénatal

Il existe des cours en pratique privée, de yoga prénataux qui jumellent yoga et enseignement prénatal. Ces cours sont plus holistes. Ils apportent une vision plus naturelle de la grossesse et de l'accouchement tout en informant les futurs parents de tous les services qui sont disponibles pour les accompagner dans cette étape de vie. Les parents seront confirmés dans leurs droits pour établir un plan de naissance. Ils sont ainsi plus solides pour s'affirmer dans leur choix par la suite, surtout si l'accouchement se vit dans un centre de maternité hospitalier. De plus, ces cours permettent un contact privilégié avec le bébé, ils stimulent un sentiment accru de compétence parentale en les ramenant à leur vécu, à ce qui a un sens pour eux tout en favorisant l'intégration de nouvelles informations et connaissances. C'est un investissement qui vaut son pesant d'or.

Accompagnement à la naissance

Les services d'accompagnement à la naissance sont nouveaux et si anciens à la fois! Nouveaux, car le service et les formations sont plus structurés, plus visibles aussi sur la scène périnatale, plus utilisés par les femmes dans les hôpitaux. Anciens, car de tout temps les femmes ont été accompagnées dans leur accouchement à la maison par une mère, une sœur, une voisine, une sage-femme, afin de mieux vivre leur accouchement et leurs relevailles par la suite.

Dans plusieurs pays, l'accompagnante à la naissance est connue sous le nom de *doula*. Ce mot, tirant son origine du grec ancien, signifie une femme au service d'autres femmes. Ces femmes, souvent mères elles-mêmes, accompagnent la femme et son conjoint durant la grossesse, l'accouchement et la période postnatale. Elles ont cette certitude que chaque femme a la capacité de mettre au monde son enfant et de subvenir à ses besoins. Les accompagnantes offrent un service *indispensable* pour toutes les femmes qui désirent accoucher en milieu hospitalier. Le service médical étant ce qu'il est, les rencontres avec le médecin sont courtes et l'information est donnée au compte-goutte. De plus, il y a peu de chances que votre médecin soit de garde le jour de votre accouchement et vous devrez composer avec un personnel infirmier que vous ne connaissez pas et qui changera aux huit heures. C'est beaucoup de changements et d'adaptations pour un moment de votre vie où vous aurez besoin d'être centrée, d'être dans votre bulle afin de mettre au monde votre bébé. Le futur papa a beau avoir toute la bonne volonté du monde, il est touché émotionnellement et il peut rarement apporter l'aide, le recul et l'expérience pour composer avec un système hospitalier bien rodé. Le recours à cette personne de confiance, et formée, il faut le souligner, permet de réduire les taux de césariennes de 50 %, le temps de travail de 25 % et il y a moins de recours à l'épidurale, moins de déclenchements, moins d'analgésiques, moins d'utilisations de forceps et de ventouses. Plus de vingt années d'études confirment ces faits[88]. De plus, durant toute la grossesse, l'accompagnante répondra à vos questions, elle vous guidera dans votre recherche de solutions, elle sera le fil conducteur qui reliera la grossesse, l'accouchement, les relevailles, l'allaitement et les premières semaines de vie de votre bébé. Cet accompagnement facilite la période postnatale, diminue les risques de dépression qui suit l'accouchement, permet de prolonger l'allaitement et de développer une meilleure relation avec le bébé.

Les accompagnantes travaillent en cabinet privé, dans des centres de périnatalité ou dans un organisme communautaire. Consultez les groupes de votre région, c'est le plus beau cadeau à vous offrir. Les femmes usagères de ce service confirment l'adage populaire qui dit que *l'essayer, c'est l'adopter!*

Profession sage-femme

La profession de sage-femme est maintenant reconnue au Québec. La sage-femme est une professionnelle de la santé formée en milieu universitaire. Elle est la spécialiste de la grossesse, de l'accouchement et de la période postnatale. Pour elle, ces étapes de vie constituent des événements sains, naturels et normaux. La sage-femme fait donc le suivi de la femme enceinte dès le début de la grossesse. Les rencontres mensuelles d'une heure permettent de répondre à

---

88. Pour en connaître davantage sur ce service, consultez le livre de Marie-Josée Carrière, *Le Grand livre de l'accompagnement à la naissance*, aux Éditions Saint-Martin.

toutes les questions soulevées par le couple et d'aborder au fur et à mesure la compréhension des changements reliés à la grossesse. La sage-femme *participe à l'accouchement* comme principale personne-ressource. Cette distinction dans le vocabulaire vient exprimer la différence de conception entre la vision médicale de la naissance, où le médecin accouche la femme, et celle de la pratique de la sage-femme, qui assiste la femme dans son accouchement. Isabelle Brabant, sage-femme pionnière au Québec et auteure du merveilleux livre *Une naissance heureuse*, confirme « qu'il y a des différences fondamentales entre ce que les sages-femmes comprennent des phénomènes physiologiques du travail et de l'accouchement et la vision médicale des mêmes phénomènes [...] ces différences ont un impact extrêmement important sur la façon dont les accouchements sont *conduits* à l'hôpital, sur la nécessité apparente de recourir à un nombre élevé d'interventions et sur le besoin de soulager la douleur par des interventions médicales. » Elle conclut que cette différence de vision n'est pas sans conséquence importante sur ce que les femmes vivent. Une enquête canadienne vient d'ailleurs d'être publiée sur l'utilisation du monitorage électronique du fœtus pendant l'accouchement ainsi que sur les échographies passées pendant la grossesse. « Plus de 90 % des participantes ont affirmé avoir été soumises à un monitorage électronique du fœtus pendant le travail et les deux tiers ont eu droit à un monitorage continu[89]. » La moyenne d'échographies subis par la mère était de trois. Les auteurs de l'enquête concluent qu'il faut cesser l'utilisation abusive de telles procédures en appliquant davantage de pratiques cliniques probantes. De quoi redonner le vent dans les voiles à la pratique de la sage-femme!

La sage-femme assure aussi le suivi postnatal de la mère et du nourrisson pour une durée de six semaines après l'accouchement. Son travail s'inscrit donc dans une continuité essentielle pour établir un lien de confiance.

La femme suivie par une sage-femme rencontre cette dernière à la maison de naissance. Par contre, la future maman peut choisir son

89. Ottawa (PC), Maternité – Trop d'examens pour les Canadiennes? *Le Journal de Montréal*, mardi 31 mars 2009, p. 34.

lieu d'accouchement. Elle peut accoucher en maison de naissance, à son domicile ou dans certains hôpitaux selon les ententes locales. Le service de la sage-femme est gratuit : il est payé par les soins de santé publique. Des soirées d'informations sont données chaque mois sur leurs services dans les différentes maisons de naissance. Chacune de ces maisons est reliée à un centre hospitalier pour les services d'urgence si nécessaire. C'est un merveilleux service à découvrir.

Chapitre 9

Les malaises de la grossesse

Anémie

Le taux de fer est très bien surveillé pendant la grossesse afin d'éviter que la mère ne manque de ce minéral essentiel pour la constitution de son sang et de celui du bébé. Plusieurs symptômes peuvent nous indiquer une tendance à l'anémie avant que les prises de sang le démontrent hors de tout doute. Si vous êtes pâle, fatiguée, essoufflée au moindre effort, que vous subissez une perte de cheveux, que votre sommeil est moins récupérateur, que votre mémoire est moins vive, que vos ongles et votre lobe d'oreille sont pâles, que vous attrapez tous les microbes qui passent, ce sont tous des indices pour faire vérifier votre bilan sanguin et pour réviser votre alimentation.

Les suppléments de fer qui vous seront prescrits par le médecin causent souvent des problèmes de constipation ou favorisent les nausées durant les premiers mois de la grossesse. Certaines femmes réagissent aussi avec des brûlements d'estomac. Si c'est le cas, cessez de les prendre pendant une semaine et observez la différence. Si vous vous portez mieux, procurez-vous des suppléments de fer dans les boutiques de produits naturels qui sont moins riches en fers mais qui sont mieux chélatés pour favoriser une meilleure assimilation à moindre concentration. Des cofacteurs sont ajoutés dans le comprimé dans le même but. La digestion s'en trouve facilitée.

Bien que vous preniez des suppléments, ajustez votre alimentation en mangeant régulièrement les aliments suivants :

foie biologique, viande rouge, œuf, légumineuse, viande brune de poulet, de dinde, bison, agneau, fruit séché, légumes vert, algue, etc. Évitez de prendre du thé ou du café au repas, ces derniers inhibent l'absorption du fer. Évitez les grands verres de lait, les bols de yogourt ou les fromages en même temps qu'un repas riche en fer, car l'un nuit à l'assimilation de l'autre.

Certaines tisanes vous aideront aussi à mieux fixer le fer, comme la tisane d'ortie, tandis que d'autres vous donneront de l'énergie et tonifieront votre sang : bourrache, fenugrec, menthe, origan et thym. Vous pouvez faire un mélange maison avec trois grammes par plante ou sept gouttes de teinture-mère par variété. Évitez de dépasser trois tasses par jour du même mélange.

Brûlement d'estomac (pyrosis)

Les brûlements d'estomac peuvent être très incommodants pendant la grossesse. Les hormones secrétées (progestérone et relaxine) font ouvrir le cardia, valve située entre l'œsophage et l'estomac. Les particules alimentaires et les acides remontent et irritent la paroi de l'œsophage, ce qui provoque une sensation douloureuse et une brûlure aiguë au centre de la poitrine, à la base du sternum. L'utérus de plus en plus volumineux comprime aussi l'estomac, ce qui peut aggraver les symptômes, surtout lors du dernier mois de la grossesse. Ces sensations de brûlures apparaissent généralement après le repas soit parce que l'on a ingéré des aliments indésirables, soit parce que l'on a mangé trop vite ou qu'il y avait une source de tension au moment du repas.

Lorsqu'il y a des brûlements d'estomac, plusieurs personnes sont portées à prendre un verre de lait pour soulager la douleur. Sur le moment, c'est efficace, mais le lait donne un résidu acide dans l'organisme, ce qui a pour effet d'entretenir ces douleurs à l'estomac. Donc, en premier lieu, coupez tous les produits laitiers et observez s'il y a un soulagement. Puis prenez des comprimés de carbonate de calcium combinés avec le carbonate de magnésium (par exemple, Floracid de la compagnie Flora) pour enlever les douleurs. Lorsque vous serez bien, cessez de prendre les comprimés. Il est important de savoir que les formes de carbonates sont peu assimilables par l'organisme pour refaire nos réserves de calcium ou de magnésium. On les utilise ici comme produits tampons. Les antiacides populaires qu'on retrouve à la pharmacie contiennent fréquemment de l'aluminium, un métal toxique pour le cerveau. Le bicarbonate de soude ne peut être utilisé que temporairement, car en plus d'entrainer des ballonnements et d'augmenter les risques d'hypertension, il peut aussi provoquer un effet rebond et entretenir les maux d'estomac par la suite. Intégrez quelques-unes des habitudes suivantes pour éviter que le problème ne revienne.

- Éviter les vêtements serrés à l'abdomen.

- Faire des petits repas à intervalles rapprochés.

- Éviter de manger au moins deux heures avant le coucher.

- Manger lentement dans une belle atmosphère de détente et éviter de s'allonger tout de suite après le repas.

- Se coucher en position semi-assise avec des oreillers.

- Diminuer les plats épicés, gras, sucrés et acides et réduire les portions de protéines animales.

- Prendre des tisanes de gingembre : elles soulagent les nausées et les brûlements d'estomac (maximum de trois tisanes par jour).

- Les tisanes de fenouil, de mélisse et de reine-des-prés sont aussi efficaces.

- Boire de l'eau d'argile blanche le matin, au lever.

- Le mucilage de graines de lin peut aussi apporter un bon soulagement. Il se boit chaud ou froid. Il suffit de faire bouillir 15 ml de graines de lin dans 250 ml d'eau pendant 3 à 4 minutes, de filtrer et de boire au besoin. Il peut aussi causer un léger effet laxatif.

- Le sel biochimique n° 10, le natrum phosphoricum, soulage l'acidité de l'organisme. À prendre trois fois par jour au besoin.

Constipation

La constipation est un problème récurrent pendant la grossesse, car les modifications hormonales ralentissent le transit digestif. Il est évident que si le problème de constipation n'a pas été réglé en préconception, la difficulté ne fera qu'augmenter. Une alimentation à faible teneur en fibres peut en être la cause, mais le stress et la tension nerveuse et éventuellement des intolérances alimentaires peuvent aussi être à l'origine de cette difficulté. Les suppléments de fer de synthèse sont un facteur aggravant ainsi que certains complexes de vitamines et de minéraux prénataux. Plusieurs solutions sont à envisager, mais si votre problème persiste quand même, consultez votre ostéopathe, chiropraticien ou acupuncteur. Toutes ces personnes peuvent à leur manière vous aider à retrouver un transit intestinal quotidien. C'est indispensable pour vous et pour votre bébé, car plus vous attendez, moins vous éliminez vos déchets et la surcharge peut être la cause de fatigue, de maux de tête, d'inconforts digestifs, etc.

- *Évitez* tous les laxatifs à base de séné et de cascara sagrada, car ils peuvent causer des crampes importantes.

- Prenez le temps d'aller au cabinet de toilette et adoptez une position accroupie à l'aide d'un petit banc de pieds. Le gros intestin est naturellement stimulé le matin de cinq heures à sept heures.

- Buvez de l'eau chaude citronnée au lever.

- Augmentez la consommation de fibres alimentaires telles que les fruits (poire, pruneau, datte, raisin, abricot, etc.), les légumes (betterave, légume vert, etc.), les céréales entières, les légumineuses.

- Choisissez des plantes émollientes qui agissent en douceur telles que les graines de lin moulues dans vos repas, la poudre d'orme rouge, le psyllium. Augmentez votre consommation d'eau dans la journée, sinon vous accentuerez votre problème. Buvez un litre et demi d'eau par jour.

- Prenez des tisanes légères de camomille, de mauve ou de pissenlit.

✎ Faites de l'activité physique quotidiennement dont la marche.

Crampes musculaires

Les crampes musculaires sont courantes pendant la grossesse et prennent souvent la forme de brusques spasmes dans les mollets ou les orteils. Ces spasmes ne durent que quelques minutes. Ils sont parfois attribuables à des modifications d'ordre circulatoire ou à un déséquilibre entre les minéraux essentiels comme le magnésium, le calcium et le potassium. Le manque d'hydratation peut aussi être à l'origine de crampes musculaires.

✎ Évitez l'excès de produits laitiers. Si vous les tolérez bien (ni gaz, ni ballonnement, ni brûlure d'estomac, ni mal de ventre, ni diarrhée), prenez deux à trois portions par jour au maximum, car trop de lait apporte trop de calcium et déséquilibre les autres minéraux.

✎ Buvez de l'eau riche en magnésium. Faites dissoudre quatre comprimés de sel biochimique n° 8, *magnesia phosphorica*, dans un verre d'eau chaude et buvez à petites gorgées.

✎ Le sel biochimique n° 13, composé des douze sels biochimiques de base, peut être pris à raison d'un comprimé avant chaque repas pour faciliter l'équilibre minéral de l'organisme.

✎ Si les crampes sont plus fréquentes la nuit, surélevez légèrement le pied du lit pour favoriser un meilleur retour veineux.

✎ Plusieurs plantes favorisent une bonne assimilation du calcium et des autres minéraux essentiels : l'avoine fleurie, la bourrache, l'ortie, les feuilles de framboisier et la luzerne. À consommer en tisanes.

✎ Lorsque la crampe survient, mettez votre pied sur le sol froid, bien à plat et massez le muscle opposé à la douleur.

Démangeaisons sur le corps (prurit)

Les démangeaisons sur le corps lors de la grossesse peuvent être très incommodantes. Elles peuvent être à l'origine d'insomnie et de beaucoup d'inquiétude pour la maman. Elles surviennent généralement au cours du deuxième et du troisième trimestre. Les causes sont variées. Il peut s'agir d'un surplus d'acidité comme d'un excès de sels biliaires, d'un déséquilibre minéral ou d'une sensibilité à des produits en contact avec la peau comme des savons pour le corps ou la lessive, des assouplisseurs pour les vêtements utilisés pendant la lessive, des laits corporels, etc. Votre médecin, ou votre sage-femme doit en être avisé afin que des prises de sang soient faites pour vérifier l'état de votre foie. Les traitements médicaux ne seront souvent que symptomatiques et les démangeaisons disparaîtront progressivement après l'accouchement. Afin de vous soulager et peut-être de trouver la source, faites les interventions qui suivent :

- Changez tous vos savons et produits pour la lessive pour des produits naturels sans produits chimiques et hypoallergiques.

- Cessez d'utiliser des assouplisseurs pour la lessive.

- Évitez le chlore pour la douche et le bain et ajoutez un filtre au charbon au pommeau de douche. Le chlore aggrave les démangeaisons sur la peau.

- Ajoutez de l'avoine dans le bain en faisant tremper dans l'eau une petite pochette dans laquelle vous aurez inséré 125 ml de flocons d'avoine. Il existe aussi, dans la gamme de produits Aveeno, un produit que l'on nomme *bain de traitement apaisant* à base d'avoine colloïdale naturelle à 100 % que vous pouvez ajouter à l'eau du bain.

- Si vous désirez mettre de la crème sur votre peau, évitez tous les produits à base d'huile minérale, sous-produits du pétrole, et choisissez des huiles à bases végétales comme l'huile d'amande douce, de germe de blé, d'argousier, etc.

- La crème de calendula peut donner de bons résultats.

✎ Mangez des aliments riches en vitamine B6 comme la pomme de terre, les avocats, les légumineuses, les noix d'acajou, etc. Vous pouvez aussi prendre un supplément de vitamine B6 (100 mg par jour) pendant un mois et observer s'il y a des changements.

✎ Vérifiez votre apport en oméga-3. Ces gras sont nécessaires pour conserver une peau douce.

✎ Faites de la relaxation, calmez votre système nerveux et réduisez votre charge de travail.

✎ Une bouillotte d'eau chaude sur le foie (sous le sein droit), après le souper et au coucher, favorise l'écoulement de la bile de façon naturelle soulageant ainsi le foie. Une application d'une vingtaine de minutes à la fois est suffisante.

✎ Cessez temporairement de consommer tous les produits laitiers. Augmentez vos sources de magnésium alimentaires et prenez un supplément de 300 mg par jour si nécessaire. Le magnésium calme le système nerveux et il soutien le foie.

Douleurs dorsales

Les femmes enceintes ressentent souvent une douleur dans le bas du dos, car c'est cette région qui supporte en grande partie la tension causée par le poids du bébé. Des tensions ou des problèmes posturaux antérieurs à la grossesse sont souvent à l'origine de ce type de douleur. La science macrobiotique nous enseigne aussi que cette condition peut découler d'un manque de minéraux et de sucres complexes (céréales entières, légumineuses) qui affaiblit les muscles et les ligaments, d'où cette tension supplémentaire. Dans certains cas, ce sera l'indice d'une surcharge rénale causée par des liquides en excès, des aliments et boissons froides, des produits laitiers, des aliments gras et huileux ou par excès de sel.

✎ Des visites de routine en ostéopathie ou en chiropractie avant et pendant la grossesse allègent le problème.

✎ Une alimentation alcaline permet de mieux équilibrer les acides et les bases.

- Il est essentiel de maintenir une bonne posture et d'éviter les souliers à talons hauts.

- Pliez les genoux pour soulever un enfant ou un objet lourd et évitez de vous courber le dos.

- Appliquez un cataplasme d'huile de ricin sur la région lombaire en ajoutant une bouillotte ou un sac « magique » chaud pour garder le dos au chaud.

- La natation peut soulager les douleurs dorsales.

- Des traitements d'acupuncture sont aussi à envisager.

- Vérifiez la qualité de votre matelas. Il doit vous offrir un support assez ferme.

Fatigue

La fatigue chez la femme enceinte peut avoir plusieurs causes. Pendant les trois premiers mois, il est normal de s'endormir davantage, car le corps doit s'habituer à de nouveaux paramètres pour fonctionner. Le premier trimestre passé, l'énergie revient comme par magie. En général, le niveau d'énergie est bon durant le deuxième trimestre et c'est vers la fin du troisième trimestre, moment où le sommeil est moins récupérateur étant donné le volume de notre ventre et les mouvements du bébé, que la fatigue se fait à nouveau ressentir. Il sera alors très important de penser à faire des siestes pour récupérer ces heures de sommeil manquées.

Toute fatigue très importante peut évidemment faire penser à une anémie chez la femme enceinte. Votre médecin, ou votre sage-femme, doit en être avisé et il vous recommandera des analyses sanguines afin de vérifier ces données. Un problème de thyroïde pourrait aussi être à l'origine de cette fatigue. Par contre, il est quand même sage de revoir vos activités journalières, car il suffit de libérer quelques heures de repos pour récupérer physiquement. De plus, une deuxième ou une troisième grossesse peut demander davantage par l'augmentation des tâches ménagères et par la présence continuelle des enfants. Le conjoint devra prendre plus souvent la relève afin de libérer la future maman. La nature regorge de merveille. Il existe un tonique merveilleux que toute femme enceinte ou qui allaite peut prendre si nécessaire : la **gelée royale**. Cette nourriture dédiée à la reine mère des abeilles est très énergisante. Il est préférable de la consommer fraîche et de source locale. Les personnes allergiques aux abeilles doivent évidemment s'en priver.

Hypertension, prééclampsie et éclampsie

L'augmentation de la tension artérielle chez la femme enceinte doit être surveillée de très près, car elle peut être l'indice d'un début de prééclampsie. L'augmentation de la tension artérielle apparaît dans le deuxième trimestre de la grossesse. Les examens de routine vérifieront s'il y a présence de protéines dans l'urine (albumine) et s'il y a une prise de poids excessive chez la mère, ce sont des symptômes importants de la prééclampsie qui peuvent conduire au développement de l'éclampsie.

L'éclampsie est un état de déséquilibre très dangereux pour la mère et pour l'enfant. L'augmentation de la tension artérielle cause de graves maux de tête, peut nuire au fonctionnement des reins, du foie et du cerveau. Sans traitement, la mère pourrait faire des convulsions et même être plongée dans un coma. L'éclampsie est à l'origine de naissances prématurées, de bébés mort-nés et même de mortalité maternelle. Ces conditions médicales nécessitent des soins de pointe.

Lorsque la femme aura accouché, tout entrera dans l'ordre, mais si aucun changement n'est fait dans son hygiène de vie, elle risque de vivre le même problème lors de la prochaine grossesse. Les femmes à risque de développer cette problématique sont celles qui souffraient déjà de néphrites chroniques, d'hypertension et de diabète avant la grossesse. Selon une nouvelle étude, les femmes qui vivent beaucoup de stress et qui jouissent d'un faible soutien social pendant la grossesse auraient plus de risques de déclencher des réactions inflammatoires, d'avoir des naissances prématurées et de souffrir d'éclampsie.

Pour la science macrobiotique, cette toxémie de la grossesse résulterait d'une surconsommation de produits comme le sucre et les gras saturés (par exemple lait et viande). Consommés en excès, ces aliments affaiblissent les systèmes circulatoire et excréteur. Cette surcharge de longue date a tendance à affaiblir les intestins et les reins, les déchets ne s'éliminant plus adéquatement.

Les femmes qui ont vécu un épisode de prééclampsie auraient tout avantage à consulter un naturopathe pour un bilan de santé avant de commencer une nouvelle grossesse. Des changements alimentaires seront sûrement proposés comme l'élimination des produits laitiers, l'augmentation des sources alimentaires d'oméga-3 ainsi que celles du potassium et du magnésium. De plus, un drainage des reins sera peut-être recommandé. Bref, c'est le bon moment pour vous refaire une santé avant de vivre à nouveau cette belle aventure de la grossesse.

Masque de grossesse (chloasma ou mélasme)

Le masque de grossesse, ou masque de papillon, consiste en la présence de taches de pigmentation brunes qui apparaissent tout le long de la grossesse sur le visage et parfois sur le reste du corps. Cette hyperpigmentation apparaît la plupart du temps dans la seconde moitié de la grossesse entre le quatrième et le sixième mois. L'influence hormonale est un facteur causal puisque 5 à 10 % des femmes qui prennent la pilule contraceptive développent aussi ces taches pigmentaires. Le taux d'hormone féminine aurait une influence sur la synthèse de la mélanine. L'exposition au soleil en favorise également l'apparition et le développement. La future mère doit donc protéger son visage en conséquence, le chapeau étant le meilleur choix. Certains produits cosmétiques contenant des parfums « photosensibilisants » pourraient aggraver le mélasme ainsi qu'une technique de démaquillage trop appuyée sur la peau. L'irritation causée par le frottement pourrait stimuler les cellules impliquées dans l'hyperpigmentation du visage. Il serait préférable d'utiliser un lait nettoyant doux et naturel avec ses doigts tout simplement. Finalement, une autre hypothèse avance l'idée que ces taches feraient suite à un mauvais fonctionnement du foie qui causerait un excès de cholestérol tissulaire. Il faut donc penser prévention et bien drainer le foie avant la conception, sinon soutenir le foie pendant la grossesse avec des tisanes de pissenlit ou de chardon-Marie. Heureusement pour la maman, les taches disparaissent dans les deux à trois mois qui suivent l'accouchement.

Nausées

Les nausées matinales, accompagnées parfois de légers vomisse-ments, sont des symptômes courants en début de grossesse. Elles apparaissent généralement entre la quatrième et la sixième semaine pour se terminer, dans la moitié des cas, vers la quatorzième ou la seizième semaine. Les nausées peuvent nuire à la qualité de vie de la femme et indirectement, celle de sa famille. Certaines femmes vont souffrir de nausées importantes pendant toute la durée de leur grossesse qui vont entraver la prise d'aliments solides et liquides. Par ailleurs, d'autres femmes n'auront jamais de nausées!

Les nausées peuvent être reliées à plusieurs facteurs dont l'hypo-glycémie passagère, l'hypotension, les modifications hormonales, les carences alimentaires en vitamine B6 ou en fer, une consom-mation excessive de produits gras ou raffinés, des sentiments ambigus quant à la grossesse, etc. Les solutions sont nombreuses et elles devraient être employées *avant* de prendre une médication chimique comme le *Diclectin*[90], bien que ce dernier soit employé depuis près de trente ans.

- ✎ Évitez d'avoir l'estomac vide. Mangez des petits repas à intervalles réguliers, aux deux ou trois heures.

- ✎ Évitez de boire aux repas. Buvez plutôt entre les repas par petites gorgées.

- ✎ Surveillez votre consommation d'eau (six à huit verres par jour) et de liquide afin d'éviter de vous déshydrater si vous vomissez régulièrement.

- ✎ Au réveil, le matin, mangez une biscotte salée par petites bouchées en insalivant bien et levez-vous lentement.

---

90. Le Diclectin est un composé de vitamine B6 (chlorhydrate de pyridoxine) combiné avec un antihistaminique (succinate de doxylamine). Il est le seul médicament antinauséeux et antiémétique recommandé pendant la grossesse. Certaines femmes peuvent ressentir de la somnolence après avoir pris ce médicament.

- Augmentez votre consommation de protéines au repas du soir et prenez une collation avant de vous coucher afin d'éviter l'hypoglycémie du matin.

- Mangez ce dont vous avez envie, mais évitez de tomber dans le piège des sucreries ou du fast-food.

- Mangez un peu plus d'aliments nutritifs salés comme le fromage feta, les olives, le miso, etc.

- Évitez les odeurs fortes de cuisine. Favorisez une bonne circulation de l'air dans la maison.

- Reposez-vous le plus possible, car les nausées augmentent en période de surmenage. Les siestes sont très recommandées.

- Demandez à votre conjoint de cuisiner pour vous.

- Les infusions de racines de gingembre ou les gélules, sont efficaces pour soulager les nausées après les repas.

- Prenez 5 ml de poudre d'orme rouge lors de chaque repas.

- Les tisanes de feuilles de framboisier, de camomille, de graines de fenouil ou de menthe douce prises avant les repas peuvent aider grandement. Buvez-en deux à trois tasses par jour.

- Lorsque la nausée survient, ou avant les repas, prenez de grandes respirations profondes en vous concentrant sur votre estomac. Faites-le pendant cinq minutes.

- Évitez temporairement les suppléments alimentaires avec fer si vous avez des nausées.

- Prenez un comprimé de vitamine B6 de 100 mg par jour.

- Consultez votre acupuncteur ou votre homéopathe si nécessaire.

Œdème (enflure)

Chez certaines femmes, on constate un léger gonflement des tissus tout à fait normal surtout en saison chaude et dans le dernier trimestre de la grossesse. Ce sont généralement les pieds, les mollets, les chevilles, les doigts et parfois le visage qui enflent. La station debout prolongée et la fatigue accroissent cet état. Si des marques apparaissent sur votre peau quand vous exercez une pression du doigt (œdème à godet) et qu'elles tardent à disparaître, surveillez votre tension artérielle et parlez-en à votre sage-femme ou à votre médecin, car c'est un signe précurseur d'hypertension ou de pré-éclampsie.

✎ La marche et la natation aideront vos fluides à mieux circuler réduisant l'œdème.

✎ Buvez des tisanes de framboisiers, de bourrache, de pissenlit ou de queue de cerise.

✎ Prenez des pauses dans la journée en surélevant vos jambes.

✎ Prenez le sel biochimique n° 9, *natrium muriaticum*, trois granules, trois fois par jour, avant les repas, pendant le temps nécessaire.

✎ Consommez des aliments diurétiques comme l'asperge, l'artichaut, le raisin, le cassis, le persil et le céleri.

✎ Coupez temporairement toute consommation de produits laitiers et observez la différence.

✎ Surveillez votre apport de protéines pour en manger suffisamment.

✎ Évitez la surconsommation de chlorure de sodium (sel) présent dans les repas préparés en industrie et dans ceux vendus dans les restaurants.

Problèmes dentaires et gingivaux

Les changements hormonaux de la grossesse touchent les gencives en augmentant la réaction d'inflammation de celles-ci les rendant ainsi plus épaisses et sensibles. Les femmes qui avaient déjà tendance à avoir de la plaque dentaire seront plus susceptibles de faire des gingivites pendant leur grossesse. Un bon nettoyage fait par votre hygiéniste dentaire permettra d'enlever la plaque et le tartre diminuant les risques de développer une gingivite. Par la suite, vous devez faire un brossage des dents après chaque repas tout en utilisant la soie dentaire quotidiennement. Si, toutefois, vous développez une gingivite, appliquez les recommandations suivantes :

- prenez un supplément de vitamine C avec bioflavonoïdes;

- évitez tous les aliments raffinés et sucrés,

- rincez votre bouche avec 25 gouttes de teinture-mère d'échinacée diluées dans un demi-verre d'eau. Avalez la solution. L'échinacée soutient le système immunitaire;

- buvez des infusions de camomille en insalivant bien chaque gorgée de tisane;

- utilisez le sel biochimique nº 1, le *calcarea fluorica*. Il fortifie l'émail des dents prévenant les caries et il protège des gingivites. Prenez un comprimé avant chaque repas et laissez-le fondre dans la bouche.

Vaginite

La vaginite est une inflammation des parois vaginales avec ou sans infection. Elle peut occasionner des symptômes légers, très incommodants ou demeurer silencieuse. La vaginite infectieuse est une affection très courante. Deux femmes sur trois seront touchées au moins une fois dans leur vie. Les symptômes lorsqu'ils apparaissent sont cause d'inconfort. On retrouve une irritation avec démangeaisons à la vulve ou au vagin ainsi que des pertes de différentes apparences selon la source de l'infection.

On retrouve essentiellement trois sortes de vaginites :

- les *vaginites infectieuses* qui concernent 90 % des vaginites chez la femme incluant la vaginite à champignons (*candida albicans* ou *monilia*), la vaginite à Trichomonas (*trichomonas vaginalis*), la vaginite bactérienne à *Gardnerella vaginalis* et les vaginites non spécifiques.

- les *vaginites d'irritation* sont causées par des produits potentiellement irritants : spermicides, savons parfumés, adoucisseurs de tissus, douches vaginales inappropriées, détergents, condoms, tampons, serviettes hygiéniques, etc.

✎ Les *vaginites atrophiques* sont provoquées par une baisse hormonale (œstrogène) à la suite d'une ménopause naturelle ou par une chirurgie ou par l'usage de la chimiothérapie. La muqueuse vaginale, avec le temps, devient plus mince, elle se dessèche et s'irrite facilement.

En ce qui a trait aux femmes enceintes, ce sont les vaginites à levures que nous retrouverons généralement. Elles sont dix à vingt fois plus fréquentes pendant la grossesse. La modification anormale du pH vaginal, le taux de glycogène vaginal et le taux de sucre sanguin sont des causes de ces vaginites. De plus, une alimentation riche en sucre et en farineux, le stress, la fatigue, la prise d'antibiotiques, la prise au préalable de la pilule contraceptive, le port de vêtement très serré, les sous-vêtements synthétiques, l'usage d'un savon alcalin en zone vaginale et la contamination par les rapports sexuels peuvent entrainer ce type de vaginite.

La région vaginale de la femme est une des parties les plus fragiles de son corps. La nature a donc pourvu l'organisme d'une protection naturelle en sécrétant de l'acide lactique qui maintient le pH vaginal suffisamment acide (normale entre 3,8 et 4,4 de pH) pour empêcher la prolifération de bactéries et de champignons. Pour ce faire, tout comme dans l'intestin, il y a des bactéries amies ou commensales. Dans le vagin, nous retrouvons de bonnes bactéries comme le *bacille de Döderlein*, aussi appelé lactobacille, qui produit l'acide lactique nécessaire au maintien d'un pH équilibré et protecteur. Les facteurs énumérés précédemment modifient tous cet équilibre précaire du pH vaginal et ils ne sont pas en lien avec une mauvaise hygiène corporelle. Le pH vaginal varie au cours de la vie en fonction du niveau des hormones féminines.

Étape de la vie	pH	Protection
Prépuberté	6,5	minimale
Puberté	4,5	bonne
Règles (écoulement)	5,8	moyenne-minimale
Grossesse	3,8	maximale
Ménopause	6,5	minimale

Voici un autre tableau qui démontre les différents pH avec les infections qui leurs sont associées. La lecture de ce dernier vous permettra de mieux comprendre les solutions envisagées pour sortir du cycle infernal des vaginites à répétition que vous soyez enceinte ou non.

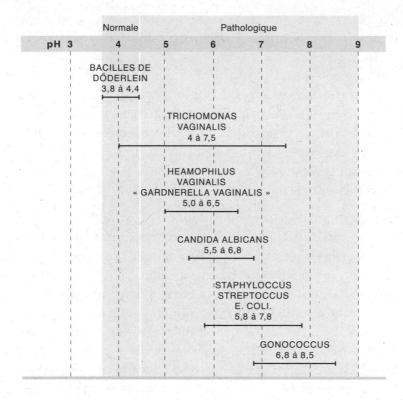

Nous comprenons alors facilement qu'une prescription d'antibiotiques à large spectre tue aussi le bacille de Döderlein, ce qui perturbe la sécrétion naturelle d'acide lactique protecteur, provoquant alors une vaginite chez les femmes qui étaient limites dans leur pH vaginal. Les contraceptifs hormonaux en diminuant la quantité d'œstrogènes dans le corps réduisent aussi les substances nécessaires au bon développement du bacille de Döderlein. La baisse de production d'acide lactique affaiblit l'immunité naturelle de cette zone augmentant ainsi les risques d'infection. Il suffit d'ajouter un autre facteur promoteur comme une consommation élevée de sucre ou l'usage d'un savon inadéquat de manière répétitive pour que la vaginite apparaisse.

Symptômes associés aux vaginites

C'est le diagnostic médical qui vous confirmera si vous êtes atteintes d'une infection vaginale et qui pourra déterminer par un prélèvement, si nécessaire, le type d'infection en cours. Les symptômes énumérés le sont à titre indicatif seulement, car certaines infections ne démontrent pas de signes apparents pendant de longues périodes.

Vaginites à candida albicans (champignons)

Irritations, brûlures et démangeaisons (prurit) de la vulve et de l'entrée du vagin, apparition de pertes blanchâtres ou jaunâtres, sécrétions épaisses ayant l'apparence du fromage cottage ou de lait caillé. Il y a une faible odeur caractéristique de levure de pain. Les parois du vagin sont rouges et inflammées et il peut y avoir des sensations de brûlures après avoir uriné ou lors des rapports sexuels.

Vaginites à Trichomonas (protozoaire classé parmi les parasites)

La contamination se fait généralement par les rapports sexuels, mais pas toujours. L'homme ne souffre presque jamais de l'infection et la femme peut être atteinte d'une forme latente qui ne provoque pas de symptôme. L'infection peut se manifester par des pertes très abondantes et nauséabondes. Elles sont plutôt jaunâtres ou jaune-verdâtres. On note aussi la présence de démangeaisons à la vulve et des sensations de brûlures urinaires. Il peut y avoir une irritation vive gênant les rapports sexuels. Les deux partenaires pourraient être traités.

Vaginites bactériennes (formes variées de bactéries)

La modification du pH vaginal entraîne la prolifération de bactéries dites pathogènes. L'acide lactique ne peut plus assurer son plein potentiel protecteur. Il n'y a habituellement pas de démangeaisons ni d'irritations, mais plutôt une forte odeur vaginale de poisson.

Traitements naturels

- Il est essentiel de couper les sucres concentrés, de diminuer les jus, de réduire les pains et les pâtes.

- Évitez les bains moussants et les savons alcalins.

- Dormez sans sous-vêtements le plus souvent possible afin d'éviter de maintenir l'humidité.

- Ajoutez du vinaigre de cidre dans l'eau du bain pour abaisser le pH : environ 250 ml dans la baignoire, ou bain de siège de dix minutes dans lequel vous aurez ajouté du vinaigre de cidre.

- Prenez 15 ml de vinaigre de cidre au coucher dans un verre d'eau tiède afin de rétablir votre pH.

- Appliquez une crème à base de zinc sur la vulve pour calmer l'irritation.

- L'application d'une crème à l'échinacée ou au calendula peut aussi calmer cette irritation vulvaire.

- Si vous n'avez aucune contre-indication quant aux rapports sexuels, faites une douche vaginale avec de l'eau et du vinaigre de cidre, 60 ml de vinaigre pour 500 ml d'eau tiède, et insérer ensuite une capsule de probiotique conçue pour l'application vaginale. La douche permettra d'enlever une grande partie des sécrétions et le probiotique fera effet plus rapidement par la suite. Il se vend des poires à douche vaginale dans les pharmacies. Elles sont pourvues d'une grosse canule ronde qui respecte notre anatomie.

- Vous pouvez aussi faire une douce vaginale au Molkosan (produit de la compagnie A. Vogel). Il s'agit d'un concentré de petit-lait riche en acide lactique à pH acide. Commencez par un tiers de Molkosan pour deux tiers d'eau. S'il n'y a pas d'irritation, augmentez la dilution à moitié eau et moitié Molkosan et faire une fois par jour jusqu'à disparition des symptômes. S'il n'y a pas d'amélioration significative dans les trois premiers jours, changez de traitement.

✎ Utilisez l'huile essentielle de mélaleuca ou de lavande à raison de quatre gouttes dans 500 ml d'eau tiède en douche vaginale.

✎ Procurez-vous des probiotiques à prendre par la bouche qui ont une action contre les levures (par exemple, probiotiques UDO, Super 8).

✎ L'application d'huile de graines de bourrache sur les parois vaginales (appliquez avec les doigts) permet de soulager les démangeaisons, l'irritation et la sécheresse vaginale.

Il existe une panoplie de recettes maison non répertoriées ici qui peuvent être très efficaces pour vous. Il suffit de découvrir ce qui vous convient le mieux. N'hésitez pas à consulter le médecin si l'infection persiste.

Varices, hémorroïdes

Au cours de la grossesse, l'augmentation du volume sanguin exerce une pression accrue sur les veines tandis que les sécrétions hormonales détendent les parois musculaires des vaisseaux sanguins rendant le retour veineux plus difficile. Le poids de l'utérus élargi comprime aussi les veines de la région pelvienne. La constipation peut aussi bloquer la circulation dans la zone abdominale. Tous ces facteurs font en sorte que le sang a davantage la possibilité de stagner dans la partie inférieure du corps et de provoquer l'apparition de varices sur les jambes, à la vulve et au rectum (hémorroïdes). Les varices apparaissent habituellement vers le troisième trimestre de la grossesse et régressent après l'accouchement. Elles peuvent être disgracieuses, douloureuses et provoquer des démangeaisons. Les hémorroïdes peuvent aussi causer des inconforts dans la position assise ou lors de la marche comme elles peuvent rendre l'évacuation intestinale plus difficile et douloureuse. La fragilité aux varices est souvent héréditaire, mais l'affection est plus répandue chez les femmes enceintes qui sont contraintes à rester longtemps debout en position stationnaire et chez celles qui attendent des jumeaux ou qui prennent beaucoup de poids pendant la grossesse. Vous pouvez adopter de nouvelles habitudes de vie afin de minimiser l'apparition de ces varices, car il vaut toujours mieux prévenir que guérir. Voici quelques suggestions.

- Évitez la station debout, statique et prolongée ainsi que le croisement des jambes en position assise.

- Évitez les bas à jarretière ou les demi-bas qui bloquent la circulation tout comme les pantalons serrés à l'abdomen ou aux cuisses.

- Dormez les jambes surélevées en levant le pied du lit.

- Prenez des temps de repos dans la journée pour surélever vos jambes afin de favoriser le retour veineux.

- Évitez les bains chauds et, au contraire, terminez votre douche par un jet d'eau froide sur vos jambes.

- Évitez à tout prix les problèmes de constipation chronique. Pensez eau et fibres.

- Utilisez des bas de soutien qui doivent être enfilés *avant* de vous lever le matin.

- Adoptez l'habitude de marcher dehors afin de bien faire circuler votre sang et d'éviter ainsi toutes formes de stagnation.

- Augmentez les sources de vitamine C et de bioflavonoïdes comme la rutine ainsi que la vitamine E pour renforcer vos tissus.

- Le sel biochimique n° 1, *calcarea fluorica*, renforce les tissus élastiques et prévient les récidives de varices. Prenez un comprimé avant chaque repas.

- Les bains de siège froids avec de l'eau d'hamamélis soulagent les hémorroïdes. Évitez aussi le thé, le café et les épices qui irritent les muqueuses.

- Consultez un homéopathe pour avoir un remède approprié pour les hémorroïdes.

Vergetures

Dans les premiers stades de la grossesse, des lignes rouges et violacées peuvent apparaître à la surface des seins lorsque ceux-ci augmentent de volume. Ce sont des vergetures. Dans le dernier trimestre, avec l'augmentation du volume de l'abdomen, des vergetures peuvent aussi apparaître sur le ventre, les cuisses, les hanches et sur les fesses, surtout s'il y a une prise de poids rapide ou importante. Elles deviennent moins visibles après avoir cicatrisé et blanchi.

Les vergetures sont des lésions du tissu dermo-épidermique. Il y a rupture des fibres élastiques de collagène. Deux facteurs contribuent à leur apparition : la prise de poids et l'augmentation des hormones corticoïdes vers le quatrième mois de la grossesse qui provoque une perturbation de la synthèse du collagène. L'hérédité familiale peut jouer un rôle. Vérifiez si votre mère a eu des vergetures pendant ses grossesses et augmentez les précautions si la réponse est affirmative. La qualité de votre peau est aussi un facteur déterminant. Si, dès l'adolescence, vous avez développé des vergetures, les précautions d'usage devront être considérées.

- Nourrissez votre tissu conjonctif avec d'excellentes sources de vitamine C, de vitamine E, de silice et de zinc.

- Surveillez vos apports de protéines et d'acides gras essentiels comme les oméga-3.

- Le zinc est nécessaire pour l'équilibre hormonal et pour la prévention des vergetures même à l'adolescence. Une analyse minérale des cheveux indiquera s'il y a carence ou non de zinc. Certains symptômes comme les grincements de dent (bruxisme) la nuit et des taches blanches sous forme de lignes sur les ongles démontrent aussi cette carence minérale.

- Bien que l'efficacité des huiles et des crèmes en application sur la peau ne soit pas clairement démontrée, vous pouvez les utiliser. On pense alors à des produits spécialisés de certaines compagnies, mais vous pouvez aussi faire vos formules maison.

✎ Mélangez 25 ml d'huile de germe de blé riche en vitamine E avec 25 ml d'huile d'amande douce et ajoutez quinze gouttes d'huile essentielle de lavande (*Lavandula Angustifolia*) et dix gouttes d'huile essentielle de néroli (*Citrus aurantium*). Se masser le ventre tous les jours.

✎ Vous pouvez remplacer l'huile d'amande douce par l'huile végétale vierge de Rose musquée du Chili reconnue pour ses pouvoirs cicatrisant, nourrissant et assouplissant. Ajoutez à cette huile des huiles essentielles de mandarine (*Citrus reticulata*), de lavande (*Lavandula Angustifolia*) ou de néroli (*Citrus aurantium*).

✎ Utilisez le beurre de cacao ou une crème de calendula sur les vergetures existantes.

Chapitre 10
Se réapproprier la naissance

L es conditions d'accouchement peuvent être très variées, ce qui influencera nettement le ton des relevailles ainsi que la santé de l'enfant. Actuellement, au Québec, la majorité des femmes mettent leur bébé au monde dans les hôpitaux. Ce sont d'immenses maternités, car les services ont été regroupés pour rationaliser les dépenses (1 500 à 2 000 accouchements par année). Lorsqu'on accouche à l'hôpital, il y a une prise en charge presque totale du bébé et de la maman. On doit suivre les protocoles d'interventions établis, et on constate que des épisiotomies[91] sont faites dans 65 % des cas. Cette intervention va souvent influencer négativement la qualité des relevailles. De plus, le recours fréquent à l'anesthésie péridurale[92] ralentira de quelques heures la bonne forme de la maman. En fonction du personnel en place, l'encouragement et l'assistance à l'allaitement seront variables. Au Québec, nous avons le plus bas taux d'allaitement au Canada, soit 50 % contrairement à 80 % pour le reste du Canada. Par contre, nous avons la chance d'avoir huit maisons de naissance à travers la province. Ce sont de petites maternités (350 accouchements maximum par an) où les femmes peuvent accoucher à l'aide d'une sage-femme. Cette situation n'est

91. Épisiotomie : intervention médicale consistant à couper volontairement le périnée envue d'agrandir le passage de la naissance.

92. Anesthésie péridurale : anesthésie régionale par injection de solutions anesthésiantes entre les vertèbres et la dure-mère dans la région cervicale, dorsale, lombaire ou sacrée.

pas nouvelle en soi, car selon l'Organisation mondiale de la Santé (OMS), en 1993, plus de la moitié des femmes à travers le monde ont accouché avec l'aide d'une sage-femme! Ce que nous remarquons dans le témoignage de ces femmes usagères, c'est qu'elles se sentent mieux préparées pour l'accouchement, qu'elles se relèvent plus rapidement de l'enfantement, qu'elles allaitent plus souvent et qu'elles se sentent davantage appuyées dans leur maternité lorsqu'elles bénéficient du suivi d'une sage-femme. Mais n'est-ce pas logique? Depuis que le monde est monde, les femmes accouchent entre elles. Qui peut mieux soutenir et comprendre une femme en travail qu'une femme qui a déjà relevé le défi de l'enfantement?

Dans le service hospitalier, le recours à la césarienne est de plus en plus banalisé. C'est un phénomène mondial : près de 50 % de césariennes en Chine, plus de 50 % au Brésil, près de 80 % dans les grandes villes comme Rio et Sao Paulo! On tend à banaliser l'accouchement par voie haute pour diverses raisons dont le droit de choisir! Césariennes à la demande, mais à quels coûts sociaux et à quels coûts pour le développement sain de l'enfant? Le Dr Michel Odent[93] affirme que l'industrialisation de la naissance est en réalité la conséquence d'une incompréhension des processus physiologiques fort complexes de l'accouchement. Et la sécurité apparente de la césarienne moderne renforce le manque d'intérêt pour la physiologie de l'accouchement.

Nous oublions que c'est le mammifère en nous qui accouche et non pas la femme à l'intellect hautement développé. Nous n'accouchons pas avec nos pensées, mais avec notre corps et notre instinct si on nous laisse l'occasion de le laisser émerger. Au contraire, plus vous stimulez le néocortex (siège de l'intellect du cerveau humain) de la femme sur le point d'accoucher, plus vous perturbez le déroulement du travail. Michel Odent nous précise tout d'abord que le langage rationnel fait appel au néocortex et qu'il doit être tenu au minimum. Ce n'est pas le temps de poser des questions inappropriées qui font sortir la femme de sa bulle.

---

93. Dr Michel Odent, *Césariennes : questions, effets, enjeux. Alerte à la banalisation*, Éditions Le Souffle d'Or.

La lumière artificielle aurait le même effet sur la stimulation du néocortex tout comme l'impression de se sentir observé. Tous les animaux se retirent pour accoucher sans être observés. Qu'il s'agisse du personnel hospitalier qui entre et qui sort de la chambre régulièrement, du conjoint, de la caméra ou du monitorage fœtal électronique, tout cela contribue à stimuler le néocortex du cerveau de la femme, ce qui inhibe à des degrés divers selon les évènements le processus de l'accouchement. La femme peut être avec une personne avec qui elle se sent en sécurité sans se sentir observée ni jugée. C'est la base des conditions pour favoriser un accouchement physiologique optimal.

Je vous encourage à lire plusieurs des livres du Dr Michel Odent afin de vous ouvrir à une autre vision du travail et de la naissance au lieu de prendre le risque de dire un jour à votre enfant : « Si j'avais su... »

Troisième partie

Notre bébé, un être à chérir et à éduquer

Chapitre 11

Le lait maternel,
une continuité du don de la vie

L'allaitement maternel suscite bien des commentaires, pas toujours des plus élogieux. Comment se fait-il qu'un jour, dans nos sociétés, nous ayons remis en question ce lait de grande valeur? Danièle Starenkyj, dans son volume *Le Bébé et sa nutrition*, nous rappelle des faits historiques fort intéressants sur l'allaitement. On constate que chaque peuplade avait ses habitudes et ses tabous et que peu de peuples vivaient un allaitement complet, du colostrum jusqu'au sevrage naturel. De plus, des nourrices étaient souvent utilisées par les mères occupées à d'autres activités jugées plus importantes. Les animaux, par contre, sont décidément plus près de leur instinct. Ils allaitent leurs petits sensiblement pendant la même durée chez les membres d'une même espèce. Sur quelle horloge biologique se branchent-ils? Se pourrait-il que la complexité de socialisation de l'espèce dénature cette dernière? Ce serait une hypothèse intéressante à analyser chez les humains. Finalement, le seul argument que nous devrions connaître pour nous convaincre de l'importance de l'allaitement maternel, c'est qu'à chaque mammifère correspond le lait dont il a besoin pour bien se développer selon les caractéristiques de son espèce. C'est une vérité de La Palice : les animaux ne se nourrissent pas du lait d'une autre espèce. Alors, pourquoi l'homme en ferait-il autrement?

Voici un tableau comparatif qui en dit long sur l'effet des différents laits.

Tableau comparatif[94]

Lait	Protéine grammes par litre	Temps mis pour doubler le poids de naissance
Femme	15	150 à 180 jours
Vache	35	47 jours
Brebis	65	10 jours
Lapine	110	6 jours

Nous constatons ici que la croissance est beaucoup plus lente chez l'humain, car il doit rendre à maturité un système nerveux et un cerveau beaucoup plus complexe que les autres mammifères. La composition même du lait humain a été créée dans ce but. Beaucoup de femmes ressentent aujourd'hui ce besoin d'allaiter leurs bébés, mais le conjoint est parfois moins enclin à partager les glandes mammaires de sa bien-aimée avec quelqu'un d'autre, même avec son bébé! Les réticences de la famille, du père ou du cercle d'amis peuvent influencer la décision maternelle d'allaiter ou non son petit. Certaines femmes ont aussi peur de perdre leur autonomie et elles ont l'impression qu'elles vont assumer seules les besoins du bébé si elles sont les seules personnes nourricière. Dans les faits, les femmes qui allaitent diront que c'est beaucoup plus facile, plus économique, plus écologique et que cela donne moins de travail que de préparer continuellement des biberons. S'y ajoute le risque que le bébé réagisse à des protéines étrangères, et par définition tout ce qui est produit par l'industrie comporte des risques : contamination volontaire ou non, erreur humaine dans la manutention et dans la production, contamination par des métaux lourds, etc.

Dans le but d'aller au-delà du choix émotif de refuser le sein à votre bébé, je vais préciser quelques-uns des avantages de l'allaitement maternel. Pour les modalités détaillées de positions et de

94. Tiré de *L'Alimentation naturelle du nourrisson*, Chantal et Lionel Clergeaud, Éditions Équilibre, 1989.

conditions d'allaitement, je vous invite à joindre différents groupes d'entraide à l'allaitement qui existent près de chez vous ainsi qu'à consulter d'excellents ouvrages publiés par la Ligue La Leche Internationale[95] ou par des intervenants comme le Dr Jack Newman[96] ou encore par les merveilleux témoignages du Groupe MAMAN[97] si vous êtes encore hésitante à vivre l'expérience de l'allaitement. Si vous êtes davantage intéressée par l'aspect biologique et scientifique de l'allaitement, consultez l'œuvre magistrale de Micheline Beaudry et autres, *Biologie de l'allaitement*[98]. Vous y trouverez des réponses.

Colostrum

Dès la naissance, le bébé doit être mis au sein. À moins d'être épuisé par un accouchement très long ou endormi par les calmants qu'aurait pris sa mère pendant le travail, le bébé tétera spontanément. Cette tétée précoce du colostrum[99], ou premier lait, stimule les contractions de l'utérus, ce qui facilite le décollement du placenta. La montée laiteuse sera plus rapide et moins inconfortable si les tétées sont fréquentes dans les douze premières heures. La cohabitation et le contact peau à peau doivent être privilégiés. La succion précoce du bébé permet au corps de la mère de sécréter deux hormones. La première, la prolactine[100], est responsable de la production de lait dans les alvéoles du sein. C'est aussi cette hormone qui empêche le retour des règles et qui supprime l'ovulation pendant les premiers mois d'allaitement exclusif. La deuxième hormone, nommée ocytocine, favorise l'écoulement du

---

95   Ligue La Leche Internationale, *L'Art de l'allaitement maternel*, 7e édition.

96.   Dr Jack Newman et Teresa Pitman, *L'allaitement : comprendre et réussir*, Jack Newman Communications.

97.   Lysanne Grégoire et Marie-Anne Poussart, *Près du cœur : témoignages et réflexions sur l'allaitement*, Éditions remue-ménage.

98.   Micheline Beaudry, *Biologie de l'allaitement*, Presses de l'Université du Québec.

99.   Colostrum : liquide visqueux, jaunâtre, moins riche en gras (2 %) que le lait mature (3,6 %), riche en protéines, riche en oligosaccharides (sorte de glucides) qui agissent comme prébiotiques, riche en vitamines A, E et K. Il contient aussi des globules blancs qui favorisent l'immunité. Il apparaît avant la montée laiteuse.

100. Prolactine et ocytocine : hormones sécrétées par l'hypophyse lorsqu'elle reçoit l'impulsion.

lait en stimulant le réflexe d'éjection et elle permet à l'utérus de reprendre sa forme plus rapidement. C'est donc cette dernière qui est responsable des contractions utérines (appelées aussi *tranchées*) perçues pendant les tétées.

Le colostrum, autrefois négligé, est essentiel pour le nouveau-né. Il possède des propriétés purgatives qui permettront à votre bébé d'éliminer plus facilement sa première selle, le méconium. Plus tôt il élimine sa première selle, moins le risque de jaunisse est grand, car le méconium contient beaucoup de bilirubine qui risque d'être réabsorbée si l'émission de la selle tarde. Le colostrum contient aussi le facteur bifidus (quarante fois plus que dans le lait maternel) qui permet le développement d'une flore intestinale saine. Ceci permettrait ainsi de diminuer la perméabilité intestinale, ce qui aurait comme conséquence de diminuer les risques d'allergies et les infections intestinales. De plus, ce merveilleux liquide fournit au bébé une vaccination naturelle, car il contient des lymphocytes, des macrophages, des lysozymes et des immunoglobulines particulièrement de type A. Ces dernières ont la propriété de s'accoler aux muqueuses et de les protéger. Que ce soit au niveau de l'intestin, des poumons, des bronches, du nez ou de la gorge, le système immunitaire est en action. C'est pourquoi les bébés allaités souffrent beaucoup moins d'infections, d'allergies ou de troubles gastro-intestinaux que les autres bébés même si les conditions d'hygiène laissent à désirer.

Le zinc est aussi plus abondant dans le colostrum des premiers jours. C'est un antioxydant qui participe directement au métabolisme de la vitamine A. Il est essentiel à la respiration cellulaire. Il joue un rôle capital dans la division cellulaire et dans la stimulation de l'ensemble des défenses immunitaires. Le zinc est indispensable au bon fonctionnement hormonal par son action régulatrice des hormones hypophysaires. Il est le constituant essentiel de plus de quatre-vingts enzymes. Il favorise également l'intégrité de la peau, des muqueuses et du système nerveux.

Et pour terminer, ce précieux liquide contient aussi deux fois plus de vitamine A que le lait maternel des semaines qui suivent. Cette dernière agit particulièrement sur le système endocrinien et sur la qualité des muqueuses. Elle intervient dans la croissance des dents chez l'enfant. En cas de déficience, l'émail présentera des anomalies. Elle permet aussi de conserver l'intégrité des cheveux, des ongles et de la peau.

Il est donc inconcevable d'offrir une solution d'eau sucrée ou un supplément de lait artificiel aux nouveau-nés comme on le fait encore couramment dans certains centres accoucheurs, en pensant que cette habitude n'aura aucun effet nocif sur la santé de l'enfant! De plus, selon le Dr Jack Newman, il y aurait un lien entre l'abandon précoce de l'allaitement et les bébés ayant été supplémentés dans les heures suivant la naissance. Même si la mère ne pouvait offrir à son bébé que le colostrum des premiers jours, elle lui rendrait un bienfait inestimable.

De plus, le lait maternel s'adapte parfaitement au bébé. S'il vient au monde prématuré, la composition du colostrum de la maman est différente. Il sera plus riche en facteurs de protection immunitaire (lysozyme, immunoglobuline A, lactoferrine, macrophage, etc.) ainsi qu'en protéines pour favoriser sa croissance!

Lait maternel

Le lait maternel est donc un aliment pratique, économique et écologique. Il est toujours disponible dans un joli emballage naturel! À la fois pur, vivant, à la bonne température, il ne demande aucune manipulation. Il est plus clair au début de la tétée pour étancher la soif du bébé, et devient plus riche par la suite pour combler sa faim. Le lait maternel s'adapte au développement et à l'âge du bébé. De plus, il permet à la mère de transmettre des anticorps sur demande pour combattre des microbes qui menaceraient son bébé. Nous sommes loin des formules de lait pour nourrissons!

Voici aussi d'autres données concrètes qui permettent d'affirmer la « suprématie » de l'allaitement maternel.

Étant donné la grande popularité du lait de vache comme lait de substitution, les comparaisons seront toujours faites par rapport à ce dernier. Il s'agit bien sûr du lait de vache entier non préparé en formules pour nourrisson. Les formules seront abordées plus loin dans ce chapitre.

Le lait de vache contient près de trois fois plus de protéines que le lait de femme. La caséine représente 20 % des protéines du lait maternel contre 80 % des protéines du lait de vache. Elle forme de gros caillots difficiles à digérer. C'est ce qui fait la différence d'odeur et de forme lorsque le bébé régurgite. Cela explique, en partie, le fait que le bébé qui reçoit un biberon de formule de lait dorme plus longtemps, car ce lait est plus long ou difficile à digérer.

Le lait de vache contient beaucoup plus de minéraux que le lait maternel, soit près de quatre fois plus de calcium, trois fois plus de sodium, six fois plus de phosphore, deux fois plus de potassium, etc. Cet apport minéral excédentaire demande un surplus de travail au foie ainsi qu'aux reins du petit bébé, d'où l'habitude de mettre de l'eau dans le lait du jeune bébé ou celle de donner de l'eau à l'enfant nourri au lait de vache entier.

Le lait de femme contient jusqu'à deux fois plus de glucides (sucres) que le lait de vache. Ce sucre, sous forme de lactose, est essentiel pour le fonctionnement du système nerveux central (synthèse de la myéline). Il facilite l'absorption du calcium.

Le fer est en proportion presque égale dans les deux laits. Par contre, il est absorbé par l'enfant jusqu'à 45 à 50 % dans le lait maternel contrairement à 4 % dans les formules lactées enrichies de fer! Ce fait nous confirme que nous ne sommes pas ce que nous mangeons, mais bien ce que nous assimilons. En effet, le lait de la mère contient deux protéines spécifiques, la lactoferrine et la transferrine, qui permettent de mieux fixer le fer. L'allaitement exclusif favorise cette assimilation du fer, d'où l'importance d'éviter l'intégration de l'alimentation solide à un trop jeune âge. On comprend alors pourquoi les bébés allaités souffrent très rarement d'anémie, à moins que la mère ne soit elle-même anémique.

Si la mère se nourrit bien, son lait contiendra suffisamment de vitamine C pour les besoins de son bébé. Les glandes mammaires peuvent même produire une certaine quantité de vitamine C si l'apport est insuffisant[101].

Le lait de femme contient assez de vitamine D si celle-ci s'expose à la lumière du jour quotidiennement (trente minutes de marche suffisent). Le lait de femme contient 4 UI de vitamine D liposoluble par litre et 400 UI de vitamine D hydrosoluble par litre. Cette dernière aurait une activité biologique plus faible. La vitamine D est recommandée depuis 1927 pour les enfants allaités. Cette recommandation se maintient encore aujourd'hui. Comme le mentionne les auteures du livre *La biologie de l'allaitement*, c'est une question complexe et encore controversée à notre époque. Ce n'est pas parce que le lait maternel est carencé en vitamine D que cet apport est suggéré, mais bien parce que l'exposition au soleil est insuffisante pour les bébés de moins de six mois et pendant les saisons automnales et hivernales de certains pays plus nordiques comme le Canada. Nos conditions de vie actuelles comme l'utilisation régulière de crème solaire, le temps de la journée où l'enfant est dehors (début et fin de journée), la saison, son habillement, le smog, les nuages, l'ombre et la pigmentation de la peau foncée sont tous des facteurs qui limitent la capacité du corps à fabriquer sa propre vitamine D. Le parent pourrait donc choisir d'augmenter le temps d'exposition aux rayons solaires quand c'est possible ou de donner un supplément de vitamine D de 400 UI par jour.

Une étude a été faite par Specker et autres[102] pour évaluer le temps d'exposition solaire nécessaire au bébé allaité pour avoir un taux suffisant de vitamine D. Un bébé ayant seulement le visage exposé au soleil pendant dix-sept minutes par jour ou deux heures par semaine entre dix et quinze heures à une latitude de 39°09'N (Cincinnati, Ohio) fabriquait assez de vitamine D. Plus on vit loin de l'équateur dans des régions nordiques, moins on

---

101. Louise Lambert-Lagacé, *Comment nourrir son enfant*, Éditions de l'Homme.
102. Tiré du livre *La biologie de l'allaitement*, page 158.

a la possibilité de fabriquer sa vitamine D. Pour vous donner une certaine idée, voici les latitudes de certaines villes que vous pouvez comparer avec Cincinnati : Québec se situe à 46°48'N, Montréal, à 45°28'N, Paris (France), à 48°49'N et Bruxelles (Belgique), à 50°48'N.

Prenez soin d'offrir à votre bébé une bonne qualité de vitamine D sans ajout de colorant et d'arôme artificiel. Plusieurs enfants vomissent le D-Vi-Sol, un produit couramment prescrit, ou développent tout simplement des coliques. En boutique de produits naturels, vous trouverez de la vitamine D3 sous forme liquide ou soluble.

Le lait maternel contient beaucoup plus d'enzymes que le lait de vache. L'amylase maternelle est quarante fois plus efficace pour digérer les hydrates de carbone (sucres) du lait. Et le lait de la femme contient deux types de lipases (enzymes) qui permettent une plus grande digestibilité des graisses. Il n'y a pas de lipases dans le lait de vache.

La taurine est un acide aminé[103] essentiel pour le développement du cerveau et de la rétine de l'œil. Elle permet aussi une meilleure absorption des lipides. Cet acide aminé « conditionnellement » essentiel se retrouve uniquement dans les produits animaux. On dit conditionnellement essentiel parce que cet acide aminé peut être métabolisé, ou créé, dans le corps à partir d'un autre acide aminé, la cystéine. Même les femmes végétaliennes qui ne consomment donc aucun produit animal ont dans leur lait la taurine nécessaire au développement de leur bébé. Le lait maternel contient environ trente fois la concentration retrouvée dans le lait de vache. Ne pouvant ajouter dans les formules commerciales que ce que l'on connaît, ce n'est que depuis 1984 que la taurine est ajouté dans les formules lactées pour bébés.

Il faut aussi ajouter que les protéines présentes dans le lait humain sont beaucoup mieux digérées et absorbées que celles contenues dans le lait de vache ou le lait de soya, même si ces

---

103. Les acides aminés sont les constituants de base des protéines.

derniers ont été retravaillés en laboratoire. C'est la composition même en acide aminé de la protéine qui fait la différence.

Le lait maternel contient beaucoup de lipides (gras). Ils viennent en troisième position après le contenu en eau et en lactose (sucre du lait). C'est de ces gras que le bébé tire sa source d'énergie très concentrée. La composition de ces gras est très spécifique au bébé humain. Ils sont très riches en acides gras essentiels, en acides gras à longue chaîne et même en cholestérol, et ce, même si le menu quotidien de la mère n'en contient aucune trace. Il est impossible d'incorporer dans les préparations pour bébé ce profil lipidique humain. Les acides gras sont essentiels pour le développement du cerveau, pour le développement de la membrane cellulaire, pour l'intégrité de la peau, des muqueuses et du système immunitaire. Après l'allaitement, ces bons gras seront apportés par les noix et les graines, les huiles de première pression à froid, le poisson et les huiles de poisson. Quant au cholestérol, le taux contenu dans le lait est très stable. Il serait essentiel pour le développement des systèmes nerveux et musculaire du bébé. Il permettrait probablement à l'enfant de mieux régulariser son taux de cholestérol, une fois adulte. Pour l'instant, les formules de lait pour bébé n'en contiennent pas.

L'allaitement maternel protège les bébés contre les infections. Ces bébés sont moins hospitalisés et, lorsqu'ils sont malades, ils se relèvent plus rapidement. Même si l'allaitement est mixte, par exemple matin et soir, sa résistance aux infections est accrue. Un antibiotique peut sauver la vie, mais la surutilisation d'antibiotiques perturbe profondément l'équilibre immunitaire de l'enfant, ce qui influencera directement sa santé présente et future.

L'allaitement au sein, sans solide, sans lait artificiel occasionnel, sans eau, sans jus, sans tétine (sucette), recule l'ovulation de plusieurs mois si la femme n'a pas ses règles[104]. Le bébé doit

---

104. MAMA : méthode de l'allaitement maternel et de l'aménorrhée pour la planification des naissances. L'efficacité de cette méthode est bien établie. Elle est naturelle et économique. Elle est aussi efficace que les méthodes-barrières et que les contraceptifs oraux.

par contre téter régulièrement et les intervalles ne doivent pas dépasser quatre heures le jour et six heures la nuit. La mère est alors protégée de 98 à 99 % contre une nouvelle grossesse si le bébé a moins de six mois. Deux journées consécutives de saignement menstruel ou de saignement vaginal léger augmentent les probabilités d'avoir une ovulation même en absence de règles régulières. Mais si les règles sont revenues avant la fin de l'allaitement, 50 % des nourrices peuvent avoir une ovulation. L'allaitement n'est plus alors une garantie à la contraception et il faut utiliser une méthode complémentaire. Par contre, si le bébé dort dans le même lit que ses parents, l'ovulation semble plus rare.

L'allaitement maternel demande plus de force pour la tétée que le biberon. Le remodelage de la tête du bébé est ainsi facilité par la mise en action d'un plus grand nombre de muscles. Il favorise aussi la musculature de la bouche et de l'arche dentaire.

L'allaitement maternel apporte un sentiment de sécurité accru chez le bébé et permet de tisser un lien profond, en partie causé par la sécrétion de l'ocytocine, entre la mère et l'enfant, ce qui est essentiel à son développement affectif. L'allaitement permet aussi à la mère d'entrer davantage en contact avec son intuition et sa force maternelle. L'accouchement vaginal sans épidurale permet de développer plus rapidement ce sentiment de compétence maternelle, mais lorsque cela n'a pas été possible, quelle qu'en soit la raison, l'allaitement vient prendre la relève et il fait grandir cette certitude *que je sais ce qui est bon pour mon enfant*. Par la suite, cette confiance apportera calme et sérénité chez la maman, qui sera moins susceptible de se laisser influencer par tous les *ouï-dire* ou par toutes les modes de soins et d'éducation parentale. La mère ressent mieux son bébé et l'adaptation à son nouveau rôle se fait naturellement. Elle se sait compétente même si elle apprend jour après jour avec son enfant.

Devant tous ces faits, on ne peut que souhaiter à toutes les mères et à tous les bébés de la terre de vivre l'expérience de l'allaitement maternel. Par contre, il ne sert à rien de nous culpabiliser pour les bébés que nous n'avons pas allaités suffisamment ou pas du tout. Nous avons à accueillir ces périodes passées de nos vies sans jugement : c'est le contexte de l'époque (valeur, connaissance, maladie, solitude, etc.) qui avait dessiné ce choix. Nous pouvons maintenant changer le cours des choses en encourageant nos amies, nos sœurs ou nos filles à vivre cette belle expérience inhérente à la maternité, l'allaitement.

Stimulation de la production de lait

La montée laiteuse se produit habituellement entre la deuxième et la septième journée après l'accouchement. Plus vous aurez allaité tôt après la naissance de votre bébé et plus souvent vous le mettrez au sein dans les douze premières heures, plus rapide et facile sera la montée de lait. Si le bébé refuse de téter pour une raison quelconque, il faut favoriser le contact peau à peau avec la mère. Si la montée de lait semble vraiment tarder, l'utilisation à court terme d'un tire-lait électrique peut s'avérer très efficace.

Les seins peuvent devenir durs, gonflés, sensibles et congestionnés. Retirez un peu de lait avant la tétée pour permettre à votre bébé de bien saisir toute l'aréole dans sa bouche et non le bout du mamelon. Cette précaution vous évitera des gerçures. La clé du succès dans l'allaitement, c'est la prise du sein par le bébé ainsi que la détente et la confiance dans notre capacité d'allaiter. Pensez toujours à la loi de l'offre et de la demande : plus le bébé tète, plus vous produisez du lait.

Un bébé qui boit bien fait un mouvement très clair de déglutition que nous pouvons observer sur sa gorge. Mettez votre main sur votre gorge quand vous avalez et vous allez bien sentir ce mouvement. C'est identique pour votre bébé. Si vous ne sentez pas bien ce mouvement naturel, demandez de l'aide à votre conseillère en lactation. Le nombre de couches que le bébé mouille est un bon indicateur qu'il boit du lait. Dans les premières semaines, il devrait mouiller de six à huit couches par jour.

Même si votre nouveau rôle de mère vous accapare beaucoup, vous devez continuer à bien vous alimenter. Les aliments devront être de qualité et, naturellement, vous augmenterez vos quantités. Les femmes allaitantes consomment environ 600 à 1 000 calories de plus par jour. Portez une attention spéciale aux liquides, surtout l'été, car le lait maternel est composé de 87,5 % d'eau. Même si la prolactine a une action antidiurétique[105] qui vous permet d'économiser votre eau, vous devez boire huit verres d'eau par jour en plus de vos tisanes et de vos jus. La production de lait quotidienne peut varier beaucoup. De 600 à 850 ml par jour, elle peut descendre à 300 ou 200 ml par jour si vous êtes fatiguée ou stressée.

Vous pouvez manger de tout en quantité raisonnable. Les mêmes aliments malsains pour votre santé peuvent être source d'inconfort pour votre bébé : café, thé, chocolat, dessert sucré, épice forte, charcuterie et friture. L'alcool ne doit être consommé qu'occasionnellement et en petite quantité. La mise au sein doit se faire au moins deux heures après la prise d'alcool. Observez les réactions de votre bébé lorsque vous mangerez du chou, du brocoli, du chou-fleur, du navet ainsi que des produits laitiers, car plusieurs bébés ont plus de gaz et de coliques si la mère mange ces aliments en abondance. Prenez le temps de le noter sur papier pour pouvoir vous y référer en cas de besoin. Si des aliments en particulier semblent causer un problème, enlevez-en un à la fois de l'alimentation pendant dix jours au maximum. S'il n'y a pas de changement, réintroduire l'aliment. Le système digestif de l'enfant est immature et il doit s'adapter à ses nouvelles fonctions. Notez aussi que la vitamine D de type D-Vi-Sol (avec colorant chimique et édulcorant) qui est couramment prescrite peut faire vomir et donner des maux de ventre à certains enfants. Choisissez une vitamine D 3 de meilleure qualité en boutique spécialisée.

Dans des conditions normales, les mères produisent suffisamment de lait pour leur bébé, mais nous vivons dans un contexte moderne qui ne nous offre plus toujours un milieu de vie favorable. Il existe donc des moyens pour stimuler de façon naturelle la production de lait comme il existe des médicaments efficaces comme la dompéridone (Motilium) pour jouer ce rôle. En aucun cas le médicament ne doit être choisi en première intention. Devant une production insuffisante de lait, il faut réévaluer la mise

105. Antidiurétique : qui empêche le rein d'éliminer.

au sein du bébé pour la tétée. Sa bouche doit bien prendre l'aréole du sein de la mère. Vous pouvez comprimer le sein durant la tétée pour accroître la production de lait, offrir le sein plus souvent à votre bébé, tirer le lait après chaque boire pour stimuler la lactation, éviter de lui donner une sucette pour combler son besoin de succion. C'est la base de l'intervention, selon le spécialiste de l'allaitement, le Dr Jack Newman. Par la suite, la nature vous offre son aide pour rassasier votre bébé.

Plusieurs plantes[106] sont utilisées depuis toujours pour soutenir les nourrices. On pense au fenouil, à l'anis, à la bourrache, aux feuilles de framboisier, au chardon bénit, au fénugrec. Elles peuvent se prendre en tisane (infusion), en teintures-mères ou en capsules. Certaines sont bonnes au goût et d'autres non. Comme vous avez besoin de bien vous hydrater, c'est une bonne idée de débuter par des tisanes ou des gouttes de teinture-mère que vous mettrez dans votre eau. Si au bout d'une semaine ce n'est pas suffisant, vous pourriez les prendre en gélules : les quantités ingérées seront alors beaucoup plus grandes.

Débutez par le fenouil et le chardon bénit qui soulageront en même temps les gaz du nouveau-né. Ces plantes devront être prises trois fois par jour. Elles peuvent être mélangées en tisane.

D'autres moyens peuvent aussi faire la différence dans votre production de lait.

- Mangez une dizaine d'amandes par jour. L'amande apporte un excellent support nutritif.

- Buvez du jus de carottes biologiques tous les jours : 125 ml à 180 ml sont suffisants. On peut le faire soi-même ou l'acheter embouteillé, c'est pratique dans les premières semaines des relevailles. Évitez de manger régulièrement du persil par exemple, taboulé, de la menthe et de la sauge, car ces aliments tarissent le lait.

- Levure de bière ou levure de type Bjast : 15 à 30 ml dans votre jus le matin ou saupoudrée sur les aliments. On peut

---

106.   Voir leurs descriptions détaillées au chapitre 9, page 317.

aussi la prendre en comprimés : trois comprimés au déjeuner et au souper. Surveillez si bébé a des gaz.

✎ Gelée royale fraîche, non séchée à froid, tous les jours. Suivre la posologie de la compagnie.

Vérifiez toujours si votre bébé est dans une période de croissance quand il tète plus souvent qu'à l'accoutumé. Ce rythme ne devrait continuer que pendant quelques jours (72 heures). Vous arriverez sûrement à satisfaire votre bébé. Soyez détendue et persévérante. Le repos, le calme et la confiance sont à la base du succès. Consultez votre conseillère en allaitement si vous n'y arrivez pas toute seule et vous verrez ensuite si la médication est nécessaire.

Effets de certaines substances sur la lactation

Cigarette

La nicotine passe dans le lait de la mère (0,5 mg par litre de lait) ainsi que les autres polluants associés. Cette habitude est néfaste pour vous et pour votre bébé. L'exposition passive à la fumée de cigarette est associée à un risque accru de mort subite du nourrisson de même qu'à un risque accru de maladies respiratoires. Par contre, l'allaitement protège en même temps de ces deux risques. Il est donc plus important d'allaiter même si vous fumez que de ne pas allaiter. Évitez de fumer pendant la tétée ou immédiatement avant et fumez à l'extérieur de la maison. Aucune fumée ne doit être présente dans l'environnement du bébé. Ces recommandations sont valables pour le papa et le reste de la famille. La marijuana n'est pas à conseiller pendant l'allaitement. À long terme, cela peut diminuer la production de lait, et le THC, l'ingrédient actif, passe dans le lait maternel. Les impacts à long terme chez l'enfant sont inconnus.

Médicaments

Prenez-en le moins possible, car bébé prend un seizième de tout ce que vous absorbez. Demandez toujours l'avis du pharmacien avant de prendre quoi que ce soit. Soyez à l'affût des effets nocifs que les médicaments peuvent provoquer : diarrhée, constipation, colique, gaz intestinal, vomissement. Pour les mères diabétiques, l'insuline n'est pas une contre-indication à l'allaitement. Certaines drogues peuvent passer dans le lait et provoquer de la somnolence ou de la surexcitation. Soyez vigilante.

La pilule contraceptive ne devrait pas être prise avant six semaines de post-partum. La production de lait maternel doit bien s'établir avant de choisir ce type de contraception. Un contraceptif contenant seulement de la progestérone est conseillé pour éviter de nuire à l'allaitement s'il est pris tôt. Les méthodes contraceptives à base d'œstrogènes ne seront pas conseillées avant six mois de post-partum, car ces hormones diminuent la production de lait maternel.

Alcool

Selon la quantité absorbée, certains effets nocifs peuvent se produire : somnolence, surexcitation. Le vin ou la bière (bière de malt ou de houblon) en quantité raisonnable (un petit verre!) peut avoir un effet calmant chez la mère. Il doit quand même y avoir un espace de deux heures entre la consommation et l'allaitement du bébé afin d'éviter que l'alcool soit transmis à l'enfant. N'oubliez pas que l'alcool consommé régulièrement touche le foie et il augmente les besoins en minéraux et en vitamines du groupe B.

Jumeaux

Allaiter des jumeaux est possible avec quelques efforts supplémentaires et un bon sens de l'organisation. On peut allaiter les deux bébés simultanément ou un à la fois. Si on en nourrit un à la fois, on doit commencer par le plus affamé des deux. Il faut boire beaucoup de liquides, augmenter les quantités de protéines et manger de très bonnes collations nourrissantes (fruits, noix, graines, muffins maison, lait de soya, fromage, yogourt nature). La loi de l'offre et de la demande tient toujours mais le repos est essentiel. La priorité, ce sont les bébés! Mettez-vous en contact sans hésiter avec un groupe d'entraide à l'allaitement. Et exigez de l'aide pour les tâches ménagères.

Césarienne

La première tétée se situe environ 24 à 36 heures après la césarienne pour laisser à la mère le temps d'éliminer l'anesthésie générale. La montée laiteuse peut être retardée de 24 à 36 heures puisque le bébé a pris le sein plus tard. Par contre, si la césarienne est prévue, demandez une anesthésie régionale qui vous permettra de donner le sein à votre bébé dans un délai plus bref (par exemple trois heures dans certains cas). Si votre conjoint est disponible, demandez la cohabitation à la chambre, il pourra vous donner votre bébé dans votre lit sur demande. Si un analgésique est prescrit, le prendre immédiatement après la tétée afin de pouvoir l'éliminer avant le prochain boire. Favorisez le contact peau à peau le plus possible.

Prématuré

Il est plus que souhaitable d'allaiter votre bébé prématuré, car votre lait sera adapté à ses besoins de croissance immédiats. Il faudra souvent utiliser un tire-lait électrique dans les premiers jours ou semaines, le temps que le bébé développe son réflexe de succion pour être capable de téter et que sa saturation et son rythme cardiaque soient stables. Il sera peut-être utile de recevoir une médication pour stimuler votre production de lait. Votre lait sera probablement donné en gavage au début. Aussitôt qu'il peut être sorti temporairement de l'incubateur, prenez-le, enlevez-lui son pyjama, conservez son bonnet (s'il en a un) et sa couche, et mettez-le dans votre chemisier en contact avec votre peau. C'est la technique du bébé kangourou. Le père peut faire la même chose. On a constaté que les bébés récupèrent plus vite, prennent plus de poids et sont plus calmes que les bébés laissés en incubateur! Dès que votre bébé est capable de respirer seul, de téter et d'avaler, allaitez vous-même votre bébé en favorisant le contact peau à peau.

Adoption et reprise de l'allaitement

Si vous adoptez votre enfant et que c'est un jeune bébé, il vous est possible de l'allaiter. Certaines mamans réussissent un allaitement complet tandis que d'autres devront toujours compenser par une formule de lait pour bébé, mais l'expérience en vaut la peine, car il se crée un lien très profond entre la mère et l'enfant en plus des avantages pour sa santé. Ce sera donc le réflexe de succion qui permettra au corps de sécréter les hormones nécessaires à la production de lait. L'idéal serait de se préparer au moins six semaines avant l'arrivée du bébé. La méthode la plus simple est de louer un tire-lait électrique et de brancher l'appareil à vos seins deux à trois minutes de chaque côté, quatre fois par jour, au début. Quand la tolérance sera plus grande, augmentez le temps à cinq minutes de chaque côté ainsi que le nombre de fois par jour pour en venir aux deux heures. Le lait apparaîtra au bout de deux à six semaines. Tous les conseils pour augmenter la production de lait restent de mise. La médication chimique est aussi recommandée pour faciliter la production de lait. Au début, vous pourrez employer le Lact-Aid ou un dispositif d'aide à l'allaitement (DAA) qui est en fait un contenant qu'on suspend à notre cou. Ce dernier est muni de deux tubes fins et troués qui apportent le lait dans la bouche du bébé lorsqu'il tète le mamelon. Le bébé continue donc de téter même si la mère produit peu de lait au début. Cette technique est aussi très efficace pour une mère qui voudrait reprendre l'allaitement après un arrêt volontaire ou non, ou encore pour la maman qui, au départ, ne voulait pas allaiter, mais qui se rend compte que son bébé est allergique à toutes les formules de lait pour bébé. C'est une solution merveilleuse. Par contre, il est essentiel de consulter un groupe d'entraide à l'allaitement pour trouver tout le soutien nécessaire pour vivre cette belle expérience.

Jaunisse (ictère physiologique)

Lorsque notre bébé prend une coloration jaune sur le plan de sa peau et dans le blanc de ses yeux, il fait une jaunisse. Elle apparaît normalement à l'intérieur de la première semaine de vie. C'est causé par une accumulation de bilirubine dans son sang et dans ses tissus. Plus tôt et plus souvent l'enfant sera allaité, dans les 24 premières heures, plus facilement il éliminera sa première selle. Cette dernière, qu'on nomme méconium, est riche en bilirubine. Plus rapidement elle est expulsée, moins forte sera la jaunisse. L'exposition à la lumière sera recommandée lorsque le taux de bilirubine sanguin atteint 25 mg/dl. Par contre, il sera essentiel, pour la mère, de continuer l'allaitement le plus fréquemment possible. C'est le meilleur moyen d'éliminer cet excès de bilirubine de l'organisme.

Bébé refuse le sein

Lorsque votre bébé refuse le sein durant ses premiers jours de vie, il peut y avoir plusieurs causes.

- Il peut être fatigué et épuisé.

- On lui a peut-être donné de l'eau sucrée ou un supplément de lait artificiel entre ses tétées.

- L'horaire peut être trop strict pour lui. Il n'a pas faim aux mêmes heures que l'horaire de la pouponnière. Il voudrait dormir encore.

- S'il pleure trop, calmez-le avant la tétée.

- Il peut réagir à des calmants que vous auriez pris. Toujours prendre les médicaments immédiatement après la tétée.

- Vos seins peuvent être trop durs, trop engorgés. Retirez un peu de lait pour assouplir l'aréole afin de pouvoir comprimer celle-ci entre vos doigts pour que le bébé puisse saisir le sein facilement dans sa bouche.

- Son nez peut être bouché par une accumulation de sécrétions.

- Si la montée de lait est enclenchée, le réflexe d'éjection du lait peut être trop fort et certains bébés s'étouffent avec le trop plein. Votre bébé pourra être maussade et on peut penser à tort qu'il a des coliques. Varier les positions d'allaitement afin de trouver celle qui lui convient le mieux. Une meilleure prise du sein l'aidera à mieux contrôler le réflexe d'éjection et il pourra ainsi avoir accès à la partie grasse du lait, ce qui le comblera.

- Il peut aussi avoir une douleur physique comme un torticolis de naissance qui l'empêche de bien se positionner pour boire. Faites-le examiner par un ostéopathe qualifié.

✎ N'hésitez pas à consulter des spécialistes en allaitement lorsque nécessaire.

À partir de 4 mois, les raisons se modifient:

✎ Il peut manifester son désaccord.

✎ Il peut ne pas aimer le goût du lait à cause de certains aliments : ail, épices, oignons, choux, etc.

✎ Il peut percer des dents.

✎ Il peut faire du muguet.[107]

✎ Il peut ressentir une tension émotive chez sa mère.

Une chose est certaine, votre bébé ne fait pas cela pour vous faire réagir, il vous exprime une difficulté, un mal être, c'est à vous de découvrir la cause. Il vous demande de la patience et un bon sens de l'observation. Le risque de déshydratation est toujours possible chez un jeune bébé qui ne boit pas assez. Ses couches ne seront pas mouillées régulièrement, il sera amorphe et vous aurez un doute sur sa condition, n'hésitez pas à consultez votre médecin en cas de besoin.

Poussées de croissance

Elles se produisent en général entre la quatrième et huitième journée, entre la troisième et sixième semaine et vers le troisième mois. Votre bébé demande le sein plus fréquemment pour augmenter la quantité de lait que vous lui fournissez. C'est le phénomène de l'offre et de la demande : plus il tète, plus il aura de lait dans les 24 heures qui suivent. Vous devez lui donner le sein aux heures ou aux deux heures, selon sa demande. Cette période dure de deux à trois jours.

Ce n'est surtout pas le temps de lui donner des aliments solides. Il reprendra son horaire régulier quelques heures plus tard. Cette période sera plus facile à passer si vous avez pris soin de demander le soutien de votre mère, de votre belle-mère ou d'une amie.

---

107. Muguet : petites taches blanches en dentelle dans la bouche du bébé qui causent une irritation.

Conservation du lait maternel

Les recommandations pour la congélation varient d'année en année ou de découverte en découverte! Auparavant, le verre était contre-indiqué pour la congélation du lait maternel, car on disait que les précieux globules blancs du lait restaient accolés aux parois du verre, mais pas à ceux de plastique. Par contre, on sait maintenant que les globules blancs sont détruits par la congélation. Il a été ensuite démontré que les bons gras du lait restaient accolés aux parois de plastique mais pas aux parois de verre. Aujourd'hui, on remet en question l'usage du plastique, car il contient des molécules chimiques comme le bisphénol A (plastique n° 7) ou de l'antimoine (plastique n° 1) qui migrent dans l'aliment avec la chaleur ou la congélation avec tous les risques potentiels sur la santé future de l'enfant. Comme dans le doute il vaut mieux s'abstenir, à la lumière des connaissances actuelles, il est préférable d'utiliser des contenants en verre pour la mise en réserve du lait maternel.

La procédure est simple, vous devez d'abord préparer votre matériel. Il faut bien laver votre tire-lait si vous ne faites pas l'extraction manuelle. Vous devez avoir un contenant de verre très propre et un crayon pour identifier votre récipient. Il est important de se laver les mains à l'eau savonneuse, mais les seins ne seront lavés qu'à l'eau pure. Retirez votre surplus de lait en le déposant dans le contenant de verre. Mettez-le ensuite en réserve dans un pot en verre. Il se garde près de dix heures à la température de la pièce, cinq jours au réfrigérateur (20° C), deux à quatre mois dans le congélateur sans givre de votre réfrigérateur (évitez de le placer dans la porte) et plus de six mois dans le congélateur-coffre avec givre. Si la quantité de lait que vous exprimez est petite, vous pouvez le refroidir au réfrigérateur pendant une heure et l'ajouter à celui qui était au congélateur. Avec le temps, vous aurez une réserve pour un biberon. La décongélation se fera dans un récipient d'eau chaude. Ne jamais utiliser de micro-ondes afin de garder les qualités du lait maternel intactes. Agitez le lait pour qu'il soit bien mélangé. On ne doit jamais recongeler le lait. Une fois *décongelé*, le lait se garde une heure à la température de la pièce et 24 heures au réfrigérateur.

Il peut arriver que lait dégage une odeur particulière environ deux heures après être extrait. C'est un phénomène naturel dû à l'action de la lipase, une enzyme qui digère le gras du lait. Si le bébé refuse de prendre ce lait, on peut le mélanger à ses aliments dès qu'il mange du solide sinon il faudrait rapidement chauffer le lait exprimé jusqu'à frémissement (éviter de faire bouillir) afin de neutraliser cet enzyme. Ensuite vous pourrez refroidir le lait et le congeler. Si le lait est déjà ranci, il est inutile de le chauffer cela ne changera rien ni à son odeur ni à son goût.

Mamelons rétractés (creux ou invaginés)

Un mamelon rétracté (ombiliqué, inversé ou invaginé), c'est un mamelon qui entre vers l'intérieur du sein au lieu d'être en saillie vers l'extérieur. Un seul sein peut être touché ou les deux. Ce n'est pas une contre-indication à l'allaitement. Peu importe la forme du mamelon, la mère peut allaiter son bébé. Il faudra peut être un peu d'aide et de soutien au début, mais la maman pourra allaiter si elle le désire.

Si vous êtes dans le doute sur l'état de vos mamelons, montrez-les à la sage-femme ou à l'infirmière. Elles sauront vous informer. Dans les cas plus légers, on peut utiliser la technique Hoffman qui consiste à étirer le mamelon. Visualisez une horloge sur votre sein. Mettez un index à midi, l'autre à six heures, tout près de votre mamelon, et étirez la peau en pressant vers le bas et vers le haut. Répétez cinq à six fois l'étirement en alternant avec un étirement en position de trois heures et de neuf heures. Refaites cet exercice trois à quatre fois par jour. Cet exercice peut se faire pendant la grossesse *en absence de tout signe de travail prématuré* (contractions utérines). Si votre bébé est déjà né, en clinique de soutien à l'allaitement, on peut aussi utiliser une sorte de piston (seringue inversée) qui fait une succion non douloureuse sur le mamelon.

Il est intéressant de noter que nous décelons cette anomalie dès la naissance chez nos petites filles (chez le garçon aussi, mais ça n'a pas de conséquence!). Le pédiatre va peut-être vous dire qu'habituellement tout rentre dans l'ordre à la puberté quand les tissus deviennent plus érectiles. Mais pourquoi attendre si tard sans connaître les résultats? Dès que vous leur donnez le bain ou que vous les changez de couche, faites l'exercice d'étirement. Et vers l'âge de quatre ou cinq ans, elles peuvent le faire elles-mêmes en prenant leur bain. Vous obtiendrez de très bons résultats.

Gerçures et crevasses

Les gerçures et les crevasses apparaissent plus facilement chez les blondes ou les rousses, car leur peau est plus sensible. Elles sont également causées par une mauvaise mise au sein. La bouche du bébé doit prendre une grande partie de l'aréole du sein. Lorsque vous retirez le bébé du sein, faites le vide d'air en insérant un doigt sur le bord de sa bouche. Ne jamais tirer sur le sein, car c'est une autre cause de blessure. Évitez de mettre du savon même naturel sur vos mamelons. N'utilisez que des soutiens-gorge de coton et aucune compresse d'allaitement doublée de plastique car elles maintiennent trop l'humidité. Choisissez des compresses doublées tout coton. Les tétées pourraient aussi être trop longues. Le bébé s'alimente dans les vingt premières minutes, ensuite il satisfait son besoin de succion.

Quoi qu'il en soit, essayez de trouver la cause et choisissez un moyen pour accélérer la guérison.

- Asséchez bien le sein après l'allaitement en laissant le bonnet ouvert sous votre chemisier.

- Laissez du lait maternel sur votre mamelon pour activer la guérison.

- Donnez des tétées plus fréquentes mais moins longues à votre bébé (dix minutes de chaque côté, au besoin).

- Changez la position du bébé pour l'allaitement afin d'éviter que la pression s'exerce toujours du même côté du mamelon.

- S'il y a une croûte (gale) sur le mamelon, mettez une compresse d'eau chaude pour l'amollir et ainsi pouvoir la retirer.

- Commencez la tétée par le sein moins douloureux. Le réflexe d'éjection du lait étant mis en marche, il y aura moins de tension sur votre mamelon endolori. Le bébé prendra le sein moins goulûment, étant en partie rassasié, ce qui vous causera moins de douleur.

✎ Mettez de la glace au besoin sur le mamelon en prenant soin de l'envelopper dans une petite serviette. La douleur s'engourdira pendant que votre bébé tétera l'autre sein.

✎ Finalement, si nécessaire, appliquez de l'onguent de calendula (antiseptique et cicatrisant) sur le mamelon après chaque tétée. Étalez une couche mince et répétez l'application. Une ou deux gouttes d'huile de bourrache ou d'huile d'émeu favorisent aussi la cicatrisation. On peut aussi appliquer de l'aloes en gel. Lavez le mamelon avant de donner la tétée.

La patience et le courage sont de rigueur, car c'est une douleur très vive. Prenez le temps de contrôler la situation dès le début. C'est souvent dans ces périodes que nous sommes enclines à abandonner l'allaitement. Les gerçures et les crevasses sont à 95 % en lien avec une mauvaise mise au sein ou une mauvaise position. Téléphonez à une conseillère en allaitement ou à la ligue d'entraide à l'allaitement de votre quartier. L'encouragement et les bons conseils vous aideront à coup sûr!

Mastite et obstruction du canal lactifère

La *mastite* est une infection bactérienne d'une partie du sein ou, rarement, de l'ensemble du sein. La bactérie mise en cause est généralement le staphylocoque doré (*staphylococcus aureus*). Tandis que *l'obstruction des canaux lactifères* est l'inflammation d'un ou de plusieurs canaux lactés causée par une congestion de ces derniers. Cela arrive plus fréquemment lors d'une bonne production de lait. Le lait est refoulé et la zone s'inflamme. Il est très difficile de distinguer l'un et l'autre des problèmes. Dans les deux cas, il peut y avoir de la fatigue, de la fièvre et de la douleur. La différence se situe dans l'intensité. Pour la mastite, il y aura souvent plus de fièvre, une rougeur sur le sein bien localisée, et cette zone est plus chaude que le reste du sein. La fatigue est évidente. Il peut y avoir des maux de tête et des courbatures. C'est une situation qui doit tendre vers l'amélioration en 24 heures, car un abcès (accumulation de pus) pourrait se former et nécessiter une antibiothérapie.

Pour l'obstruction des canaux lactifères, la fatigue est présente, mais moins intense. Il y aura une douleur localisée sur le sein et peut-être de la fièvre. Les conseils de base sont les mêmes dans une situation ou l'autre.

- La priorité est donnée aux tétées. Elles doivent être plus fréquentes sur le sein douloureux. Faites un massage vers le mamelon pendant que l'enfant boit pour vider la zone engorgée. Se servir de son poing et faire un mouvement rotatoire en partant au-dessus de la rougeur et en se dirigeant vers le mamelon. Si la douleur est trop intense, le Dr Jack Newman recommande de prendre de l'ibuprofène une heure ou deux avant la tétée afin de pouvoir bien faire une bonne compression sur le sein qui permettra de vider les canaux lactifères.

- Lorsque vous êtes sous la douche, massez votre sein avec le poing en laissant couler l'eau chaude sur ce dernier.

- Plusieurs cataplasmes sont très efficaces pour contrer l'inflammation : cataplasmes d'argile, d'oignons chauds ou de feuilles de chou[108]. Gardez-les en place au moins une heure et refaites trois à quatre applications par jour.

- Prenez sans hésiter de la teinture-mère d'échinacée à raison de 25 à 30 gouttes dans un peu d'eau, 3 à 4 fois par jour, dès que vous pensez qu'il y a mastite (infection bactérienne).

- La mastite survient souvent dans les périodes de grandes fatigues et le repos est à la base de la guérison. Pensez à vous hydrater beaucoup et allégez votre alimentation pour permettre à votre corps de bien se défendre, sinon il sera occupé à digérer.

- Sachez que la fièvre n'a pas à être réprimée ou coupée. Elle survient quand le corps a une infection à combattre.

---

108. Bien qu'efficace, le chou peut donner un goût soufré au lait maternel et certains bébés pourraient ne pas l'aimer.

Laissez-la travailler. C'est autour de 39 °C que le corps détruit ses microbes. Si vous abaissez toujours la fièvre par des médicaments, vous perdez une précieuse alliée pour votre guérison.

✎ Si vous avez déjà à la maison de la vitamine C ou du Cuivre-Or-Argent (oligoéléments), vous pouvez les utiliser pour soutenir l'immunité et combattre l'infection.

✎ Dans un cas comme dans l'autre, alternez les positions d'allaitement pour faciliter le drainage de tous les canaux.

✎ Le repos est nécessaire et il donne le moyen au corps de refaire l'équilibre. Couchez-vous avec votre bébé, allaitez-le à la demande et limitez vos activités au maximum.

Vous devriez constater une amélioration à l'intérieur d'une période de 24 à 48 heures. Dans le cas contraire, consultez votre médecin traitant.

Sevrage

Le sevrage est une étape importante dans la vie du bébé et de la maman. Idéalement, ce serait le bébé qui déciderait du moment du sevrage, mais avec toutes les contraintes sociales, ce n'est pas toujours possible de procéder ainsi. Le bébé devrait être allaité jusqu'au moment où il est autonome pour manger de tout s'il vivait dans la nature. Il est donc très raisonnable de penser allaiter notre bébé pendant près de deux ans. C'est d'ailleurs ce que recommande l'Organisation mondiale de la Santé (OMS). Dans une autre mesure, l'allaiter jusqu'à neuf mois offre aussi l'avantage qu'on peut passer directement au lait de chèvre ou de vache entier selon le cas. On évite alors les préparations lactées pour bébés. L'essentiel, c'est d'être bien dans sa peau et dans sa décision. Si vous devez retourner au travail plus tôt, vous n'êtes pas obligée de sevrer complètement votre bébé. Il est très facile de garder le boire du matin et du soir si vous prenez le temps de vous reposer. La séparation est moins difficile à vivre lorsqu'on continue l'allaitement.

L'idéal est de faire un sevrage progressif s'étalant sur une période de trois à six semaines. On ne doit jamais donner deux biberons consécutifs au début du sevrage afin d'éviter l'engorgement mammaire. Ne tirez du lait que si les seins sont trop douloureux, sinon vous allez stimuler inutilement votre production de lait. Enlevez la tétée de l'après-midi pour commencer, ensuite, celle de la fin de l'avant-midi et terminez par celle de la soirée ou du matin.

Vous pouvez enlever un boire lorsqu'il n'y a plus d'engorgement. Laissez un délai de quatre à cinq jours avant de supprimer une autre tétée afin de permettre à vos seins de diminuer la production lactée.

Pensez à diminuer vos liquides et à retirer temporairement de votre alimentation ce qui stimulait la production de lait (jus de carottes, tisanes, levure de bière, etc.).

Gardez un contact physique avec votre enfant. Donnez-lui le biberon ou le gobelet, selon l'âge, dans vos bras. Parlez-lui beaucoup de la nécessité du sevrage et rassurez-le sur votre amour grandissant. Il ne faut pas sous-estimer nos petits chérubins. Ce sont des boules d'émotions. Au-delà des mots, ils comprennent tout ce qu'on veut bien leur expliquer.

Si vous subissez le sevrage à cause de contraintes extérieures, il se peut que vous deveniez plus émotive, que la déprime s'installe. Ne gardez surtout pas toutes ces émotions pour vous. Parlez-en à votre conjoint, à une bonne amie qui vous comprendra ou à votre mère. Évitez de vous isoler avec votre peine, c'est normal de ressentir ces bouleverse-ments. Les Fleurs de Bach pourraient à nouveau vous être utiles.

Dans certaines occasions (départ, deuil, maladie), il peut arriver que le sevrage doive se faire rapidement et l'engorgement devient alors inconfortable. Il existe des trucs simples qui vont vous aider à diminuer plus rapidement votre production de lait.

- Boire 250 à 750 ml de tisane de sauge. Ou remplacer par sept gouttes de teinture-mère de sauge par 250 ml d'eau. Ou encore prendre la sauge en capsule, à raison d'une capsule par repas.

- Manger plus de persil (par exemple, taboulé), de menthe poivrée et de cerfeuil.

- Mettre un cataplasme de persil sur les seins.

- Restreindre beaucoup les liquides.

Chapitre 12

Les relevailles de la maman... et du papa

Après l'euphorie engendrée par la naissance de notre bébé vient rapidement la réalité du quotidien. Bébé demande à boire, il doit être changé de couche, il s'adapte à un nouvel environnement et nous aussi, comme parents, nous devons nous adapter à une autre réalité. Bébé ne dort pas toujours quand nous le voudrions, il tète plus souvent qu'on l'aurait pensé et, finalement, un bébé ça pleure un peu, beaucoup ou intensément! Évidemment, le premier-né de la famille nous formera comme parents, il faut donc « faire notre temps » pour développer de l'assurance parentale! Mais une chose est certaine, nous y arrivons tous!

Les relevailles concernent aussi les parents adoptifs, bien que l'enfant soit plus âgé. Après la grande joie de l'accueil, le quotidien s'installe et il faut s'adapter à ce nouvel être. Les nuits sont souvent écourtées, car l'enfant a changé de milieu et la fatigue pourra aussi se faire sentir dans ces jeunes familles.

Afin de vous aider à bien vivre cette période de transition, je vais revenir à des principes de vie saine que nous tendons tous à négliger. Si vous désirez fonctionner à rendement optimal, vous devez aussi prendre soin de vous, car bien qu'il soit petit, le bébé demande beaucoup de soins et d'attention à la maman... et au papa!

Repos

Prévoyez avant l'accouchement de faire des provisions de repas afin d'éviter d'être trop souvent à la cuisine. Planifiez de l'aide à la maison pour le ménage ou pour le soin des autres enfants. Si le conjoint n'a pas de congé parental ou de vacances, offrez-vous les services d'une accompagnante ou d'une spécialiste des relevailles (ça existe!). Ou encore, demandez de l'aide à votre mère ou à votre belle-mère. À la condition que vous soyez à l'aise de lui laisser les corvées et non le bébé! Faites une sieste tous les jours. Même si le sommeil ne vient pas, prenez ce temps pour vous détendre, et ce, pendant tout le premier mois suivant la naissance. La nuit, gardez le bébé dans votre chambre, tout près de votre lit. Ce sera plus facile pour l'allaitement. Si vous êtes une adepte du lit familial, c'est très bien aussi en autant que vous n'ayez pas un lit d'eau. Ce dernier est dangereux pour les jeunes enfants. De tout temps, les mères ont dormi avec leurs enfants dans le même lit sans pour autant les écraser, tout comme les animaux d'ailleurs. Le Dr Jack Newman, fervent défenseur du lit familial, affirme que les études établissant un lien entre la mort subite du nourrisson et le co-dodo ont été mal conduites et que c'est contraire au gros bon sens. Lisez sur le sujet et suivez votre intuition pour être bien avec vos choix.

Pour faciliter vos nuits, il n'est pas toujours nécessaire de changer la couche de votre poupon s'il n'est pas très mouillé, ou votre conjoint pourrait le faire une fois l'allaitement terminé. Peut-être étiez-vous déjà des adeptes de la relaxation ou de la méditation? Alors, ce n'est pas le temps d'arrêter, car ce sont des méthodes des plus efficaces pour récupérer.

Alimentation

Il faut penser quantité avec trois repas par jour au minimum et collation au besoin, mais pensez aussi qualité, donc adoptez les principes d'une **saine alimentation.** C'est l'équivalent de la qualité de carburant que vous mettez dans votre voiture.

✎ Mangez beaucoup de légumes crus et cuits à la vapeur ainsi que leur jus frais, pressé à la centrifugeuse. Choisissez, idéalement, des aliments biologiques[109]. Ils vous apporteront des vitamines et des minéraux de grande qualité.

✎ Mangez des fruits frais de saison, de préférence lors des collations. Accompagnez-les d'une protéine si la faim est plus grande ou alternez avec des graines de tournesol ou de citrouille, des amandes brunes, du yogourt nature ou du fromage fabriqué avec du lait.

✎ Consommez des céréales à grains entiers et biologiques le plus souvent possible. Choisissez du pain de blé entier, des pâtes alimentaires complètes, des céréales non sucrées. Mangez régulièrement du riz brun, du millet, de l'orge, de l'avoine et du sarrasin. Elles sont essentielles pour votre système nerveux.

✎ Buvez une eau de source de qualité à moins de 100 ppm[110] de minéraux. Six à huit verres d'eau au minimum par jour sont nécessaires, surtout si vous allaitez. L'eau filtrée par osmose inversée qu'on retrouve dans certains magasins est aussi excellente. Évitez l'eau du robinet, car elle est souvent trop dense en minéraux. Elle contient des métaux lourds et du chlore reconnu cancérigène. Nous sommes composés de près de 70 % d'eau, alors choisissons la qualité.

✎ Réduisez les sucres dans l'alimentation, car ils affaiblissent le système immunitaire. Ils irritent le système nerveux. Ils perturbent votre vitalité. Remplacez le sucre blanc et la cassonade commerciale par du vrai sucre brut, qu'on trouve dans les magasins d'alimentation naturelle, ou par du sirop d'érable.

---

109. Biologiques : sont biologiques les aliments cultivés sans engrais chimique, ni pesticide, ni désherbant. Les sols sont équilibrés avec des engrais naturels. Les aliments ont plus de vitalité, plus de goût tout en ayant une valeur nutritive plus importante et ils ne contiennent aucun résidu chimique.

110. Ppm : partie par million, la concentration totale des minéraux contenue dans cette eau.

✎ Intégrez les germinations dans votre alimentation, que ce soit la luzerne, le trèfle rouge, le fenugrec, les pousses de sarrasin, de tournesol. C'est facile à faire et très économique. Ces germes apportent des nutriments concentrés et ils redonnent de la vitalité.

✎ Découvrez les huiles de première pression à froid, si ce n'est pas déjà fait. Choisissez un mélange d'huiles. Ceci vous permettra de mieux balancer votre ration de bons gras et ce sera plus économique. Ces huiles se consomment crues sur vos salades ou sur d'autres aliments. Vous devriez en prendre 15 à 30 ml par jour. Elles sont essentielles pour le système immunitaire, pour la qualité de votre peau et de vos muqueuses et pour régulariser la fonction hormonale. Les huiles commerciales sont inappropriées à la consommation. Elles encrassent l'organisme et sont de piètres valeurs nutritives.

✎ Évitez, dans le quotidien, tout ce qui est raffiné : les conserves, le vinaigre blanc, les marinades, les colorants, les punchs aux fruits, les boissons gazeuses, les croustilles, etc. Ces aliments épuisent votre corps et surchargent votre foie, vos reins et votre pancréas.

✎ Évitez l'excès de caféine (café, coca-cola, pepsi, thé, chocolat), par ailleurs, souvent associé au sucre. Ces produits stimulent vos surrénales, ce qui a pour effet d'affaiblir votre résistance au stress. Ils peuvent vous rendre plus nerveuse et stimuler votre bébé si vous allaitez. Ils déminéralisent votre corps et acidifient votre organisme. Choisissez des tisanes variées ou tout simplement de l'eau pure.

✎ Évitez les charcuteries comme les saucisses, le jambon, le bacon, etc. Elles sont très riches en nitrates qui sont reconnus cancérigènes pour l'organisme.

✎ Évitez les excès de produits laitiers. Préférez le yogourt nature ou les fromages de qualité. Une à deux portions par jour sont amplement suffisantes.

✎ Attention aux boissons alcoolisées. La modération a bien meilleur goût! Choisissez des vins agrobiologiques ou des bières naturelles. Limitez les quantités à une consommation par jour à l'occasion, car l'alcool surcharge le foie, fait perdre des bons minéraux (déminéralise) et des vitamines du complexe B. Selon le Dr Jack Newman, une consommation d'alcool n'est pas dommageable pour le bébé pas plus qu'elle ne l'est pour la maman, mais l'usage doit être occasionnel et après la tétée.

L'alimentation saine ne doit pas être vue comme une restriction, mais comme un choix de vie. Ce ne sont pas les exceptions qui provoquent la maladie, mais une diète quotidienne mal gérée.

Remise en forme

Autant nous étions charmées par notre ventre grossissant pendant la grossesse, autant une fois remises de nos émotions nous sommes consternées par les changements corporels qui demeurent. Nous pourrions être tentées, comme femmes soucieuses de notre apparence de faire tout ce qui est en notre pouvoir pour reprendre rapidement notre taille antérieure et ce serait une erreur, car notre physiologie a subi de grands changements en très peu d'heures et la récupération doit se faire dans le respect du corps. Je laisse la parole à Mahalia Gagnon[111], formée à la méthode APOR B et en « abdologie » du Dr Bernadette de Gasquet qui a eu la générosité de concevoir un plan de remise en forme dans le respect de l'intégrité corporel.

« Après un accouchement, un minimum de notions sur la remise en forme physique sont essentielles pour la nouvelle maman. Nous ne parlerons pas ici d'une remise en forme dans un seul but " esthétique " mais surtout dans un but fonctionnel. Effectivement, la nouvelle maman vient de subir d'importants et rapides changements physiques : quelques heures avant son accouchement, ses abdominaux étaient étirés pour deux, maintenant, ils sont deux

---

111. Mahalia Gagnon est accompagnante à la naissance et instructrice en maxi-aérobie. Elle est de plus formée à l'approche posturo-respiratoire Bernadette de Gasquet (APOR B) et en « abdologie » du Dr de Gasquet.

fois trop grands pour une seule personne et ils ne sont pas en mesure de bien contenir et de protéger les organes de la femme comme auparavant. De plus, après l'accouchement, les muscles du périnée ont eux aussi été grandement sollicités (qu'il y ait eu césarienne ou non). Les os du bassin ont bougé et les ligaments de la maman sont encore remplis de *relaxine*, hormone qui avait pour but d'assouplir et d'étirer ces derniers avant l'accouchement.

Petits trucs pour la maman qui vient d'accoucher

Idéalement, la maman devrait se faire réajuster le bassin, par un ostéopathe ou un chiropraticien, avant même de poser un pied sur le sol après son accouchement ou le plus tôt possible après son accouchement. L'utilisation d'une ceinture de maintien et l'exercice régulier de la « fausse inspiration thoracique » du Dr de Gasquet[112] ou de la « gymnastique abdominale hypopressive » du Dr Marcel Caufriez[113] pourront aussi grandement aider la nouvelle maman dans la remise en place de ses organes, de ses os et de ses ligaments. Leur utilisation devrait se faire à haute dose à la suite de tout accouchement, que ce dernier soit par voies naturelles ou par césarienne.

Le périnée

Le périnée va subir une grande pression durant la grossesse et l'accouchement. Il est donc d'une grande importance pour la maman de bien prendre soin de cette partie de son corps à la suite de son accouchement afin de minimiser les risques de descente d'organes et d'incontinence.

Il est même fortement conseillé, si la maman n'a pas beaucoup d'énergie pour faire des exercices après la naissance de son enfant, de donner la priorité aux exercices pour renforcir son périnée, et ce, même sur ceux visant ses abdominaux. En effet, un bon périnée aidera par la suite à se refaire de bons abdominaux, tandis que

---

112. Les ouvrages et le matériel du Dr de Gasquet peuvent être trouvés au www. degasquet.com.

113. Consultez le livre sur la gymnastique abdominale hypopressive du Dr Marcel Caufriez au www.marcel-caufriez.com/fr/libros.php.

l'inverse n'est pas vrai. *Au contraire*, faire des exercices abdominaux sur un périnée affaibli endommagera encore plus ce dernier et augmentera le risque de complications en ce qui concerne les organes. L'évaluation de la condition du périnée (habituellement vers la sixième semaine après l'accouchement) auprès d'un spécialiste (kinésithérapeute, physiothérapeute, sage-femme, médecin, etc est aussi conseillée afin d'être bien à jour quant à l'état de ce muscle si important pour la santé de la femme.

Le périnée
0 à 15 semaines

À faire	À éviter
Fausse inspiration thoracique (environ 5 fois par jour ou lors de chaque boire de bébé).	De contracter le périnée lors de l'inspiration (met une trop grande pression sur le périnée)
Toujours contracter le périnée lors d'une expiration : lorsque le diaphragme remonte, le périnée remonte, les organes aussi.	Tout effort physique lourd (éviter de soulever un poids plus lourd qu'un nouveau-né).
Le portage de bébé à l'aide d'une écharpe est recommandé pour maintenir une bonne posture en position debout.	La toux chronique.
Si le périnée ne semble pas répondre à la demande de contractions, les exercices de contractions en suspension (les pieds au sol, en position accroupie et le haut du corps étiré à l'aide d'une écharpe ou d'un drap sur un cadre de porte ou d'un trapèze) pourront aider à aller recruter ce muscle (exercice n° 1).	Les exercices abdominaux de type « redressement assis », les pédalages et les battements ainsi que les mouvements qui exigent de lever les deux jambes lorsqu'on est allongée sur le sol.
	Les sports à impacts.
	Idéalement, éviter les escaliers et limiter les activités à un étage de la maison.
	Les positions « avachies » et le mauvais portage de bébé (le dos cambré et le ventre sorti).

Les abdominaux (0-6 semaines après l'accouchement)

Six semaines après son accouchement, la femme dispose d'un temps précieux où ses ligaments vont se rétracter. C'est d'ailleurs la seule période dans sa vie où une telle action va être possible. Ces six semaines peuvent donc contribuer de beaucoup à la remise en place des organes (de l'utérus, entre autres) et des abdominaux si elles sont utilisées intelligemment.

Les exercices pour les abdominaux devraient viser à réduire le diastasis (l'espace entre les grands droits) et à bien regainer l'ensemble de ses muscles posturaux, et ce, sans mettre aucune pression sur le périnée (qui lui aussi est à retonifier avant de pouvoir bien supporter toute pression supplémentaire) ni faire de torsions du tronc tant que les organes n'ont pas bien repris leur place.

Les abdominaux
0 à 6 semaines

À faire	À éviter
Travailler l'expiration : contracter le périnée en premier et, ensuite, les abdominaux.	Cambrer le dos en position assise ou debout.
Les épaules sont toujours au plus loin du bassin.	Sortir le ventre (contrôler en mettant une main sur le ventre).
Les exercices à quatre pattes (exercice n° 4) sollicitent très facilement la ceinture profonde sans créer de poussée vers le bas. C'est un des meilleurs exercices pour réduire le diastasis durant les six premières semaines postnatales.	Tout ce qui raccourcit les grands droits comme les fameux « redressements assis », car, en plus de mettre une trop grande pression sur le périnée, cela favorise l'écartement des grands droits (le diastasis) et c'est néfaste pour le dos.
Rire : un bon fou rire travaille les abdominaux profond, le cardio-vasculaire et permet de prévenir la dépression qui peut suivre l'accouchement.	Toutes les positions assises qui tassent les organes comme être avachie dans un fauteuil.
Exercices pour abdominaux en isométrie (exercice n° 3).	
Exercices sur le dos qui ne raccourcissent pas les grands droits et qui ne mettent pas de pression sur le périnée (exercice n° 4).	
À noter que les exercices abdominaux dans la position à quatre pattes sont aussi recommandés pendant la grossesse afin de minimiser les risques de diastasis des grands droits (exercice n° 2).	

Les abdominaux (6 à 15 semaines après l'accouchement)

Les fameuses six premières semaines postnatales passées, l'utérus est remonté et les tendons ne se rétracteront plus. Toutefois, les effets de l'hormone *relaxine* peuvent rester présents jusqu'à trois mois suivant l'accouchement. Il est donc de mise de rester prudent dans la posture et dans le type d'exercice que la maman fera afin d'éviter d'étirer à nouveau les ligaments. La jeune maman peut donc commencer graduellement à inclure des torsions dans ses exercices abdominaux (toujours en évitant les redressements assis classiques). La maman peut aussi ajouter à sa routine des postures assises et debout.

Les abdominaux
6 à 15 semaines

À faire	À éviter
On peut ajouter les exercices qui demandent une torsion du tronc et ceux qui mettent, par la gravité, une pression sur le périnée (assis, debout), tout en continuant de contracter correctement ce dernier pendant les exercices.	Éviter les mêmes positions et mouvements énumérés dans la période de 0 à 6 semaines.

Les exercices cardiovasculaires

Faire des exercices cardiovasculaires ne devrait pas être un but en soi dans les six semaines suivant la naissance. Plusieurs cultures préconisent même majoritairement la position couchée pendant cette période de récupération et de réparation du corps. Si la maman a tout de même besoin de se dégourdir un peu, la natation ou la gymnastique aquatique sont des solutions des plus sécuritaires (Température : ± 30ºC). En effet, grâce à l'eau, il n'y a pas de poids sur les organes et le périnée. Ces pratiques agissent au niveau de la souplesse articulaire et favorise la détente.

Exercices cardiovasculaires
0 à 6 semaines

À faire	À éviter
Se reposer, faire de la natation et de la marche légère, s'inscrire au club de rire de sa région.	Tous les exercices à impacts (petit, moyen et grand) : jogging, danse, etc.
	Ne jamais continuer une activité physique au-delà de son énergie (on arrête dès que l'on se sent fatigué).

Exercices cardiovasculaires
6 à 15 semaines

À faire	À éviter
Recommencer graduellement les exercices à faible impact. Les appareils de type « elliptique » (que l'on retrouve dans les centres sportifs), le vélo, la marche rapide et la natation restent les meilleurs choix. Arrêter dès que l'on se sent fatigué. Ce n'est pas encore le temps de performer à tout prix!	Les exercices à grand impact : jogging, danse aérobique, équitation, etc. Ne jamais continuer une activité physique au-delà de son énergie (on arrête dès que l'on se sent fatigué).

En résumé, ces petits exercices essentiels aideront la maman à refermer son corps et son âme à la suite de tout ce que donner naissance lui a demandé d'ouvrir. Alliés à une bonne alimentation et à de bonnes habitudes de vie, ils l'aideront à retrouver son énergie et à éviter plein de petits et de grands maux (maux de dos, descente d'organe, hernie abdominale, etc.) qui pourraient ressortir dans les jours, les mois et même les années suivant son accouchement. »

L'acte de donner naissance exige pour la femme une grande ouverture du corps, nous n'avons qu'à être témoin d'un accouchement pour le réaliser rapidement. Les recommandations précédentes et les exercices énumérés ci-après sont essentiels pour aider la maman à refermer son corps. Alliés à une bonne alimentation et à de bonnes habitudes de vie, ils l'aideront à retrouver son énergie et éviter plein de petits et grands maux (maux de dos, descente d'organe, hernie abdominale, etc.) qui pourraient ressortir dans les jours, mois et même plusieurs années suivant leur accouchement. »

Exercice n° 1 :

Position suspendue pour le périnée

Le dos étiré, le bassin suspendu, les pieds parallèles, le 2ème orteil aligné avec le genou, la maman inspire. L'air doit facilement faire gonfler le bas ventre. À l'expire, contracter le périnée et tenir la contraction. Répéter une dizaine de fois.

Exercice n° 2 :

Abdominaux à position quatre pattes

Le poids principalement sur les jambes, les mains plus à l'avant que les épaules et le dos relâché (qui s'étire et ne se cambre pas si le poids est bien répartit comme conseillé). Inspirer. L'air doit se rendre facilement au bas ventre. Expirer en contractant le périnée et en rentrant le ventre le plus possible. Maintenir la contraction et veiller à resserrer le périnée, le bas du ventre et le haut du ventre au fur et à mesure, lorsqu'ils se relâchent. Faire une dizaine de répétitions et augmenter graduellement selon la force.

Exercice n° 3 :

Abdominaux travaillés en isométrie

En position de pompes : dos droit et sans cambrure, la tête dans le prolongement de la colonne. Les coudes peuvent aussi être repliés. Rentrer le périnée et le ventre au maximum sur l'expiration et maintenir la contraction une dizaine de secondes. Veillez à re-solliciter le périnée et le bas du ventre s'ils lâchent en cours de route. Relâcher et recommencer environ 5 fois.

Exercice n° 4 :

Abdominaux sur le dos sans danger pour les grands droits

Sur le dos, le bas du dos bien éloigné des épaules, les omoplates bien plaquées sur le sol et la base du crâne (l'occiput) appuyée dans les paumes des mains. Relever les genoux à 90 degrés. L'utilisation d'un ballon, entre les genoux sera un atout supplémentaire afin de solliciter l'intérieur des cuisses où les muscles ont perdu du tonus suite à la grossesse et l'accouchement. À l'expiration, contracter le périnée, enfoncez le nombril dans la colonne et serrer le ballon entre les genoux. Serrer toute la zone abdominale et maintenir la contraction une dizaine de secondes. Répéter une dizaine de fois.

Déprime à l'horizon

Il est normal de vivre trois à quatre jours d'apathie[114] après l'accouchement. Ceux-ci sont liés directement au changement hormonal. L'énergie et la bonne humeur devraient reprendre le dessus par la suite. Plusieurs circonstances pourront promouvoir un état passager de déprime.

✎ Vous aurez peut-être le sentiment de ne pas contrôler la situation étant confrontée aux besoins d'un bébé que vous connaissez à peine. Votre nouvelle identité de mère peut aussi entrer en contradiction avec les modèles maternels qui vous habitaient avant d'être réellement une maman.

✎ Lorsque vous n'avez plus le sentiment de contrôler la situation parce qu'il y a trop de visites, parce que la famille ou la belle-famille s'immisce toujours dans votre couple, vous devenez excédée, fatiguée, irritée. Il y a de quoi « avoir une déprime »! Clarifiez le contexte, avec votre conjoint d'abord, et le reste de la famille ensuite afin de respecter vos besoins.

✎ La saison où vous accouchez peut y faire pour beaucoup. Êtes-vous de celles qui vivez toujours une période creuse au mois de février ou de mars? Si vous accouchez au début de cette période, ça ne vous aidera pas! Alors prévoyez le moment de l'accouchement et planifiez de recevoir de l'aide d'une personne dynamique et souriante...

✎ Prenez le temps de sortir, à la lumière du jour, car c'est souvent le manque de luminosité naturelle qui provoque cette déprime passagère. Une lampe de luminothérapie peut vous être utile quand vous ne pouvez pas sortir. Faites de l'acupuncture[115] chaque automne pour un traitement de changement de saison. Il rétablira votre énergie en vue

---

114. Apathie : se dit apathique lorsque l'activité et l'affectivité sont faibles.

115. Acupuncture : thérapie manuelle d'origine chinoise qui consiste à insérer de petites aiguilles très fines sur certains points précis du corps. Ce n'est pas douloureux et c'est sans danger pour la femme enceinte ou pour les enfants.

de mieux passer l'hiver. Planifiez les services d'une gardienne entre deux tétées pour faire une petite sortie avec votre conjoint.

Inscrivez-vous à un cours de massage pour bébé. Cette activité vous demandera un effort, mais vous serez récompensée lorsque vous échangerez avec toutes ces nouvelles mamans. Rien de mieux pour vous aider à prendre le dessus que de constater que vous n'êtes pas seule au monde dans votre situation. Il existe aussi des cours de yoga postnatal qui vous permettront de partager votre expérience avec d'autres mamans.

La qualité de l'alimentation jouera aussi un rôle crucial. Pourquoi? Tout simplement parce que notre corps a besoin de certains nutriments[116] pour bien fonctionner. En l'occurrence, le système nerveux a besoin de plusieurs choses.

- *vitamines du complexe B* (levure de bière, germe de blé, céréale complète, pollen, levure alimentaire).

- *zinc* (huître, hareng, champignon, levure de bière, blé, avoine, noix et graine de citrouille, noix du Brésil, etc., jaune d'œuf, cresson, haricot blanc, pois cassé, huile de pépins de courge).

- *magnésium* (soya, amande, arachide, haricot blanc, noix et noisette, avoine, maïs biologique, céréale entière, lentille, figue, datte, légume vert).

- *lithium* (huître, betterave rouge, fruit sec, algue).

- *calcium* (graine de sésame non décortiquée, fromage à pâte ferme, sardine, feuille de pissenlit, figue sèche, amande, noix et noisette, soya, brocoli, yogourt, lait).

Dormez-vous suffisamment? Faites-vous une sieste l'après-midi? Vous couchez-vous au dernier boire de fin de soirée ou préférez-vous *veiller*? Le repos est indispensable, sinon vous brûlez la chandelle par les deux bouts. C'est une question de

---

116. Nutriments : substances alimentaires pouvant être entièrement et directement assimilées par le corps.

priorité et de discipline personnelle. Les corvées ménagères sauront bien vous attendre.

Vous avez mis en pratique tous les conseils précédents et vous tirez encore de l'arrière, alors il est temps de sortir des outils complémentaires. La nature nous offre ce qu'on appelait autrefois des super-aliments. Aujourd'hui, on parle davantage d'aliments nutraceutiques. Ce sont des aliments à forte concentration de certains nutriments indispensables pour la santé. En voici quelques-uns de très grande qualité. Vous découvrirez leur description détaillée au chapitre 19 qui porte sur la pharmacie naturelle.

- ✎ La levure Bjast est offerte en petits comprimés (2 comprimés à chacun des repas) et en flocons 15 à 30 ml mélangés à votre jus ou saupoudrés sur vos aliments). Ce supplément peut donner des gaz temporairement. Si cela nuit au bébé, choisissez une autre source du complexe B. La levure plasmolysée, type Biostrath, calme le système nerveux et redonne de la vitalité. Prendre trente gouttes dans un peu d'eau ou de jus avant chaque repas.

- ✎ Les levures concentrées en magnésium, comme l'Auxima magnésium, aident à détendre les muscles et à mieux dormir. Prendre le contenu d'un bouchon matin et soir dans un peu d'eau ou de jus.

- ✎ La gelée royale vivante non lyophilisée[117] est un produit énergisant et revitalisant. On la retrouve fraîche, en capsule, en seringue doseuse ou en ampoule. Choisissez un produit de qualité et prenez la dose recommandée par le fabricant.

- ✎ Le pollen est aussi très efficace pour les personnes non allergiques, bien sûr. Choisissez un pollen de qualité présenté en capsule, car ce dernier est dépoussiéré et exempt de moisissure. La posologie est généralement de deux à trois capsules par jour.

---

117. Lyophilisée ou séchée à froid : on retire l'eau à basse température pour conserver le produit.

✎ Le varech est une algue de mer riche en minéraux et oligoéléments[118]. C'est un reminéralisant de grande qualité. Il apporte aussi une petite source d'iode assimilable, indispensable au bon fonctionnement de la glande thyroïde. Évitez ce produit si vous utilisez déjà un médicament pour la thyroïde (par exemple, Synthroid). La dose habituelle est de un à deux comprimés par jour, au repas.

Certaines plantes peuvent aussi soutenir efficacement le système nerveux. Prenez-les en tisane ou en teinture-mère[119].

Bourrache : supporte le système nerveux, combat les idées noires, libère les voies urinaires.

Camomille (petite) : calmante, elle soulage aussi les maux d'estomac ainsi que les spasmes gastriques.

Fenouil : utile en cas de surmenage et de fatigue nerveuse. Il favorise la production de lait maternel et soulage les coliques du nourrisson.

Lavande : sédative et calmante, elle lutte contre l'insomnie, la fatigue chronique, les malaises causés par le stress. C'est un fortifiant universel.

Paille d'avoine : calmante et fortifiante pour le système nerveux. Elle favorise l'assimilation des nutriments et elle est aussi un bon tonique utérin.

Passiflore : sédative et calmante, recommandée pour contrer l'insomnie et la nervosité.

Valériane : sédative, elle calme le système nerveux. Elle soulage aussi les spasmes à l'estomac. Son goût et son odeur sont particuliers. Elle peut ne pas convenir à tous les types de personnes. Elle aurait alors l'effet inverse : exciter au lieu de calmer.

---

118. Oligoéléments : particules minérales qui existent à l'état de trace dans tous les organismes vivants. Ces oligoéléments sont essentiels pour le maintien des réactions physicochimiques de l'organisme.

119. Teinture-mère : extrait liquide fait à partir de plantes qui ont macéré dans de l'alcool, du vinaigre de cidre ou de la glycérine.

Il vous sera facile de trouver ces extraits de plantes. Choisissez deux ou trois variétés et alternez vos prises. C'est encore une fois la régularité qui vous assurera des résultats tangibles. La nature nous offre aussi un autre trésor, ce sont les extraits floraux, découverts par le Dr Edward Bach. On les appelle communément les Fleurs de Bach. Mais, en réalité, il existe beaucoup plus d'élixirs floraux aujourd'hui qu'à l'époque des 38 quintessences du Dr Bach. Ces fleurs, en petites gouttes, agissent directement sur l'aspect psychologique ou mental de l'individu. Si vous ne trouvez pas de thérapeute pouvant vous faire une formule personnalisée, achetez dans une boutique de produits naturels le remède Rescue du Dr Bach ou bien encore l'élixir Paix intérieure de l'Armoire aux herbes. Il suffit de prendre quatre gouttes directement par la bouche, quatre fois par jour, avant les repas et au coucher. Dans les périodes de chocs ou de crises, ces petites gouttes sont très efficaces. Prenez-les le temps qu'il faut, il n'y a pas de surdose ni de toxicité.

Peut-être vous demandez-vous si vous n'êtes pas en train de passer de la déprime à la dépression? Voici donc les principales caractéristiques de la vraie dépression postnatale : tristesse, manque de confiance en soi, perte d'intérêt, peu ou pas d'appétit, pas le goût de s'habiller, d'avoir des relations amoureuses, désespoir, tendance à pleurer, sentiment de culpabilité, manque d'énergie, irritabilité, incapacité de faire face à ses responsabilités, sentiment de solitude et d'épuisement, crainte de ne pas pouvoir s'occuper de ses enfants. Si cette description vous ressemble, il faut aller vers des personnes-ressources, que ce soit un médecin ou un thérapeute en qui vous avez confiance. Tôt ou tard dans notre vie, nous avons besoin des autres. Ce n'est pas un échec, mais l'indice que nous faisons preuve d'une grande sagesse.

Bien que cette partie des relevailles ait été consacrée à la femme, l'homme peut vivre lui aussi une déprime postnatale. Votre conjoint doit vous partager avec un nouvel être qui est somme toute très accaparant! Alors tous les conseils reliés aux règles de base et à la déprime sont aussi valables pour le papa. Travailler, tout en s'occupant des autres enfants et de la maison, n'est pas toujours une sinécure pour le père. Soyez réaliste, les surhommes comme les super-femmes n'existent que dans les films. Prenez le temps de vivre et de récupérer. Ce n'est pas de l'égoïsme, c'est du gros bon sens!

Épisiotomie, une longue histoire

L'accouchement médicalisé, en position couchée, sur le dos, favorise les déchirures. Il faut savoir qu'aucune femme n'accouche intuitivement sur le dos. Cette méthode nous est venue d'Europe avec le développement de la médecine contemporaine. Les femmes ont changé leur façon d'accoucher lorsque les hommes ont pris en main l'obstétrique. C'était plus facile d'accueillir le bébé dans cette position que lorsque la femme se tenait accroupie. Plein de bon sens, n'est-ce pas? Mais pour qui? Nous viendrait-il à l'idée d'aller à la selle, couchée sur le dos? Même les malades font relever la tête de leur lit, à l'hôpital, lorsqu'ils doivent évacuer dans une bassine! Imaginez lorsque vient le temps de mettre au monde un bébé combien la position du corps doit être anatomique, c'est-à-dire dans le sens de l'expulsion! C'est un petit exemple du gros bon sens que nous avons perdu, qu'il nous faut à tout prix nous réapproprier et surtout transmettre à nos filles.

L'épisiotomie est une incision faite dans le périnée de la femme permettant soit d'accélérer l'accouchement, car nous n'avons pas à attendre la dilatation complète du périnée, ou pour éviter une déchirure potentielle. Cette incision donne la place nécessaire pour utiliser des instruments de délivrance comme les forceps ou les ventouses, ce qui dans certains cas de détresse fœtale peut être nécessaire. On avait attribué à l'épisiotomie des pouvoirs qui n'ont jamais été prouvés comme empêcher la descente d'organes féminins, préserver l'intégrité des muscles du périnée et du sphincter anal, protéger la vie sexuelle future du couple et guérir mieux qu'une déchirure. On sait, par contre, que l'épisiotomie se prolonge souvent en déchirure du troisième et quatrième degré. Que lorsqu'elle est recousue, les résultats ne sont pas toujours satisfaisants (en fonction de l'habileté du médecin). Qu'elle peut s'infecter et nécessiter des antibiotiques. Qu'elle nuit à la position de la mère lorsqu'elle allaite à cause de l'inconfort. Finalement, des études ont démontré que l'épisiotomie et la cicatrice qui en résulte nuisent aux relations sexuelles des femmes sur des périodes pouvant aller jusqu'à plusieurs mois[120]. Une sage-femme me disait dernièrement que l'épisiotomie était le résultat d'un manque de confiance dans le corps des femmes. Je crois qu'elle a vu très juste et qu'il nous appartient, à nous, les femmes, de nous réapproprier ce pouvoir féminin.

Soins du périnée

✎ Même sans déchirure, la vulve et le périnée sont souvent à vif. Pour empêcher la sensation de brûlure lors de la miction, ayez toujours à la portée de la main une bouteille d'eau à bec verseur (bouteille de shampooing ou gourde) dans laquelle vous aurez pris soin de verser sept à dix gouttes de teinture-mère de calendula (aide à la cicatrisation) dans 500 ml d'eau tiède. Au moment d'uriner, arrosez votre vulve avec ce mélange. En deux ou trois jours, cette sensation de brûlure va disparaître.

✎ Dans les premières heures après l'accouchement, on peut appliquer de la glace sur la vulve pour permettre de réduire l'inflammation. Assurez-vous que le coton utilisé pour envelopper la glace est très propre.

✎ Faites quelques siestes les premiers jours et profitez-en pour mettre des compresses propres imbibées d'eau et de teinture-mère d'hamamélis sur le périnée. Versez sept gouttes dans 250 ml d'eau de source, imbibez la compresse et laissez-là en place trente minutes. Cet extrait a de grandes propriétés. C'est un décongestionnant, un analgésique, un anti-infectieux et il soulage aussi les démangeaisons.

✎ Lorsqu'il y a des points de suture, des bains de siège[121] chauds, deux fois par jour, pendant dix à quinze minutes, vont soulager grandement. Profitez-en pour mettre quelques gouttes de teinture-mère de calendula ou d'hamamélis dans

120. Isabelle Brabant, Une naissance heureuse, Éditions Saint-Martin, 2006.

121. Il se vend des sièges en plastique à la pharmacie qui nous permettent de prendre ces bains à la maison. Le siège se place sur la toilette.

votre eau. Par la suite, asséchez bien la vulve en épongeant avec une serviette propre ou encore utilisez le souffle tiède du séchoir à cheveux. Terminez le tout en appliquant un onguent au calendula ou à la consoude (aide aussi à la cicatrisation).

Lorsque le périnée sera guéri référez-vous à la section précédente de remise en forme.

✎ Que faire s'il y a de l'infection au périnée? Vous ressentirez alors plus de douleur, il y aura de l'enflure, une rougeur, et vous ferez peut-être de la fièvre. Il faudra alors être plus minutieuse pour la propreté. Prenez des bains de siège courts (cinq à dix minutes), trois à quatre fois par jour. Ajoutez dans votre eau de la teinture-mère d'ail (quatorze gouttes dans 500 ml d'eau pure). Prenez de la teinture-mère d'échinacée par voie interne (25 gouttes dans un peu d'eau, trois fois par jour). Ajoutez de la vitamine C, type Ester-C, à vos repas (par exemple, une capsule par repas). Prenez du repos et l'infection devrait se résorber. Par contre, si vous souffrez de maux de ventre, de fièvre et que vos pertes (lochies) ont une odeur nauséabonde, consultez votre médecin sans tarder, car une infection utérine est possible et nécessitera une antibiothérapie.

Hémorroïdes tenaces

Les hémorroïdes sont, en fait, des varices anales ou rectales. Consultez le chapitre 9 de la deuxième partie de ce volume. Plusieurs solutions s'offrent à vous.

✎ Les bains de siège froids ou les compresses, à la lavande, à la camomille ou à l'hamamélis, soulagent beaucoup (toujours sept gouttes pour 250 ml d'eau pure).

✎ Les suppositoires d'aloès sont aussi très efficaces de même que certains suppositoires homéopathiques que vous trouverez à la pharmacie.

✎ Augmentez les fibres[122] dans votre alimentation pour amollir les selles. L'huile de lin (15 ml matin et soir) peut être efficace, de même que de consommer 15 ml de graines de lin trempées auparavant dans de l'eau. Le psyllium sera utile si vous buvez beaucoup d'eau en même temps (300 ml d'eau en plus du verre de psyllium), sinon il risque de vous constiper. Le produit connu sous le nom de Métamucil se vend en pharmacie. C'est aussi du psyllium. Il a une saveur et il est édulcoré avec de l'aspartame, un produit à éviter. Les compagnies ne sont pas obligées d'inscrire sur le contenant les ingrédients non actifs du produit. Elles n'écrivent donc plus le mot aspartame. Elles doivent par contre écrire une note pour les gens allergiques à la phénylalanine car l'aspartame en contient. C'est ainsi que vous saurez qu'un médicament ou un sirop est édulcoré avec ce produit de synthèse.

✎ Mangez des betteraves non vinaigrées, en soupe, en salade, à la vapeur, ou prenez-les en jus, c'est délicieux et laxatif.

✎ Évitez les excès de pain, de fromage, de banane, de carotte cuite et de riz, car ces aliments constipent.

✎ Tonifiez votre musculature abdominale par des exercices appropriés et stimulez votre péristaltisme par la marche. Vos intestins s'en porteront mieux.

✎ Prenez le temps nécessaire pour éliminer. Votre intestin doit se relâcher pour faire son travail. Relevez vos pieds à l'aide d'un petit banc. On élimine mieux en position accroupie.

Il existe aussi de bons complexes homéopathiques pour guérir les hémorroïdes. Consultez les spécialistes d'un magasin ou un homéopathe en bureau privé. Il n'y a aucune contre-indication en cas d'allaitement.

---

122. Fibres : céréales entières, fruits frais, légumes crus et cuits, son d'avoine et de blé biologique.

Chapitre 13

Différents laits pour différents besoins

Ces dernières décennies ont été marquées par le développement des différents moyens de communication. Nous avons accès à une quantité phénoménale d'informations. Il est terminé ce temps où nous répétions les mêmes gestes que nos parents sans nous poser de questions. Aujourd'hui, nous avons tous les outils en main pour réévaluer certaines décisions ou façons de faire. Si la méthode est bonne, gardons-la, sinon évoluons vers autre chose. Le XXe siècle a vu l'industrie laitière (bovine) se développer de façon fantastique, tant en Europe qu'en Amérique du Nord. Nous en sommes venus à considérer le lait de vache comme un parfait substitut au lait humain. Et c'est avec ce lait que la majorité d'entre nous avons été nourris. De l'eau et du sucre blanc y étaient ajoutés. Ce que vous allez constater à la lecture de ce chapitre, c'est qu'aucun lait ne se rapproche du lait humain. Ce sont des imitations, aussi imparfaites les unes que les autres. Par contre, c'est important de mieux les connaître, car nous pouvons avoir besoin d'un substitut temporaire. Le sevrage viendra bien un jour, alors quel lait offrirez-vous à votre enfant? Il n'y a malheureusement pas de bonne réponse, car la décision va dépendre de vos croyances, de vos goûts et souvent de votre culture. Sachez être à l'écoute de votre enfant. Est-il vigoureux? A-t-il un bon teint? A-t-il une bonne immunité (peu de rhume)? A-t-il de l'appétit? Est-il calme et heureux? A-t-il une bonne croissance? Si les réponses sont affirmatives, c'est que vous avez choisi la bonne formule pour votre bébé. Conservez-la précieusement, quoi qu'en dise votre entourage!

Préparations pour nourrissons

Autrefois, on appelait *lait maternisé* les laits adaptés aux bébés de moins d'un an. Cette terminologie entretenant de la confusion par rapport au lait maternel est maintenant interdite. Nous devons dire *préparations pour nourrissons*, car, en fait, ces laits en boîte sont loin de ressembler au lait maternel. Ils sont créés en laboratoire depuis plus de quatre-vingts ans et leur contenu est modifié régulièrement, au gré des nouvelles découvertes scientifiques. Il est très difficile, voire impossible, de découvrir ce qu'on ne soupçonne même pas! Il n'est donc pas encore venu le jour où on aura percé tous les secrets du lait maternel.

Que peut-on reprocher à ces formules de lait pour bébés? Le premier point majeur, c'est qu'il s'agit d'un lait inerte. Certains auteurs le qualifient d'aliment mort! À partir du lait de vache ou du lait de soya, les chercheurs ont gardé et modifié les constituants qui étaient utiles. On y ajoute, bien sûr, des vitamines et des minéraux de synthèse[123], des gras incomplets, un surplus de protéines, de fer et de vitamine D afin que le lait s'assimile davantage et tout ce qu'on croit être utile. Mais ce lait ne contient bien sûr ni les anticorps et les globules blancs de la mère qui vont protéger bébé contre les infections et encore moins les enzymes nécessaires à la bonne digestion des nutriments. De plus, ces laits sont chauffés, stérilisés et manipulés, ce qui perturbe inévitablement la capacité d'assimilation du produit. Un autre mythe à détruire est celui de penser qu'on peut tout contrôler sur une chaîne de production. Des cas de contaminations volontaires ou non sont toujours possibles. Récemment, le drame du lait contaminé à la mélamine[124] pour bébés en Chine a causé un minimum de quatre morts tout en obligeant l'hospitalisation de près de 47 000 enfants! Cette

---

123. Synthèse : se dit de synthèse lorsqu'un produit est créé en laboratoire à partir d'une formule chimique précise.

124. Pékin (AFP), Lait frelaté : le nombre d'enfants hospitalisés a triplé an Chine, *Cyber Presse.ca*, jeudi 9 octobre 2008.

contamination était volontaire afin de faire diminuer le coût de production et de simuler la présence de protéines lors des analyses de contrôle. D'autres cas ont été relevés dans la littérature à propos d'ingrédients manquants, de contamination à certaines bactéries, de composantes en excès comme la vitamine D et, comme si ce n'était pas suffisant, la présence de métaux lourds comme du plomb et du manganèse a été aussi signalée dans certains produits. En conclusion, une formule commerciale peut sauver la vie d'un enfant mais peut aussi la mettre en danger. Ce n'est donc pas le premier choix de lait à lui offrir. Par contre, si vous devez opter pour ce choix, sachez qu'il existe des préparations pour nourrissons biologiques, autant à base de lait de vache que de soya. Excellente façon d'éviter des polluants de toutes sortes.

L'Organisation mondiale de la Santé (OMS) recommande en priorité l'allaitement maternel, ensuite le lait exprimé par la mère en deuxième choix si le premier est impossible. En troisième choix, ce sera le lait d'une autre mère par un lactarium (banque de lait maternel) et l'alimentation par les formules lactées viendra en quatrième choix! Ces choix reflètent la différence de qualité entre le lait maternel et les formules commerciales.

Quoi qu'il en soit, chaque compagnie fait la promotion de son produit en affirmant qu'il est le meilleur pour votre bébé. Il me semble que si on avait trouvé la recette, elle serait la même pour tous, mais non! Les vues divergent même pour des scientifiques chevronnés. Nous retrouvons donc deux grandes catégories de laits qui satisferaient les besoins des bébés jusqu'à douze mois, une à base de lait de vache (Bon Départ, Enfalac, Choix du Président), l'autre à base de lait de soya (Isomil, Alsoy 1, Prosobee). Certains sont enrichis d'oméga-3 (Similac Advance avec DHA et ARA, Enfamil A+), mais ils peuvent être plus difficiles à digérer pour certains bébés. Pour les enfants intolérants au lactose, des laits sont offerts sans lactose (Similac Advance LF, Enfalac LactoFree et toutes les préparations de soya sont fabriquées sans lactose). Ceux qui souffrent d'allergies aux protéines bovines devront boire des laits hypoallergéniques (Alimentum, Nutramigen, Pregestimil, Neocate) qui sont difficiles à faire accepter aux bébés habitués au lait maternel, leur goût étant plutôt caractéristique!

Bien qu'ils soient deux à quatre fois plus chers que les marques courantes, ils sont essentiels pour certains bébés. Si votre bébé régurgite régulièrement, le pédiatre peut vous suggérer des laits spécialisés antirégurgitations. Laits épaissis avec de la farine de caroube, de l'amidon de riz ou de maïs. Il existe également des préparations exclusivement pour les prématurés.

L'allaitement est fortement recommandé à travers le monde pendant au moins les six premiers mois de vie de l'enfant. Les compagnies qui fabriquent ces laits de substitution nous proposent maintenant des laits spécifiques pour le deuxième âge pour les enfants c'est-à-dire de six à dix-huit mois (Similac Advance Étape 2, Transition, Enfalac Prochaine Étape, Isomil Étape 2, Alsoy 2).

Toutes les préparations à base de lait de vache sont sucrées au lactose. C'est le sucre qu'on retrouve dans le lait maternel, ramené au même pourcentage, soit à environ 7,2 % (4,8 % pour le lait de vache). Quand l'enfant le tolère, c'est le bon sucre à lui offrir, car il favorise un meilleur développement de sa flore intestinale. Les formules lactées à base de protéines de soya ne seront retenues qu'en deuxième solution, car elles ne sont pas sucrées avec du lactose.

Toutes les préparations contiennent du fer, mais Enfalac et Similac font maintenant une formule enrichie de fer. Notez que leur formule étiquetée *sans fer* contient la même proportion de fer que les autres laits. On aurait dû écrire sur ces contenants *sans fer supplémentaire*! De plus, la Société canadienne de pédiatrie recommande d'utiliser les préparations enrichies en fer dès la naissance. Théoriquement, les enfants ne devraient pas souffrir de constipation ou de coliques avec ces formules. Mais en pratique clinique, je constate souvent le contraire. Cette phobie du fer vient du fait que le bébé n'assimile que 4 % de ce fer de synthèse contre un taux de 50 % pour le fer maternel. Grâce à deux protéines spécialisées, la lactoferrine et la transferrine, contenues dans le lait maternel, le bébé fixe beaucoup mieux son fer, d'où un faible taux d'anémie chez les enfants allaités par une mère non anémique, bien sûr. C'est donc pour cette raison qu'est venue l'habitude de donner des céréales enrichies de fer comme premier aliment solide au bébé. Et c'est pour la même raison que certains pédiatres, dont le Dr Alphonse Paquet[125], recommandaient 2 ml de bœuf haché à partir de six semaines aux jeunes bébés! Est-ce en soi une solution ou le début des problèmes? C'est un fait que les bébés non alimentés par leur mère ont souvent des problèmes d'anémie. Et sachez qu'une *subanémie*[126] chez le bébé le prédispose à attraper tout ce qui passe, donc rhumes à répétition. Elle entraîne aussi une diminution de l'appétit avec toutes les carences qui en découlent. Raison de plus pour favoriser l'allaitement.

Le dernier point qu'on pourrait reprocher aux préparations pour nourrissons à base de lait de vache est que ce lait a la fâcheuse conséquence d'augmenter la production de mucosités chez certains enfants. Ces sécrétions plus abondantes offrent un milieu de culture idéal pour les bactéries. Les enfants auront le nez qui coule plus facilement et ils auront plus tendance aux otites. Bien des mères remarquent que leur bébé fait son premier rhume après le sevrage, dès qu'elle intègre la consommation de lait de vache, maternisé ou non, à sa diète. Les familles avec des antécédents d'eczéma verront très souvent leurs enfants souffrir du même mal dès qu'ils prendront ce type de lait.

Depuis 1991, la Société canadienne de pédiatrie recommande une préparation pour nourrissons, enrichie de fer, jusqu'à l'âge de neuf mois. Par la suite, on offre du lait de vache entier (3,25 %) jusqu'à l'âge de deux ans, car les enfants ont besoin d'acides gras essentiels pour le développement de leur cerveau. Mais souvenez-vous que le lait de vache contient sept fois moins d'acides gras essentiels que le lait de femme! À neuf mois, un enfant devrait prendre, selon la Société canadienne de pédiatrie, 750 ml de lait par jour incluant les autres sources de produits laitiers comme le yogourt et le fromage. Pour éviter des otites à répétition, des rhumes et de l'eczéma, vous pouvez offrir du lait de chèvre entier à votre petit.

---

125. Dr Alphonse Paquet, *Rendre votre bébé heureux*, Éditions Libre Expression.

126. *Subanémie* : baisse de réserve de fer sans diagnostic médical confirmé d'anémie.

Lait de vache

Il y a actuellement une grande polémique autour de cet aliment qu'on croyait béni des dieux! Plus le voile se lève (voir les livres en bibliographie), plus le problème semble vaste et surtout imprégné d'intérêts financiers et publics. Il y a un mythe à éclaircir, mais il faut éviter de « jeter le bébé avec l'eau du bain », comme le dit si bien l'expression populaire! Le grand problème de ce début de millénaire, c'est la **qualité** de ce que nous ingérons. En fait, nous devrions être capables de manger un peu de tout, dans des quantités raisonnables, sans pour autant réagir avec des allergies comme c'est trop souvent le cas aujourd'hui. À la lumière de tout ce qui a été dit sur le sujet, il serait préférable de consommer, au maximum, une à deux portions de produits laitiers par jour, si désiré. Mieux vaut éviter tous les mélanges sucrés et se limiter au yogourt nature ou au fromage maigre (20 % de MG et moins). Ceci éviterait l'exposition à trop de lactose : ce sucre cause souvent des troubles digestifs comme des ballonnements intestinaux chez les adultes, ces derniers n'ayant plus suffisamment d'enzymes (lactases) pour le digérer. Il faudrait évidemment pouvoir consommer ces sous-produits crus et biologiques, donc sans pasteurisation ni homogénéisation. Ces procédés modernes modifient la biodisponibilité[127] des composantes du lait. Il perd ainsi de ses qualités nutritionnelles tout en étant moins bien assimilable.

Aux États-Unis, l'utilisation de la somatotrophine bovine (STbr), une hormone de croissance issue de la biotechnologie, est permise (février 1994) pour augmenter la production de lait chez la vache. Le consommateur ne peut pas choisir un lait produit avec ou sans hormones. Heureusement, la Fédération des producteurs de lait du Québec s'est prononcée contre l'usage de cette hormone sachant la grande réticence des consommateurs à boire ce type de lait. Les risques de maladies et de morts prématurées sont accrus chez les vaches et certains chercheurs parlent de hausse du taux de cancer chez les humains consommant ce type de lait modifié. L'étiquetage du lait à la STbr n'est pas réglementé aux États-Unis. Les consommateurs et leurs représentants veulent un étiquetage dis-

---

127. Biodisponibilité : caractère de ce qui est assimilable ou utilisable pour l'organisme.

tinct mais les compagnies productrices de Stbr sont contre. Alors, lorsqu'on parle de consommation de lait, il est essentiel de choisir un lait biologique, surtout pour nos bébés. C'est le seul moyen d'être certain, de la qualité du produit.

Lait de chèvre[128]

La composition du lait de chèvre est différente de celle du lait de vache puisque chaque espèce a son lait qui lui est adapté. Cette affirmation laisse entendre qu'aucun lait, autre que celui de la maman, ne sera parfait pour l'enfant incluant le très cher lait de vache qui abonde dans nos épiceries. La grande question à se poser est la suivante : lequel sera malgré tout le mieux adapté à mon enfant? Il n'y a qu'une seule façon de la savoir, c'est de l'expérimenter et d'observer les conséquences. Malheureusement, peu de parents font un lien entre la nourriture que l'enfant ingère et la santé de leur enfant. Et s'ils ont une intuition, elle est vite mise de côté par leur pédiatre qui s'empresse trop souvent de leur dire que l'alimentation n'est pas en cause. Alors qui croire? Personne d'autre que vous-même! Votre enfant régurgite encore à neuf mois, il fait de l'eczéma, il souffre régulièrement d'otites, son nez coule souvent, ses fesses sont fréquemment irritées? Ce sont tous des indices qui vous invitent à cesser tous les produits de vache pour expérimenter les produits laitiers provenant de la chèvre (lait, fromage, yogourt). C'est la composition du lait de chèvre qui fait la différence bien que les deux produits facilement disponibles soient pasteurisés et homogénéisés.

> Le lait de chèvre est légèrement plus riche en protéines que le lait de vache. Un verre de lait de chèvre fournit près de 9 g de protéines tandis que le lait de vache en fournit 8 g.

> La composition des protéines diffère : il y a deux grandes catégories de protéines dans le lait de chèvre, soit les protéines solubles du lactosérum et les caséines. Ce sont les caséines caprines qui sont très différentes de celles que l'on retrouve dans le lait de vache, différentes dans leur composition d'acides aminés et dans la grosseur des particules. La digestibilité du lait de chèvre

128. Louise Lambert-Lagacé, *Le lait de chèvre, un choix santé*, Éditions de l'Homme, 1999.

se comparerait à celle du lait maternel. Il se digère mieux et plus rapidement : vingt minutes pour le lait de chèvre contre cent vingt minutes pour le lait de vache à quantité égale.

Le lait de chèvre renferme un peu moins de gras que le lait de vache, mais c'est encore une fois la composition qui diffère. Il contient deux fois plus d'acides gras à chaîne moyenne que le lait de vache, ce qui augmente sa digestibilité. Ces gras ne nécessitent que très peu d'enzymes pour être digérés et pas de bile pour être émulsifiés.

Le lait de chèvre contient légèrement plus de calcium que le lait de vache : 250 ml dans l'un et 250 ml dans l'autre.

Il contient autant de lactose que le lait de vache. Les personnes qui réagissent au lactose vont donc réagir aussi à ce lait.

Selon Louis Turgeon, bionomiste, le calcium, le magnésium, le potassium et le phosphore seraient plus importants et mieux équilibrés entre eux, ce qui confère au lait de chèvre des vertus alcalinisantes, contrairement au lait de vache.

Il contient autant de vitamine D que le lait de vache, mais moins que le lait maternel. Il est maintenant enrichi de vitamine D, tout comme le lait de vache.

Il contient des traces de vitamine B12, tout comme le lait de vache.

Il contient deux fois plus de vitamine A que le lait de vache.

Il manque naturellement d'acide folique, mais le lait commer-cialisé en est maintenant enrichi.

Le lait de chèvre est riche en propriétés antioxydantes puisqu'il contient plus de sélénium que le lait de vache, valeur qui se rapproche avantageusement du lait maternel, et deux fois plus de glutathion peroxydase que le lait de vache. Ce dernier est un antioxydant très puissant.

Les recommandations officielles actuelles nous disent que nous ne pouvons donner *exclusivement* ce lait à des enfants de moins de neuf mois (tout comme le lait de vache) afin d'éviter de surcharger leurs reins. Il n'y pas si longtemps, on parlait plutôt de l'âge de six mois pour cesser de diluer les laits pour bébés. D'ailleurs Louise Lambert-Lagacé, diététiste, donne une recette de préparations de lait pour bébé avec des laits concentrés de vache et de chèvre et, à partir de six mois, les dilutions ne sont plus recommandées. Le Dr Jack Newman abonde dans le même sens. Alors que faire? Le principe de précaution est toujours de bon conseil. On n'insistera jamais assez sur l'importance de l'allaitement maternel qui évite tous ces questionnements. Il est clair que le lait de chèvre peut être donné comme lait d'appoint pour *un boire* si vous n'avez pas assez de votre lait pour faire un biberon ou encore pour mélanger aux céréales du bébé, et ce, avant qu'il ait neuf mois. Par contre, si vous devez sevrer votre bébé complètement *avant l'âge de neuf mois*, les recommandations officielles vous conseillent une préparation pour bébé.

Le lait de chèvre doit être donné entier à 3,25 % avant l'âge de deux ans, tout comme le lait de vache.

Boisson de soya

Les boissons de soya ne sont pas assez riches en éléments nutritifs pour satisfaire tous les besoins de croissance des jeunes bébés. Elles peuvent être offertes de façon exclusive (sans autres sortes de laits) à partir de deux ans. Avant cet âge, nous pouvons en offrir à notre enfant mais de manière sporadique. Par exemple, vous pouvez mettre du lait de soya dans les céréales du matin et l'enfant boit le lait maternel, le lait de chèvre ou une formule lactée pour bébé s'il a moins de neuf mois. Ou encore du lait de soya au gobelet pour compléter un repas et il boit ses trois ou quatre tétées par jour ou encore ses biberons. Choisissez un lait nature, sans saveur ajoutée.

Le soya offre donc un bon apport nutritionnel, mais il doit être choisi exclusivement de source *biologique*, car le soya est un des aliments les plus cultivé avec des grains modifiés génétiquement (OGM). Le soya transgénique favoriserait davantage les allergies que le soya naturel.

C'est un aliment riche en protéines puisque c'est une légumineuse. Il contient de 7 à 11,6 g de protéines par tasse pour 8,5 g pour un verre de lait de vache. Il est donc riche en purines comme tous les aliments fortement protéinés.

Il est une très bonne source de phosphore, de magnésium, de zinc, de cuivre, de potassium et de manganèse. Le lait commercial est enrichi de calcium et de vitamine D.

Il contient les vitamines du complexe B, particulièrement la B2 (riboflavine) et la B12, qui sont ajoutées dans les boissons commerciales.

Le soya est naturellement très faible en gras saturés, il contient des oméga-6 et un peu d'oméga-3. Comme tout aliment végétal, il ne contient pas de cholestérol.

Faible en sodium (sel), il ne contient pas de sucre (lactose). Les boissons commerciales sont sucrées pour la plupart au jus de canne à sucre.

Boisson de céréales

Les boissons de céréales seront de préférence faites avec des céréales à faible teneur en gluten (riz, millet, épeautre, kamut, blé germé). Ils sont déséquilibrés à eux seuls comme tous les autres laits. Les boissons de riz commerciales sont très populaires grâce à leur goût sucré et à leur blancheur, mais ils ne sont pas adéquats pour assurer la croissance d'un enfant. Ils ne contiennent que très peu de protéines, soit 0,4 g par 250 ml, et trop de glucides. Ils sont à éviter, car ils augmentent la charge glycémique, ils nourrissent peu tout en ne satisfaisant pas l'appétit de l'enfant.

Faiblesses des laits de céréales

Pauvres en gras, ces laits doivent être enrichis de beurre de noix ou d'huile de première pression à froid.

Pauvres en vitamines si les céréales sont non germées, ces laits doivent êtres pris en alternance avec des jus de légumes et de fruits frais.

Riches en son, ces laits doivent être passés à travers un coton fin avant d'être servis aux jeunes enfants.

Les laits faits à partir de céréales germées sont plus riches en matières vivantes et plus digestes grâce aux enzymes qu'ils contiennent.

On a déjà incriminé les laits de céréales dans la mort de certains bébés. Les faits sont obscurs mais, quoi qu'il en soit, on devrait toujours alterner les laits. Certains médecins croient qu'il est nécessaire que l'enfant retrouve dans son alimentation des albumines[129] d'origine animale (lait, viande, œuf) pour avoir une croissance normale. Par contre, d'autres médecins comme le Dr Wilhelm zur Linden, pédiatre allemand, et le Dr Bircher, diététicien suisse, affirment le contraire! Entre temps, nous sommes certains de ne pas faire d'erreur en complétant avec l'allaitement maternel si l'enfant a moins de neuf mois.

Boisson d'amandes et autres

Ces boissons sont généralement faites à partir d'amandes, de graines de tournesol et de graines de sésame. Les noix et les graines sont trempées toute la nuit. Le lendemain, on broie le tout au mélangeur et on coule dans un coton fin. Ces boissons peuvent aussi se faire à partir de purées biologiques que l'on retrouve sur le marché. Elles peuvent servir à compléter les céréales des enfants si ces derniers n'ont pas d'allergie. Les boissons de noix et de graines ne sont pas plus équilibrées à elles seules. Leur principale caractéristique est d'être riches en gras. Il faut donc les varier. Elles se conservent moins longtemps, soit de 24 à 48 heures au réfrigérateur.

À la lecture de ce chapitre, nous pouvons maintenant affirmer que ce ne serait pas si compliqué de nourrir nos enfants si on se contentait de les allaiter au départ! On retient donc que ce ne sont pas les substituts qui manquent, mais ces laits ou boissons seront toujours incomplets si on les compare au lait maternel.

---

129. Albumine : type de protéines que nous retrouvons dans la viande, le lait et les œufs et dans certains végétaux tels les pois, les haricots et le blé.

Chapitre 14
L'alimentation solide

L'alimentation solide pour le bébé est devenue un casse-tête pour bien des parents tellement les théories s'entrechoquent. Heureusement que l'organisme humain a un pouvoir d'adaptation extraordinaire. Pour réussir à y voir clair, il est préférable de regarder ce qui se passe dans la nature et de suivre ce modèle. Avec un bébé, rien n'est jamais fixe. Il n'y a pas de règles, il n'y a que des fils directeurs. Il est amusant de se demander comment faisaient les mères d'autrefois pour donner des aliments solides à leurs enfants au petit âge. Le *prémâchage*, ça vous dit quelque chose? C'est la technique qu'emploient encore plusieurs peuples pour nourrir leurs bébés. Le procédé est simple. La mère mastique longuement l'aliment (quinze minutes pour une céréale!), elle le prédigère grâce à sa ptyaline (enzyme de la salive), elle le rend d'une bonne texture et à la bonne température. Il ne lui reste qu'à mettre l'aliment dans la bouche de l'enfant! C'est une bonne façon de faire pour ne donner que des aliments frais à votre bébé; vous ne salissez pas de vaisselle et vous n'avez pas de purée à mettre en réserve! Il est évident que cette méthode ne reviendra pas à la mode dans nos pays aseptisés, mais je trouvais important de souligner cette bonne vieille méthode, car un jour cette technique pourrait sauver la vie d'un jeune bébé. Et qui sait, il y a peut-être des mamans plus audacieuses qui auraient le goût de l'essayer. Seule la salive des femmes en âge de procréer est riche en facteurs, désinfectants et protecteurs. Il est donc préférable que ce soit la mère qui prémâche les aliments pour son bébé.

La période d'intégration des solides correspond souvent à l'apparition des incisives chez le bébé, soit vers six mois. Un bébé nourri au lait de sa mère se rendra souvent à cinq ou six mois sans ajout d'aliments solides, ce qui n'est pas le cas des bébés nourris aux préparations pour nourrissons. Actuellement, l'âge moyen où on introduit l'alimentation solide est de cinq à six mois. Par contre, il faut savoir que dès qu'on introduit l'alimentation solide dans le menu de notre enfant, il réduit sa capacité d'absorption du fer, autant du lait maternel que des formules de lait. D'où l'importance d'attendre vraiment que le besoin de l'enfant se fasse sentir et non pas se plier aux exigences d'une mode.

Nous savons donc que, à la naissance, le bébé boit environ six à huit fois par jour, soit une fois aux trois ou quatre heures. Plus le bébé est petit, plus souvent il boira. Un gros bébé fera souvent ses nuits plus rapidement qu'un plus petit. Vers l'âge de quatre mois, 70 % des bébés feront leurs nuits. Mais le bébé n'est pas réglé comme une horloge, à notre grand découragement quelquefois. Il vivra souvent trois périodes de croissance plus marquées, ce qui lui fera demander plus de boires. Il se peut donc qu'il commence à se réveiller la nuit, mais quelques jours de boires plus intenses le satisferont. Lorsque vous allaitez et que le bébé diminue les heures entre ses boires, il faut se demander si votre lait est à son meilleur.

Est-ce que je suis assez reposée? Est-ce que je bois suffisamment? Est-ce que je mange du pain de qualité (céréales complètes biologiques) et des céréales entières (riz brun, millet, orge, sarrasin tous les jours? Ai-je pensé à prendre des suppléments de levure en poudre ou en comprimés? Ai-je diminué mes portions parce que je voulais retrouver ma taille de guêpe? Est-ce que j'ai pensé à intégrer le jus de carottes biologiques frais une fois par jour dans mon alimentation? Est-ce que je suis épuisée parce que je laisse le bébé téter très longtemps à chaque boire (par exemple une heure pour l'allaitement)? Il est normal que le bébé satisfasse son besoin de succion, mais pas au détriment de la santé de sa maman. Il faut savoir qu'un bébé allaité prend environ 80 % de son lait dans les cinq premières minutes de la tétée. Alors, ne vous sentez pas coupable si au bout de trente minutes vous lui enlevez le sein.

On pourra compenser en lui offrant une sucette. Et vous saurez reconnaître rapidement la différence entre la vraie tétée et le « tétage ». C'est à vous d'imposer vos limites. Lorsque tous ces facteurs sont vérifiés et éliminés et que votre bébé persiste à réclamer le sein plus souvent, c'est le grand départ pour l'introduction des aliments solides.

Les purées

En alimentation naturelle, nous commençons sans hésiter par des légumes ou des fruits et non par des céréales raffinées du type Pablum. Nous éviterons ces céréales si le bébé n'a que quatre ou cinq mois pour plusieurs raisons.

Ce sont des céréales traitées, transformées, fortifiées avec des vitamines et minéraux de synthèse, d'où une moins grande assimilation.

Avant l'âge de six mois, les céréales sont formatrices de mucus. De plus, ce n'est qu'à partir de six mois que le pancréas se met peu à peu à sécréter dans le duodénum l'amylase pancréatique, enzyme essentielle à la digestion des céréales. Le bébé aura bien sûr commencé à produire l'amylase salivaire vers l'âge de trois mois. Un bébé qui mange des céréales plus tôt amène son corps à développer ses enzymes plus rapidement. Il faudrait donc débuter très lentement si c'était le cas.

Les céréales typiques que l'on donne au bébé sont le riz, l'orge et l'avoine. Le soya n'est pas une céréale, mais bien une légumineuse. On le retrouvera combiné avec une céréale comme Sobee (soya, farine de maïs) et Infantsoy (soya, blé, maïs). L'orge et l'avoine contiennent du gluten, ce dernier devenant facilement allergène avec les années. Il acidifie l'organisme et augmente la production de mucus. Pour cette raison, nous éviterons d'offrir quotidiennement des céréales à haute teneur en gluten aux enfants de moins de deux ans.

Les règles de base demeurent les mêmes

Le lait maternel est l'aliment de base du bébé. Nous donnerons donc le légume ou le fruit quinze à vingt minutes après la tétée. Si celle-ci était insuffisante, il mangerait goulûment le contenu de la cuillère. S'il recrache la nourriture ou ferme sa bouche, c'est qu'il n'est pas prêt à manger. On se reprend la semaine suivante si les boires demeurent trop rapprochés. Nous offrons un seul aliment à la fois. On le présente trois jours consécutifs.

On note s'il y a des symptômes d'allergie ou d'intolérance (rougeurs, vomissements, diarrhées, crampes, urticaire[130]). Si c'est le cas, on élimine temporairement cet aliment pour le présenter à nouveau vers l'âge d'un an. Une fois qu'un aliment a été adopté, on peut le présenter tout en donnant un aliment nouveau, car on sait que le premier est neutre.

Ces aliments doivent être donnés à la cuillère en quantité raisonnable. Une cuillère à thé fera très bien l'affaire. Le bébé aime bien sentir qu'il a quelque chose sur la langue, alors évitez de lui donner 1 ml de nourriture à la fois.

Voilà un dernier point qui cause bien des maux de tête : les quantités à donner à notre bébé. La règle d'or est que la mère suive son intuition et qu'elle respecte l'instinct de son enfant. Chaque bébé est différent, les règles ne conviennent jamais à tous les enfants. Le principe est de ne jamais forcer un bébé à manger. La Vie l'habite et il ne se laissera pas mourir de faim. Je ne parle pas ici de contexte exceptionnel, de séparation brusque.

Si notre bébé est de bonne humeur, qu'il a un beau teint, qu'il dort bien, qu'il grandit bien, qu'il est bien proportionné (ni trop gras, ni trop maigre) et qu'il a une bonne santé, son alimentation est sûrement adéquate. Méfiez-vous des courbes de croissance. Elles ont été déterminées grâce à des bébés nord-américains nourris à base de lait de vache (maternisé ou non), de céréales de type Pablum, de viande et de fromage, bien que l'OMS vienne de publier des courbes de croissance adaptées aux bébés allaités, mais elles ne sont pas toujours disponibles dans le cabinet des pédiatres. Vous

---

130. Urticaire : éruption cutanée caractérisée par la production d'élevures rosées ou rouges. Elles sont parfois décolorées au centre. Elles ressemblent à des piqûres d'ortie. Ces rougeurs s'accompagnent d'une sensation de brûlure et de démangeaison. L'urticaire fait généralement suite à une allergie alimentaire ou médicamenteuse.

les trouverez sur Internet. Les bébés non allaités sont souvent plus gros et plus grands jusqu'à un an, mais ces normes ne sont pas nécessairement des indices de santé. N'oublions pas qu'un bébé trop gras a plus de chance de souffrir d'obésité à l'âge adulte. Considérez aussi l'hérédité de l'enfant. Si le couple mesure en moyenne 1,65 mètre, il ne faudrait pas s'étonner que l'enfant soit plus petit que les autres enfants du même âge. Le Dr Carlos Gonzales, pédiatre espagnol et père de trois enfants, a publié un livre qui s'intitule *Mon enfant ne mange pas*. Il sera offert en français aux Éditions Ligue Internationale La Leche en 2010. Lorsqu'il aborde la problématique des courbes de croissance pour les enfants, il affirme qu'elles sont approximatives, artistiques, puisqu'elles tracent de belles formes arrondies pour être plus belles, de concepts mathématiques. Il affirme également que la croissance individuelle d'un enfant ne suit pas ces courbes, sinon on pourrait prévoir la grandeur et le poids de chacun de nos enfants pour les prochaines années et profitez des soldes de vêtements!

La variété des aliments est donc importante, mais elle ne doit pas devenir une obsession. L'alimentation de l'été sera toujours plus diversifiée que celle de l'hiver. Idéalement, nous choisirons des légumes et des fruits de notre région, car ils sont les mieux adaptés à notre métabolisme. Ils devront composer la base du menu quotidien et nous garderons les importations pour casser un peu la routine à l'occasion. Attention aux aliments irradiés, importés et qui restent anormalement frais!

Les légumes

Voici les légumes types que nous pouvons offrir à notre bébé. Choisissons-les biologiques le plus souvent possible.

- Courge orangée
- Carotte (source de constipation)
- Panais
- Brocoli (source de gaz)
- Patate douce
- Poivron doux rouge

- Haricot vert (source de gaz)
- Haricot jaune (source de gaz)
- Navet (source de gaz)
- Chou-fleur
- Épinard
- Rutabaga
- Endive
- Pomme de terre blanche ou rouge
- Betterave
- Céleri
- Oignon

Tous ces légumes doivent être cuits à la vapeur douce (marguerite) avec un minimum d'eau de source que nous garderons pour la mise en purée. Les légumes doivent être al dente pour conserver le maximum de vitamines, de minéraux et d'enzymes. La cuisson à l'étouffée est aussi excellente. Choisissez le plus possible des légumes biologiques pour votre bébé, car ces derniers sont équilibrés et faibles en nitrates. Insistez particulièrement sur les légumes-racines et les épinards biologiques. Il suffit par la suite de mettre le tout en purée dans le mélangeur. On pourra en garder une certaine quantité au réfrigérateur et congeler des portions dans de petits contenants de cubes de glace. Aussitôt qu'ils seront bien congelés, on remettra ces petits cubes dans des sacs de plastique en prenant soin d'enlever le surplus d'air et de bien indiquer le contenu et la date de la préparation.

Les fruits

Les fruits peuvent être offerts avant ou après les légumes, l'idéal étant de les intercaler. Ces derniers peuvent être donnés crus lorsqu'ils sont bien mûrs. Le mélangeur sera aussi l'outil clé pour cette étape, particulièrement celui avec le petit bocal. Broyez le fruit frais dans le petit mélangeur juste avant de servir.

- Pomme jaune (moins acide)

- Banane mûre écrasée (à l'occasion seulement, car très sucrée, elle peut causer du mucus et constiper)

- Poire (peut donner des selles molles)

- Pêche (biologique, car retient davantage les pesticides)

- Ananas (plus acide, éviter en percée dentaire)

- Abricot

- Kiwi (fruit acide, alterner avec d'autres fruits)

- Cantaloup

- Melon d'eau

- Avocat

- Fruits séchés et trempés : pruneau, abricot, raisin, datte, figue (contiennent de petits noyaux), donc toujours mélanger ces derniers avec une compote de pommes, car ils sont très sucrés, et les réserver pour l'hiver.

- Petits fruits (en saison) : fraise, mûre, bleuet, framboise, à partir d'un an, si le bébé n'a pas d'érythème fessier ou d'eczéma.

- Raisin sans pépins (ne jamais donner un raisin entier à un bébé car il risque de s'étouffer). Le raisin étant l'un des fruits les plus arrosés de produits chimiques, il convient de choisir des raisins biologiques.

Les oranges, les pamplemousses et les tomates seront évités avant l'âge de douze mois. Étant plus acides, ils occasionnent facilement des rougeurs aux fesses des bébés. Pour tous les aliments, la règle de la qualité domine. Lorsque vous pouvez vous procurer des produits biologiques, il faut les préférer. Ils sont plus nourrissants, plus équilibrés et sont exempts de produits chimiques. C'est le meilleur choix pour la santé de nos enfants. Sinon, lavez bien les légumes et les fruits avec un savon biodégradable et enlevez la pelure le plus souvent possible quand ils ne sont pas de culture biologique.

Les germinations

Une fois les purées de légumes et de fruits introduites, on pourra ajouter les germinations.

Dans le mélangeur, nous ajouterons à la purée du repas l'équivalent de 5 ml d'une variété de germination. Variez les sortes régulièrement.

- Trèfle rouge
- Fenugrec
- Tournesol en graines (2 ml)
- Pousse de tournesol (sur terreau)
- Pousse de sarrasin (sur terreau)
- Quinoa (2 ml)
- Luzerne (seulement si elle est fraîche : elle moisit facilement)
- En ajoutant de la germination à chacun des repas de bébé, vous lui offrez des vitamines, des minéraux et des enzymes de grande qualité.

Votre bébé a maintenant cinq, six ou sept mois, son appétit augmente rapidement. Il prend trois repas par jour, des fruits le matin, des légumes le midi et des légumes et des fruits au souper. Essayez de le mettre rapidement à l'horaire de la famille, sinon vous aurez toujours l'impression d'être à la cuisine. Vous avez donc ajouté de la germination et il a encore faim.

Les céréales

Nous voici maintenant à l'étape des céréales. Votre bébé doit avoir idéalement au moins six mois. Nous opterons pour des céréales faibles en gluten, idéalement jusqu'à l'âge de deux ans. L'excès de gluten avant cet âge augmenterait la perméabilité intestinale, ce qui aurait pour effet d'augmenter les risques d'allergie et d'intolérance. Les céréales idéales sont le riz brun, le millet, le quinoa, le sarrasin et l'amarante. Nous pouvons aussi offrir un peu d'épeautre, d'orge ou de kamut. Bien que ces céréales contiennent du gluten, elles sont plus facilement assimilables par le bébé. Nous éviterons donc le blé, le seigle et l'avoine. Il faut par contre user de bon sens. Même si l'enfant en mangeait à l'occasion chez ses grands-parents, il ne serait pas malade pour autant. C'est dans la diète quotidienne qu'il faut éviter ces aliments. Ce n'est jamais l'exception qui rend malade mais la régularité.

Les céréales seront données le matin et au souper. Le repas du midi sera réservé aux protéines plus concentrées. Les céréales seront données le plus simplement possible au début pour être plus agrémentées par la suite avec des fruits séchés, des purées d'oléagineux[131] ou des fruits frais râpés. Nous n'utiliserons jamais de sucre, de cassonade ni de sirop d'aucune sorte. Les céréales seront toujours données cuites ou germées. Les céréales entières crues sont indigestes pour la plupart des gens et encore plus pour les bébés. La populaire crème Budwig devrait être trempée depuis la veille (céréales et noix) pour être complétée au matin. Elle pourra être donnée au bébé vers l'âge d'un an. Les céréales seront donc introduites lentement, car plus l'enfant en mange, plus il développe les enzymes nécessaires à leur digestion.

Les céréales du matin pourront donc être à tendance sucrée (fruits râpés ou en compote), tandis qu'au repas du soir elles seront plutôt relevées (c'est-à-dire cuites avec des herbes aromatiques, agrémentées d'un peu de céleri, d'oignon, de poireau, de bouillon de légumes ou de bouillon de poulet maison). Le tout se fait graduellement selon l'âge du bébé. À partir d'un an, nous pourrons ajouter une goutte de miso ou de Tamari dans les céréales du soir. Et, selon les habitudes familiales, nous ajouterons les épices en petites quantités comme le cumin, le curcuma, le gingembre, etc.

Les beurres de graines et de noix

Les graines et les noix sont des aliments très nourrissants (voir l'annexe 3). S'il n'y a pas d'allergies familiales aux noix ou aux graines, il y a peu de chance que votre bébé soit allergique à ces aliments. Par précaution, choisissez des beurres de graines, car ils sont beaucoup moins allergènes que les beurres de noix. La règle des allergies reste la même; vous en mettez une petite quantité sur

---

131. Oléagineux : plantes ou graines riches en huile (tournesol, sésame, olive).

la peau du bébé et vous observez s'il y a une rougeur. Si aucune rougeur n'apparaît le lendemain, mettez une petite quantité de beurre de graines de citrouille, par exemple, sur le bord de sa bouche et observez le résultat. Vous pourriez le mettre en contact avec ces beurres de cette manière, trois jours d'affilé, avant de lui en donner dans ses aliments. Si vous êtes, vous-même ou votre conjoint, allergiques à certaines noix ou graines, retardez leur consommation et évitez les aliments auxquels vous êtes allergiques.

Idéalement, nous faisons tremper les graines toute la nuit dans de l'eau de source. Le matin, il suffit de les mettre en purée avec l'eau de trempage. Vous pouvez aussi vous procurer ces « beurres » dans les marchés d'alimentation naturelle.

Ajoutez ces beurres de graines de citrouille, de chanvre ou de tournesol aux céréales du matin. Ne jamais les donner à la cuillère ni sur du pain car ils collent au palais. Cette purée apportera des vitamines, des minéraux, des oligoéléments, des protéines ainsi que de bons gras à votre bébé. Même si ces beurres sont riches en gras, ce sont des aliments très nutritifs. Éviter au début le beurre de sésame, d'amande et de noisette, car ils sont plus susceptibles de causer des allergies.

Les protéines

Les protéines sont par la suite introduites. Plusieurs auteurs, dont certains pédiatres, suggèrent de ne pas donner de viande rouge avant l'âge de deux ans (multiples problèmes reliés aux gras saturés ainsi qu'au cholestérol). Et d'autres recommandent une diète lacto-végétarienne jusqu'à l'âge de trois ans.

On introduira donc graduellement le midi les aliments suivants :

- tofu (30 à 60 g)

- yogourt nature (75 ml)

- légumineuses germées cuites (doliques à œil noir, lentilles, fèves rouges) mises en purée (50 ml)

- fromage cottage (50 ml)

- poisson (45 g), privilégier les poissons blancs au début

- poulet (45 g)

- dinde (45 g)

- jaune d'œuf biologique. Toujours le donner cru mais étuvé (œuf poché trois minutes dont on a enlevé le blanc, car ce dernier est allergène avant l'âge d'un an). Deux à trois fois par semaine.

- Jamais de charcuterie ni de jambon trop riche en nitrites et nitrates.

- Varier les viandes rouges : agneau, autruche, bison, veau, bœuf, etc.

Encore une fois, les proportions augmenteront avec l'âge et ces protéines seront toujours servies avec des légumes variés. Les fruits ne sont donnés que le matin et au souper. L'idéal serait de les offrir, à partir de l'âge de dix-huit mois, en collation, l'après-midi.

Dès l'âge de huit mois, il faut penser à épaissir les purées sinon votre bébé fera la guerre à tous les grumeaux qu'il goûtera. Le sucre raffiné est à exclure sous toutes ses formes jusqu'à au moins deux ans. Votre bébé n'en souffrira pas, car il n'y aura pas goûté. Soyez strict avec les grands-parents sur ce point. C'est le meilleur moyen d'éviter que votre enfant ne devienne un esclave du sucre avec tous les problèmes que cela comporte. Regardons nous-mêmes la dépendance que ce sucre nous apporte et toute la perte d'énergie qui s'ensuit.

Les algues (voir annexe 4)

À ce stade-ci, nous pouvons encore enrichir la qualité de l'alimentation de notre bébé, cette fois avec des algues. Il en existe plusieurs sortes sur le marché. Il suffit d'alterner nos achats pour aller chercher le meilleur de chacune des algues.

Toutes les algues sont riches en protéines, vitamines, minéraux et oligoéléments dont le calcium, le fer, l'iode et bien d'autres. En plus de ces nutriments, les algues sont riches en chlorophylle, ce qui permet un autonettoyage de l'organisme en plus de faire diminuer l'acidité.

Au début, saupoudrez-en une pincée dans sa nourriture (et dans la vôtre!) et augmentez graduellement. Vers l'âge de deux ans, un enfant peut facilement manger 5 ml d'algues réhydratées par jour. Ces algues seront toujours trempées avant la consommation pour enlever l'excès de sel.

Les produits-clés

À partir de huit mois, nous compléterons l'alimentation du bébé par des produits-clés. Si votre bébé n'est plus allaité, il faudra lui donner des huiles de première pression à froid (lin, chanvre, germe de blé), soit 2,5 ml par jour dans sa purée de légumes, dont quelques gouttes dans son jus de légumes, s'il en prend, et augmenter à 5 ml par jour à un an. On ajoutera aussi à ses aliments du germe de blé (riche en vitamines B et E), soit 1 ml à huit mois, jusqu'à 2,5 ml vers un an. On ajoutera également de la levure alimentaire (type Engevita ou Bjast), soit 1 ml à huit mois jusqu'à 2,5 ml vers un an. Tous ces produits peuvent être ajoutés aux aliments tous les jours, sans exagération, bien sûr.

Résumé des étapes du sevrage

Purées de légumes et de fruits (cinq à six mois)

Germinations (six à sept mois)

Céréales (six à sept mois)

Beurres de graines (sept à huit mois)

Protéines (sept à huit mois)

Algues (neuf à dix mois)

Produits-clés : germe de blé, huile de première pression à froid, levure (dès la fin de l'allaitement)

Par la suite, les règles suivantes sont à respecter :

Il faut éviter de donner plus de trois fois par jour des féculents et des céréales, donc pas de pain ni de biscuit en collation.

Les collations sont réservées aux fruits frais, à de l'eau pure et à des jus frais à l'occasion, à moins que vous sachiez que le prochain repas sera retardé et qu'il a besoin d'une collation plus soutenante.

Un bébé allaité n'a pas besoin de manger en plus des produits laitiers de vache, à moins que vous ayez besoin d'augmenter son poids. S'il n'est plus allaité, évitez de dépasser une portion de produits laitiers par repas, donc trois portions par jour au maximum. Les donner sous forme de lait entier, de yogourt nature ou de fromage maigre.

À la fin du repas, offrir un peu de lait végétal ou de lait de chèvre au gobelet.

Terminer le repas avec un biscuit sec ou un demi-muffin, à l'occasion, si le repas était léger (par exemple, soupe-repas).

Lorsque la tétée du dodo est terminée, éviter de la remplacer par des aliments. Offrir un peu d'eau, tout simplement.

Les allergies alimentaires

Certains aliments risquent de faire réagir votre enfant, que ce soit par des coliques, des gaz, des maux de ventre, des rougeurs, des diarrhées, de l'urticaire, de l'eczéma ou même de l'asthme. Le nez peut devenir congestionné sans qu'il n'y ait de rhume ou les yeux peuvent couler sans raison. Il s'agit, plus souvent, d'une intolérance passagère plutôt que d'une véritable allergie.

Voici donc une liste de ces aliments allergènes mais elle n'exclut pas la possibilité qu'un autre aliment puisse faire réagir votre bébé.

- Les produits laitiers de vache ou de chèvre
- Le blanc et le jaune d'œuf
- Certaines légumineuses comme le soya ou les arachides
- Certaines noix comme les noix de Grenoble et du Brésil
- Les céréales concentrées en gluten comme le blé et l'avoine
- Certains fruits comme les oranges, les citrons, les pamplemousses, les pêches, les abricots, les tomates, les fraises, les framboises, les melons, les bananes et les avocats
- La courge spaghetti
- Certaines laitues

- Les poivrons

- Les pousses de luzerne non fraîches, à cause des moisissures

- Le poisson et les fruits de mer

- La noix de coco

- Le chocolat

- Les produits chimiques tels que le glutamate monosodique, les sulfites et les colorants

Lorsqu'un enfant réagit à un aliment, notez-le et représentez-lui quelques mois plus tard en petite quantité. Si votre bébé présente une allergie aux œufs, informez-en votre médecin lorsque viendra le temps de lui injecter le vaccin contre la rougeole-rubéole-oreillon à l'âge d'un an. Ce vaccin est fabriqué à partir d'une base d'albumine.

Exemples d'horaires selon l'âge

L'horaire diffère d'un bébé à l'autre. On retient que le lait maternel est l'aliment de base de l'enfant jusqu'à un an. Il prendra donc son repas après la tétée. Le principe demeure le même pour les autres laits. On essaiera toujours de lui donner son repas rapproché du repas de la famille.

Voici des *exemples* d'horaires que le bébé peut avoir.

5 à 6 mois

Lever .... Tétée ou biberon (200 à 250 ml)

Déjeuner ...... Purée de fruits

.... Tétée

.... Tétée

.... Tétée

Souper .... Purée de légumes

19-20 h .... Tétée de la nuit (le bébé de cet âge prendra souvent un autre boire pendant la nuit)

6 mois

Lever .... Tétée ou biberon (200 à 250 ml)

Déjeuner ...... Céréales avec lait maternel, formule pour bébé ou lait de chèvre et purée de fruits

.... Tétée

.... Tétée

Dîner .... Purée de légumes

.... Tétée

Souper .... Purée de légumes

19-20 h .... Tétée de la nuit (boire pendant la nuit à la demande)

7 mois

Lever .... Tétée ou biberon (200 à 250 ml)

Déjeuner ...... Céréales avec lait maternel, formule pour bébé ou lait de chèvre et fruits (jaune d'œuf peut être incorporé, trois fois par semaine)

.... Tétée

.... Tétée

Dîner .... Purée de légumes et légumineuse (ex. : tofu)

.... Tétée

Souper .... Céréales avec lait maternel, formule pour bébé ou lait de chèvre et purée de légumes et germinations

19-20 h .... Tétée de la nuit (boire pendant la nuit à la demande)

8 mois

Lever .... Tétée

Déjeuner ...... Céréales avec lait maternel, formule pour bébé ou lait de chèvre, beurre de graines et fruits

.... Tétée

Dîner .... Légumes-racines, légumes verts et légumineuse ou viande

.... Tétée

Souper .... Céréales avec lait maternel, formule pour bébé ou lait de chèvre, purée de légumes et germinations

19-20 h .... Tétée de la nuit

9 mois

Lever .... Tétée

Déjeuner ...... Céréales avec lait maternel ou lait de chèvre et levure alimentaire ou germe de blé et fruits ou céréales avec lait maternel ou lait de chèvre et beurre de graines (s'il n'y a pas d'allergie) et fruits

.... Tétée

Dîner .... Légumes-racines, légumes verts et viande ou poisson

.... Tétée

Souper .... Céréales relevées avec des fines herbes, du miso, des oignons, etc., légumineuses et légumes

19-20 h .... Tétée de la nuit

10 mois

Lever .... Tétée

Déjeuner ...... Céréales avec lait maternel ou lait de chèvre, fruits, levure et demi-tranche de pain rôti avec huile d'olive ou petite tartinade de beurre de graines (s'il n'y a pas d'allergie)

.... Tétée

Dîner .... Légumes-racines, légumes verts et viande ou poisson

.... Tétée

Souper .... Céréales relevées avec des fines herbes, du miso, des oignons, etc., légumineuses, légumes et fromage cottage (s'il n'y a pas d'intolérance ou de rhume)

19-20 h .... Tétée de la nuit

11 mois

Lever ....Tétée

Déjeuner......Céréales avec lait maternel ou lait de chèvre, fruits et demi-tranche de pain rôti avec un peu de beurre de graines ou muffin santé

...................Tétée

Dîner ....Légumes racines + légumes verts + viande ou poisson

...................Tétée

Collation ......Fruits frais et eau ou jus frais

Souper.........Céréales relevées avec des fines herbes, du miso, des oignons, etc., légumineuses, légumes et yogourt nature (s'il n'y a pas d'intolérance ou de rhume)

19-20 h ....Tétée de la nuit

12 mois

Lever ....Tétée

Déjeuner......Céréales avec lait maternel ou lait de chèvre, fruits ou muffin santé fruits ou rôtie au levain avec beurre de graines et petit gobelet de lait de chèvre

...................Tétée

Dîner ....Légumes racines, légumes verts et omelette (on peut ajouter le blanc d'œuf cuit)

...................Tétée

Collation ......Fruits frais + eau

Souper.........Céréales relevées avec des fines herbes, du miso, des oignons, etc., légumineuses, légumes et fromage cottage (s'il n'y a pas d'intolérance ou de rhume)

19-20 h ....Tétée de la nuit

Fiche-repas

De : _____

Âge du bébé ou date	Aliment	Réaction

Fiche-repas

De : _____

Âge du bébé ou date	Aliment	Réaction
_____	_____	_____
_____	_____	_____
_____	_____	_____
_____	_____	_____
_____	_____	_____
_____	_____	_____
_____	_____	_____
_____	_____	_____
_____	_____	_____
_____	_____	_____
_____	_____	_____
_____	_____	_____
_____	_____	_____
_____	_____	_____
_____	_____	_____
_____	_____	_____
_____	_____	_____
_____	_____	_____

Fiche-repas

De : _____

Âge du bébé ou date	Aliment	Réaction
_____	_____	_____
_____	_____	_____
_____	_____	_____
_____	_____	_____
_____	_____	_____
_____	_____	_____
_____	_____	_____
_____	_____	_____
_____	_____	_____
_____	_____	_____
_____	_____	_____
_____	_____	_____
_____	_____	_____
_____	_____	_____
_____	_____	_____
_____	_____	_____
_____	_____	_____
_____	_____	_____
_____	_____	_____

Fiche-repas

De : _____

Âge du bébé ou date	Aliment	Réaction
_____	_____	_____
_____	_____	_____
_____	_____	_____
_____	_____	_____
_____	_____	_____
_____	_____	_____
_____	_____	_____
_____	_____	_____
_____	_____	_____
_____	_____	_____
_____	_____	_____
_____	_____	_____
_____	_____	_____
_____	_____	_____
_____	_____	_____
_____	_____	_____
_____	_____	_____
_____	_____	_____
_____	_____	_____

Fiche-repas

De : _____

Âge du bébé ou date	Aliment	Réaction
_____	_____	_____
_____	_____	_____
_____	_____	_____
_____	_____	_____
_____	_____	_____
_____	_____	_____
_____	_____	_____
_____	_____	_____
_____	_____	_____
_____	_____	_____
_____	_____	_____
_____	_____	_____
_____	_____	_____
_____	_____	_____
_____	_____	_____
_____	_____	_____
_____	_____	_____
_____	_____	_____
_____	_____	_____
_____	_____	_____

Fiche-repas

De : _____

Âge du bébé ou date	Aliment	Réaction
_____	_____	_____
_____	_____	_____
_____	_____	_____
_____	_____	_____
_____	_____	_____
_____	_____	_____
_____	_____	_____
_____	_____	_____
_____	_____	_____
_____	_____	_____
_____	_____	_____
_____	_____	_____
_____	_____	_____
_____	_____	_____
_____	_____	_____
_____	_____	_____
_____	_____	_____
_____	_____	_____

Fiche-repas

De : _____

Âge du bébé ou date	Aliment	Réaction
_____	_____	_____
_____	_____	_____
_____	_____	_____
_____	_____	_____
_____	_____	_____
_____	_____	_____
_____	_____	_____
_____	_____	_____
_____	_____	_____
_____	_____	_____
_____	_____	_____
_____	_____	_____
_____	_____	_____
_____	_____	_____
_____	_____	_____
_____	_____	_____
_____	_____	_____
_____	_____	_____

Chapitre 15

Les facteurs naturels de santé chez le nourrisson

L'application quotidienne des facteurs naturels de santé est primordiale pour les naturopathes. Ces facteurs naturels de santé sont reconnus depuis la nuit des temps. Hippocrate, le père de la médecine, les enseignait. Paul Carton, médecin français, prônait déjà ces méthodes naturistes dans les années 30 pendant que Herbert M. Shelton faisait de même en Amérique. Sans nommer ces facteurs par leur nom, tous les peuples, qui utilisent leur médecine traditionnelle[132] pour se soigner, appliquent en tout ou en partie ces facteurs naturels de santé. Nous allons revoir ici ces facteurs naturels de santé appliqués à la vie de nos jeunes enfants. Mais sachez d'abord que les conditions de notre santé sont toujours tributaires de la qualité de ces facteurs dans notre vie. Malgré la pollution de la planète, malgré des lieux climatiques non favorables, malgré notre modernisme, il y a toujours des moyens à prendre pour minimiser les impacts négatifs que ces contraintes nous apportent. En étant plus conscients de l'importance de l'environnement dans nos vies, nous allons peut-être nous décider à agir afin que la dégradation de notre milieu de vie cesse.

---

132. Médecine traditionnelle : contrairement à ce que l'on croit, la médecine d'aujourd'hui n'est pas la médecine traditionnelle, c'est une médecine dite moderne ou courante. La médecine traditionnelle fait référence aux soins locaux que chaque peuple a développés depuis la nuit des temps pour guérir ses malades.

Air pur

L'air est essentiel à la vie. L'air pur, bien sûr. Il faut éviter de fumer dans l'environnement de notre enfant, car ce dernier devient un fumeur passif. Ses bronches et ses poumons en seront très touchés. La croissance des alvéoles pulmonaires se poursuit jusqu'à l'âge de vingt ans. Si un enfant de huit ans est exposé à la cigarette comme fumeur actif ou passif, la destruction d'une seule alvéole pulmonaire le prive de vingt alvéoles supplémentaires à l'âge adulte! En plus de diminuer sa capacité respiratoire, il deviendra plus fragile à la toux et aux bronchites. Sans parler de tous les polluants que ça lui apporte : nicotine, goudron, oxyde de carbone, colorants et résidus de toutes sortes. Les risques reliés au cancer ne concernent pas que les poumons. L'habitude de fumer augmente aussi les risques de cancer du larynx, de la bouche, de l'œsophage, de la vessie, du rein et du pancréas.

Fumez à l'extérieur si vous y tenez, mais respectez l'environnement de votre bébé. Notre enfant n'a pas à payer pour nos dépendances, quelles qu'elles soient. Aérez la maison tous les jours, même l'hiver, aérez particulièrement les pièces où habite votre bébé. Ne fumez jamais dans la voiture quand le bébé est avec vous, seuls les fumeurs n'y étouffent pas!

Une bonne oxygénation est primordiale pour les petits et les grands. Votre bébé peut donc dormir à l'extérieur le plus souvent possible. En saison froide, il suffit de bien l'emmitoufler. Doublez le fond de la poussette avec une bonne couverture. Procurez-vous un moniteur à distance, même si votre porte-fenêtre est fermée, vous allez toujours entendre votre bébé. Pourquoi se donner tant de mal, me direz-vous? Tout simplement parce qu'ainsi, votre bébé respire un air sain et il est davantage exposé aux rayons cosmotelluriques[133]. Ces derniers ne se voient pas, ils sont subtils, mais ils sont là.

Vous constaterez que votre bébé dormira mieux et ses siestes seront plus longues.

---

133. Cosmo-tellurique : qui vient du ciel et de la terre.

Vous avez sûrement constaté que les enfants sont plus turbulents avant l'orage ou la tempête. Même les rhumatismes des personnes âgées réagissent à ces conditions. Ce phénomène est simplement dû à l'ionisation de l'air ambiant. Avant les orages, il y a une grande accumulation d'ions positifs dans l'air, ces derniers sont nocifs pour notre santé. Après la pluie ou la neige, il y a alors surabondance d'ions négatifs dans l'atmosphère. C'est derniers sont bénéfiques, voire dynamisants pour notre organisme.

C'est pour la même raison qu'on se sent si bien lorsqu'on fait une randonnée en forêt, lorsqu'on marche sur le bord de la mer ou lorsqu'on se prélasse sur le bord d'une cascade. Ce sont des lieux où il y a une très grande concentration de ces bons ions dits négatifs.

Voici quelques exemples de concentration d'ions négatifs en différents lieux :

Lieux	Concentration d'ions négatifs
Automobile	10 à 15 ions par cc
Locaux fermés	50 à 60 ions par cc
Ville	150 à 450 ions par cc
Campagne	1 000 à 2 000 ions par cc
Montagne	6 000 à 8 000 ions par cc
Chutes Niagara	100 000 ions par cc

Ces chiffres parlent d'eux-mêmes. Chaque semaine, nous devrions faire une randonnée en forêt, surtout lorsque nous habitons la ville. Il existe beaucoup de sacs à dos pour bébé. Vérifiez la qualité et le confort qu'ils vous offrent avant d'en acheter un. C'est un accessoire indispensable qui se revendra très bien lorsque votre famille sera complète.

Il existe aussi sur le marché des ioniseurs de différentes qualités. Mieux vaut y mettre le prix pour s'assurer de la performance. Ils sont surtout recommandés aux personnes souffrant de troubles respiratoires. Par contre, il se vend aussi des diffuseurs d'huiles essentielles à prix abordable et de très bonne qualité. Ces appareils diffusent dans l'air de la maison des microgouttelettes d'huiles

essentielles de plantes ou de fleurs. Ces huiles purifient l'atmosphère et apportent des ions négatifs à votre environnement. Vous
devez éviter de les utiliser chez les enfants âgés de moins de trente
mois.

Il existe des mélanges d'huiles qui ont des propriétés spécifiques :
respiratoires, calmantes, dynamisantes. Informez-vous auprès d'un
aromathérapeute qualifié. Recherchez celles qui conviennent aux
jeunes enfants.

Découvrez la passion des plantes dans votre maison. Choisissez
des fougères ou des petits conifères. Ce sont les plantes les plus
performantes pour ioniser l'air de votre habitat. Et pour terminer,
profitez de la chaleur de l'été pour mettre votre bébé en couche
sur l'herbe. De préférence, tôt le matin, lorsqu'il reste encore
de la rosée. C'est la meilleure méthode pour se recharger en ions
négatifs. Profitez-en pour être pieds nus, vous aussi!

Vous aurez peut-être à confier votre enfant à une gardienne à un
moment ou à un autre. Prenez soin de trouver un milieu de garde
non fumeur et exigez que votre enfant sorte à l'extérieur deux fois
par jour, surtout l'été. N'oubliez pas qu'il passera une grande
partie de sa semaine dans ce milieu de vie. C'est à votre tour d'être
employeur lorsque vous engagez une gardienne, alors soyez précis
dans vos exigences. C'est la gardienne qui doit s'adapter à vos
demandes et non l'inverse.

Eau pure

Sans eau, il n'y a pas de vie. Les adultes sont composés de près de
70 % d'eau et les bébés, de 75 à 80 % d'eau. Plus nous vieillissons,
plus nous nous déshydratons! La peau se flétrit avec les années,
n'est-ce pas? Quelle eau doit-on boire? La difficulté du choix réside
dans le fait que l'eau est un liquide clair, transparent, difficile à
différencier. Nous pourrions remplir dix verres d'eau de différentes provenances et nous serions incapables de les différencier à
la vue (comme quoi il ne faut pas toujours se fier à ce qu'on voit!).
Par contre, si on nous permettait d'y goûter, plusieurs personnes
pourraient détecter des goûts différents donc des compositions
différentes. Plus l'individu a une capacité gustative développée,

plus subtile sera son évaluation (les fumeurs, les buveurs de café, de thé et d'alcool ont une capacité gustative moins sensible). Étant donné que cette sélection par l'apparence et le goût est subjective, il est préférable de la faire analyser. Mais selon quels critères? C'est encore un piège.

Actuellement, on vous dit qu'une eau est propre à la consommation en faisant une analyse bactériologique. On vérifie quelle quantité de bactéries, surtout des colibacilles, elle contient. On la traite par décantation, filtration, ajout de chlore et traitement à l'ozone pour en arriver à un nombre de bactéries négligeable. Mais qu'en est-il des métaux lourds, des résidus de l'industrie, de l'accumulation de certaines hormones dans l'eau, de sa concentration souvent élevée en minéraux? Louis-Claude Vincent, ingénieur-hydrologue français, a développé vers les années 50 un système de mesure qu'on nomme bioélectronique de Vincent. Cet appareil permet de contrôler trois paramètres de n'importe quelle substance biologique :

1) l'équilibre acidobasique (pH)

2) l'équilibre d'oxydo-réduction (rH_2)

3) la concentration électrolytique (rō)

Louis-Claude Vincent s'est vite rendu compte que le pH de nos eaux de boissons étaient beaucoup trop alcalin (pH de 7,7 et plus) par rapport à notre sang, qui est à un pH physiologique de 7,2. Que ces eaux étaient aussi très oxydées (à cause en partie de l'ajout de chlore et d'ozone), rH_2 de 28-30 pour un rH_2 sanguin de 24. Et que finalement, ces eaux étaient trop chargées en électrolytes (rō)[134]. Plus l'eau est chargée en minéraux de toutes sortes, plus elle encrasse l'organisme.

Finalement, ce qu'il faut comprendre, c'est que notre santé, notre équilibre intérieur, se vit selon des normes très précises (comme

---

134. La concentration des électrolytes dans une solution se mesure par la résistivité électrique. Les eaux dites potables ont une résistivité basse à moins de 5 000 contrairement à une eau bonne à la consommation qui devrait être à plus de 5 000 de résistivité. On ne peut comparer cette mesure directement à la résistivité du sang (rō normal à 220). Par contre, plus les eaux de boissons sont chargées en électrolytes, plus elles font descendre en rebond la résistivité du sang.

l'ajustement du moteur de nos automobiles). Plus nous donnons à notre corps des aliments et des liquides impropres à la vie, plus son équilibre interne se perturbera jusqu'à créer la maladie. La maladie ne vient pas du ciel, elle n'est pas laissée au hasard. Elle est l'aboutissement logique d'une méconnaissance des lois de la vie et du non-respect de ces dernières. L'eau qui est le constituant majeur de notre être se doit d'être harmonisée avec notre milieu de vie. Quelle eau la vie nous a-t-elle offerte? L'eau de pluie, l'eau de source, l'eau des rivières. Notre problème aujourd'hui est le niveau de pollution. Il faut donc trouver le mieux, à défaut d'avoir le meilleur! Ce qui est propre à la consommation pour notre famille, ce sont certaines eaux de source, non ozonées à moins de 100 ppm de minéraux (lire les étiquettes) ou bien encore une eau filtrée selon la méthode d'osmose inversée. Cette eau s'achète dans certains magasins ou bien on se procure ce système de filtration pour l'installer dans la cuisine. Ce procédé est relativement coûteux, mais il est économique pour les grandes familles. Les filtres doivent être changés périodiquement pour garder l'efficacité du système.

L'eau distillée est obtenue par distillation. C'est en fait de la vapeur d'eau recondensée qui ne contient aucuns minéraux. C'est une eau, dite thérapeutique, qui sera utile pour faire des cures de nettoyage. On ne la donne jamais quotidiennement à nos enfants afin d'éviter une déminéralisation. Les filtres au charbon (style Brita) sont utiles pour enlever le chlore, une partie des sédiments, les pesticides et une partie des micro-organismes. C'est une méthode qui a son utilité pour certaines régions, mais ce n'est pas une technique performante. Les filtres doivent être changés fréquemment, ce qui implique des coûts considérables avec le temps. L'eau provenant d'une source ou d'un puits à la campagne doit être analysée. Elle peut être trop concentrée en minéraux (plus de 100 ppm) ou elle peut contenir un taux élevé de bactéries au printemps ou à l'automne lors des pluies diluviennes.

L'eau étant indispensable, nous devrons habituer nos enfants à en boire quotidiennement. À partir de sept ou huit mois, on pourra offrir un peu d'eau au gobelet. Au début, les bébés s'étouffent facilement, car l'eau n'a pas un goût prononcé. Vous pouvez mettre un filet de jus dans le gobelet ou le biberon pour l'aider à goûter, donc à mieux avaler. Dès que possible, vous lui offrez de l'eau pure. Les jus demeurent l'exception. Ils servent à désaltérer l'été lors de la collation ou sous forme de jus de légumes frais au repas. En tout autre temps, offrir de l'eau. Combien d'adultes ne prennent pas l'ombre d'un verre d'eau par jour, c'est antiphysiologique! L'eau, c'est aussi la baignade. L'idéal serait de se baigner dans les lacs, les rivières ou la mer. C'est une eau vivante et dynamisante. Il faut se méfier des piscines chlorées surtout en période de grande canicule. Plus il y a de chlore, plus il y a propagation de bactéries pathogènes (à cause du milieu très alcalin). Plusieurs enfants ont des rhumes et des otites à ce temps de l'été. Souvenons-nous que la peau est un organe. Nous assimilons (mangeons) par notre peau. Le chlore est reconnu depuis longtemps comme un facteur de cancérisation. Boire une eau chlorée en plus de se baigner quotidiennement dans une eau fortement chlorée, ce ne sont pas des facteurs négligeables pour notre santé! La filtration au sel est plus coûteuse, mais moins dommageable. Informez-vous à votre maître-piscinier. Soyez à l'écoute de vos enfants, car plusieurs développent une allergie au chlore (éternuements, rougeurs, démangeaisons).

On ne peut pas parler d'eau sans parler de propreté. La salubrité[135] de notre milieu de vie est un facteur de protection contre bien des maladies. C'est d'ailleurs l'amélioration de l'hygiène qui a fait reculer les maladies endémiques dans le monde. En Amérique du Nord, nous sommes plutôt confrontés à l'excès! La maison doit être propre, c'est bien. Il faut éviter les moisissures causées par un excès d'humidité. Ces dernières sont beaucoup plus toxiques qu'on peut le croire. Par contre, attention à l'excès de propreté sur le corps! Les savons sont en général alcalins. Ils altèrent le pH normal de notre peau, qui est acide. Ils brisent notre première ligne de défense contre les microbes. Choisissez un savon à pH légèrement acide, non parfumé artificiellement et utilisez-le avec parcimonie. N'utilisez le savon que pour les endroits vraiment sales. L'hiver, il n'est pas nécessaire de donner un bain aux enfants (un an et

---

135. Salubrité : caractère de ce qui est favorable à la santé des hommes.

plus) tous les jours. La peau sécrète une huile protectrice qu'il faut respecter. Un bain aux deux ou trois jours est suffisant pour des enfants qui n'ont pas encore développé leurs glandes sudoripares. Profitez-en pour leur faire prendre des bains reminéralisants en ajoutant dans la baignoire du gros sel de mer gris ou du vinaigre de cidre de pomme, car la peau a une capacité d'assimilation non négligeable.

L'eau est porteuse de la Vie. Apprenons donc à la respecter et à la chérir. Ne la gaspillons plus. C'est une ressource naturelle qui a atteint ses limites. Ouvrons-nous les yeux!

Soleil

Le soleil est lui aussi nécessaire au maintien de la vie. Mais que reçoit-on comme message dans tous les médias? Un message de peur! Les médias sont en train de créer la phobie du soleil! Nous qui en avons si peu. Il faut prendre le temps de bien lire les informations. En 1995[136], on nous donnait le résultat d'une étude qui confirmait que les cancers de la peau ont augmenté non pas dans les pays où l'ozone avait disparu, mais plutôt dans les régions où on utilise le plus de crèmes solaires! En Norvège, il n'y a pas de trou dans l'ozone, mais le cancer de la peau a augmenté de 350 % chez les hommes et de 440 % chez les femmes. Par contre, les Norvégiens utilisent depuis près de cinquante ans des crèmes solaires toutes aussi chimiques les unes que les autres! Souvenez-vous du PABA qu'on a retiré du contenu des crèmes solaires parce qu'on avait découvert qu'il favorisait le cancer. On ne nous dit pas d'éliminer ces crèmes suspectes de nos pharmacies ni d'utiliser le soleil plus intelligemment et encore moins d'augmenter notre immunité naturelle pour nous protéger de l'intérieur.

Le soleil a de nombreuses propriétés dont un puissant pouvoir bactéricide ou désinfectant. Pensez aux gens qui ont des problèmes d'eczéma, de psoriasis ou d'acné qui sont soulagés ou même guéris lorsque la saison estivale survient. Souvenez-vous des habitudes de nos grands-mères qui sortaient les matelas et les oreillers dehors

---

136. *Le Soleil*, 26 mars 1995.

au printemps. Cette exposition au soleil tuait les acariens[137] qui s'y étaient développés pendant l'hiver. Le soleil nous permet aussi de synthétiser la vitamine D, vitamine qui nous permet de mieux fixer notre calcium pour nous donner une ossature en santé.

De plus, le soleil nous apporte des ondes lumineuses essentielles pour le bon fonctionnement de notre cerveau et de nos glandes. Saviez-vous que la présence de la lumière naturelle vous permet de régler votre horloge biologique? Qu'elle maximise le fonctionnement de la glande pinéale et de la thyroïde? Pensez aux dépressions saisonnières qui coïncident avec un manque de luminosité naturelle. Tout est encore à découvrir quant à l'influence biochimique du soleil dans nos vies. Alors que faire avec cet astre lumineux? Il faut éviter de s'exposer au soleil lorsqu'il est au zénith, c'est-à-dire entre 10 h 30 et 14 h 30. Il est toujours préférable de bouger lorsque nous sommes exposés au soleil (travailler, jardiner, marcher, jouer) afin que les stérols[138] qui sont amenés à la peau par l'action du soleil ne soient pas tous concentrés au même endroit (cancer au visage pour le fermier, cancer sur le bras pour le camionneur). L'habitude de porter un chapeau protège le visage. Portez des vêtements légers, mais qui couvrent bien lorsque vous devez vous exposer de longues périodes. Choisissez des crèmes solaires dans les magasins d'alimentation naturelle. Leurs ingrédients sont de meilleure qualité quoique jamais naturels à 100 %. Prenez-les au besoin et non tous les jours. Ce sont les mêmes habitudes à adopter pour nos enfants. Je vois des adultes et des enfants « blêmes comme des draps » en plein été parce qu'ils se crèment littéralement de la tête aux pieds avec un écran total! C'est un non-sens. Oui, il faut être prudents parce que notre milieu interne est fragilisé et que la couche d'ozone protectrice s'amenuise, mais il ne faut pas céder à la panique pour autant.

---

137. Acariens : très petits animaux faisant partie de la classe des arachnides. Les araignées et les scorpions font partie de cette même classe. Les acariens se nourissent des débris de nos cellules mortes. On les retrouve donc dans les matelas, les oreillers, sur les draps et les jouets en peluche des enfants. Ils sont souvent la cause de réactions allergiques.

138. Stérols : alcools polycycliques complexes entrant dans la composition du cholestérol, de l'ergostérol, des hormones génitales et corticosurrénales.

Je profite de ce thème pour parler de l'art vestimentaire concernant nos bébés. Nous habillons souvent nos enfants trop chaudement. Le chapeau est nécessaire l'été si l'enfant est exposé au soleil, mais lorsqu'il est couché dans son landau, c'est un objet superflu. L'air chaud n'a jamais causé d'otite et la tête du bébé a besoin de respirer, surtout s'il est bien chevelu. Le bébé n'a pas besoin d'une camisole l'été, à moins que vous ne lui mettiez que ce vêtement. Dans les périodes de grandes canicules, un peu de nudisme lors de la sieste lui fera le plus grand bien (avec un grand piqué en dessous). Pour ce qui est des temps froids, il faut éviter de surchauffer sa chambre la nuit. Mieux vaut le vêtir avec un pyjama à pattes qui couvre bien. Choisissez toujours des fibres naturelles pour permettre à la peau de respirer. Les fibres synthétiques se chargent d'ions positifs et elles font transpirer l'enfant. Vous devez bien vêtir votre enfant, certes, mais il ne doit pas être en sueur dans ses vêtements. Il peut prendre un coup de froid et attraper un rhume dans la maison quand vous lui retirez ses vêtements. Un enfant, et encore moins un bébé, ne devrait jamais être endurci au froid. Je fais référence à certains parents qui sortent avec le bébé sous le bras pour aller chercher le courrier alors que l'enfant n'est qu'en pyjama. Ce sont de mauvaises habitudes qui affaiblissent la vitalité de votre enfant. De même que les douches froides ou les bains de neige, ce sont de petites folies réservées aux adultes. Votre enfant augmentera sa résistance au froid en sortant quotidiennement tout en étant bien habillé.

Alimentation naturelle

Ce thème a été développé antérieurement. Nous connaissons donc l'importance d'une alimentation biologique, non raffinée, vivante (aliments crus et germinations), frugale (éviter les excès) et variée (varier les sortes d'aliments dans la semaine et non dans un même repas). Malgré tous ces aliments merveilleux qu'on peut avoir dans notre jardin ou dans notre garde-manger, on peut réussir à les dévitaliser si on ne fait pas attention à leur mode de conservation et de préparation. La plus grande erreur commise pour les aliments des bébés est la cuisson au four micro-ondes. Ce thème a été développé dans la première partie du livre dans les règles de base de la préconception. Aucun biberon ni purée ne devraient être mis au four micro-ondes. Le biberon se réchauffe très bien dans un pot d'eau chaude et les purées se réchauffent facilement dans des petits plats de verre au bain-marie. Les plastiques n° 1 (antimoine) et n° 7 (bisphénol A) sont à éviter, car ils laissent migrer leurs molécules chimiques dans les aliments.

Un autre point qui me tient à cœur : les aliments irradiés. Vous êtes-vous déjà demandé comment on fait pour avoir des fraises fraîches, au Québec, en plein mois de février? Ce sont des fraises qui ne changent pas de couleur ni de texture même si elles ne sont pas vendues le lendemain. C'est cela, l'irradiation des aliments. Ce sont des pommes de terre et des oignons qui ne germent plus, des épices bonnes pour une éternité, des produits exotiques, venant du bout du monde, qui ont l'air d'être fraîchement cueillis.

L'irradiation est un procédé qui consiste à entrer les aliments dans une pièce plombée, où on les bombarde avec le cobalt 60 qui est l'isotope radioactif servant à l'irradiation. Ces rayons tuent les germes, les parasites et les champignons qui adhèrent aux aliments. Mais ils tuent aussi la vie (les enzymes) dans ces aliments, car ils ne moisissent plus. Ils restent bons très longtemps, mais on ne peut plus les utiliser pour la semence. La loi n'oblige pas à écrire sur l'emballage ce qui a été irradié. Les produits locaux sont donc à préférer aux aliments d'importation. Plusieurs aliments sont aujourd'hui irradiés selon leur pays d'origine : les pommes de terre, les fraises, les oignons, l'ail, les épices, les légumes déshydratés, les aliments congelés et surgelés, la volaille, le riz, la poudre d'œuf, les fruits, les viandes, le poisson et les céréales. Quels sont les risques pour le consommateur? Nuls, selon ses promoteurs, mais dangereux pour les mutations génétiques, selon ses détracteurs.

Il est reconnu que ce procédé détruit les vitamines A, C, E, K et toutes les vitamines B. Ajoutez à cela la cuisson ou les différents modes de conservation, il ne reste plus beaucoup d'éléments nutritifs dans nos aliments. Qui croire? Où sont les intérêts financiers? Utilisons le principe de précaution en attendant d'en avoir le cœur net.

La règle, finalement, c'est de manger le plus frais possible avec peu de cuisson. Utilisez la vapeur douce ou l'étouffée quand c'est nécessaire. Consommez des aliments de nos régions. Achetez-les directement du producteur biologique, c'est beaucoup moins cher. Mangez moins et prenez le temps de mastiquer pour mieux assimiler. L'hiver, intégrez beaucoup de germinations pour plus de fraîcheur dans votre assiette et c'est très économique quand on les fait soi-même.

> Rendons grâce à chaque repas pour l'abondance que nous avons sur notre table. Ces aliments que j'ai volontairement choisis sont-ils une louange à la vie... ou à la mort?

Activité physique

En quoi l'activité physique peut-elle concerner notre petit bébé? Eh bien, les bonnes habitudes, ça se prend tôt! Chez les jeunes enfants, il faut éviter les parcs de jeux intérieurs. Leur vision y est limitée et leurs mouvements aussi. Il est souhaitable d'opter pour des clôtures et de remonter les bibelots et les plantes de l'appartement à une hauteur inaccessible pour le bébé. Ce besoin de curiosité qui amène le mouvement doit être encouragé chez l'enfant. Toutes les précautions d'usage concernant les produits dangereux doivent être respectées. Les marchettes et les exerciseurs pour bébé sont aussi à éliminer. Ces appareils mettent l'enfant dans une position verticale trop tôt. De plus, ils entraînent l'enfant à marcher sur la pointe des pieds, ce qui n'est pas physiologique. L'enfant doit franchir toutes les étapes s'il veut se développer harmonieusement. Il doit ramper, marcher à quatre pattes et se lever par la suite. De cette séquence dépendra, entre autres, la qualité de sa vision. On n'encourage pas un enfant à se tenir debout sur le bord d'un meuble s'il n'est pas capable de s'y hisser lui-même. Patientez, il y arrivera!

La bonne couverture épaisse sur le sol ou des tapis d'exercice sont les aires de jeux idéales pour les tout-petits. Ils peuvent vous avoir à la vue en tout temps. Il n'y a pas de contre-indication aux berceuses automatiques. Il faut s'assurer que l'enfant soit maintenu bien droit avec des serviettes roulées qu'on aura pris soin de lui mettre de chaque côté du corps et de la tête si nécessaire. Les pieds sont des organes tactiles aussi développés que les mains, mais ils sont rapidement relégués aux oubliettes dans de beaux bas colorés et de belles bottines de cuir! Alors, de grâce, laissez les enfants pieds nus quand la température le permet.

Nos parents croyaient que la bottine était importante pour soutenir la cheville du jeune enfant. Désolée de les décevoir, mais il n'y a rien de plus faux. La musculature du pied va d'autant plus se développer si elle n'est pas entravée par un carcan. Le soulier sert à protéger le pied du froid et à lui éviter les blessures, sans plus.

Récupération-repos

Plus l'enfant est jeune, plus il a besoin de sommeil. Un manque de sommeil se reflétera dans son attitude. Les parents deviennent vite familiers avec ces changements d'humeur chez leurs enfants. Lorsque l'enfant fait ses nuits et qu'il commence à manger trois repas par jour, il aura un horaire plus régulier. L'enfant est bien dans la routine. Il a besoin d'un encadrement familier. C'est important de respecter ses siestes du matin et de l'après-midi. Vers quinze mois, il sautera son dodo du matin pour ne faire que la sieste de l'après-midi. Cette dernière peut être nécessaire jusqu'à trois, quatre ou même cinq ans. Chaque enfant a des besoins qui lui sont propres. La routine du coucher en soirée est importante, que ce soit par le bain, une chanson ou une lecture pour les plus grands. Ce moment de la journée ne doit pas être une bataille, sinon il y a un problème là-dessous. Si vous avez essayé toutes les solutions possibles et que votre bébé ne veut pas dormir la nuit, qu'il pleure, qu'il fait des crises, consultez un thérapeute. Ses difficultés peuvent venir d'une carence en certaines vitamines ou minéraux, ou bien il a vécu un stress qui l'a marqué, ou il vit des tensions dans son corps.

Hygiène de l'âme

L'hygiène de l'âme est un drôle de facteur naturel de santé, me direz-vous! Pas si étrange que cela, après tout, car qui est ce petit ange qui dort à vos côtés, sinon une belle âme qui a choisi de naître dans votre famille.

J'ai déjà dit que le bébé était comme un gros récepteur. Il ressent tout. Il ressent nos tensions, nos peurs, nos craintes, mais aussi notre joie, notre harmonie, notre amour. L'hygiène de l'âme de l'enfant va passer par celle des parents. Notre attitude intérieure envers les événements de la vie va influencer notre système immunitaire et notre système nerveux positivement ou négativement. Ce sont maintenant des faits prouvés scientifiquement, mais les naturopathes s'y attardaient depuis fort longtemps. Et comme l'enfant ressent tout, il subira les mêmes influences. Alors comme parent, je m'interroge. Suis-je bien dans ma peau? Suis-je en paix avec mon emploi? Suis-je en paix envers ma famille, mon milieu? Est-ce que je vis des relations harmonieuses avec mon conjoint et les autres personnes importantes de ma vie? Mon enfant apprend par imitation... Quels comportements va-t-il développer? Des gestes d'impatience, de violence, des cris? Ou de la patience, de la joie et des rires? Qu'est-ce que je cultive en lui?

Alors, soyons de bons guides pour nos enfants. Soyons authentiques et intègres, ils détectent vite les faux-semblants. La stabilité émotionnelle des enfants passe en partie par celle des parents. Alors cultivons la nôtre. Prenons le temps de nous ressourcer. Accordons-nous des temps d'arrêt, quotidiennement, pour faire le vide des tensions afin de mieux faire le plein d'énergie et d'amour.

Apprenez certaines techniques qui vous aideront comme la respiration profonde, la relaxation, la méditation, le tai-chi ou le Qi Gong. Il y a certainement une technique qui peut vous convenir. Encore une fois, ce n'est pas un luxe mais une nécessité. Nous pouvons aussi nous ressourcer dans un lieu de tranquillité à la campagne. Recherchez ce qui vous convient le mieux.

Parlez beaucoup dans votre langage adulte à vos bébés, petits et grands, ils comprennent à leur manière même s'ils ne vous répondent pas en parole. Expliquez-leur clairement ce que vous faites et même ce que vous vivez. Dites-leur que l'impatience, la colère, la peine que vous vivez (ou n'importe quelles autres émotions désagréables) vous appartient, qu'ils n'en sont pas la cause. Si vous avez à les faire garder, expliquez-leur la situation, pourquoi ils se font garder, par qui et combien de temps. Cela sécurise beaucoup les bébés et les enfants.

Développez la confiance en votre destin, en votre vie et en celle de vos enfants. Bannissez la peur et le doute. Ayez confiance en la force régénératrice de votre corps et en celle de vos enfants. Toutes ces attitudes feront la différence dans votre famille.

Chapitre 16

Réflexion sur la vaccination

« Toute vérité passe à travers trois étapes :
elle est tout d'abord ridiculisée;
ensuite, elle est violemment contestée;
finalement, elle est acceptée comme évidente. »

Arthur Schopenhauer

La vaccination est un geste quasi anodin. Anodin jusqu'au jour où notre bébé doit recevoir son premier vaccin. Anodin jusqu'au jour où on constate que les vaccins réguliers ne suffisent plus, qu'il faut aussi des campagnes de vaccination massive pour une raison ou pour une autre. Anodin jusqu'au jour où le bébé d'une amie fait une encéphalite après avoir reçu un vaccin. Anodin jusqu'au jour où la belle-mère de mon amie meurt d'une pneumonie après avoir reçu un vaccin contre la grippe.

En tant que mère de famille, j'ai des interrogations. Pourquoi les enfants font-ils tant d'otites aujourd'hui? Pourquoi développent-ils tant d'allergies? Demandez à vos grands-parents combien il y avait d'enfants allergiques dans leur classe à l'école. La réponse : aucun. Tout au plus un ou deux enfants dans la même école. Posez la même question aux enfants d'aujourd'hui. Ils vous répondront qu'un enfant sur trois fait des allergies légères à très sévères. Et, trop souvent, assez sévères pour avoir sur eux une seringue d'EpiPen (épinéphrine) en permanence. De plus, comment se fait-il qu'il y ait tant d'enfants ayant des troubles d'hyperactivité ou encore des déficits de l'attention? Comment se fait-il qu'on trouve normal qu'un enfant prenne de trois à quatre séries d'antibiotiques par année? Comment est-il possible qu'on prescrive de huit à dix séries d'antibiotiques à des enfants dans une année sans remettre en cause le type de traitement? Et cette pratique est beaucoup plus fréquente que vous ne pouvez le penser. Comment un pédiatre peut-il affirmer que faire de l'eczéma est normal chez l'enfant? Pourquoi y a-t-il tant de cancers chez des adultes de plus en plus jeunes et même chez de jeunes enfants? Pourquoi y a-t-il tant de naissances de bébés anormaux chez des femmes de plus en plus jeunes (trisomies, infirmités)? Pourquoi y a-t-il tant de maladies dégénératives chez les jeunes et les moins jeunes (caries dentaires, varices, eczéma, urticaire, allergies, diabète, sclérose en plaques, arthrite rhumatoïde, syndrome de Guillain-Barré, cancer)? Et le sida, que vient-il nous apprendre?

La vaccination est libre au Québec, mais le geste est tellement répandu que la majorité des parents et un nombre surprenant d'intervenants pensent que c'est une obligation légale. Toujours est-il que le jour de ses deux mois, votre poupon recevra de routine un vaccin pentavalent en injection, le *Pentacel* ou celui d'une autre marque. Une seule injection qui contient en réalité cinq vaccins, cinq souches de maladies virulentes : diphtérie, coqueluche, tétanos, poliomyélite et hémophilus *influenza type B*. Dans l'autre bras, il recevra une autre injection, cette fois-ci de *Prevnar*, vaccin contre les infections à pneumocoques. Et si vous acceptez, on lui administrera par la bouche au même moment un vaccin à virus vivant atténué aussi pentavalent, le *RotaTeq*. Celui-ci contient cinq souches de virus de type rotavirus[139] pour le protéger de la diarrhée du nourrisson. Et pour être certain que le corps a bien compris le message, on répétera ces mêmes vaccins à quatre et à six mois. Est-ce que, dans la vraie vie, il vous arrive de combattre non pas cinq, six mais onze virus ou bactéries tous plus importants les uns

---

139. « Ce vaccin renferme cinq souches réassorties du rotavirus humain des sérotypes G1, G2, G3 et G4 et du rotavirus bovin du sérotype P1. » http://publications. msss.gouv.qc.ca/acrobat/f/documentation/piq/chap1_18/chap14a.pdf.

que les autres en même temps et de façon répétitive? Il semble que la nature soit assez sage pour nous donner la chance de combattre un seul ennemi à la fois! Pourquoi faut-il marteler le système immunitaire de notre bébé de la sorte afin qu'il capte le message? Se pourrait-il que le corps n'accepte pas facilement ce qui ne lui convient pas? Lorsque l'on contracte la maladie une seule fois, on développe généralement des anticorps pour la vie contrairement aux vaccins qui induisent une protection variable limitée dans le temps, d'où l'obligation de rappels.

Il faut savoir que le système immunitaire du bébé est immature à la naissance. L'Australien Frank Macfarlane Burnet et le Britannique Peter Medawar ont reçu le prix Nobel de médecine en 1960 pour avoir démontré que le système immunitaire des bébés était immature pour se prémunir contre des antigènes étrangers. Il semblerait que leur système immunitaire prenne sa pleine maturité vers l'âge de sept ans. Alors, est-ce une bonne idée de bombarder leur système immunitaire de la sorte dans leur enfance?

De plus, lorsqu'on injecte un vaccin directement dans le sang de votre enfant, on passe outre toutes les barrières normales du système immunitaire (peau, muqueuses, barrière cellulaire) sans avertir. Est-ce vraiment un procédé sain, naturel et sans danger?

Pourquoi certains poupons font-ils une otite une semaine ou deux après la vaccination? Pourquoi un autre bébé développe-t-il de l'eczéma dans les jours qui suivent? Comment se fait-il que, lorsqu'un bébé développe une encéphalite une semaine après une vaccination, il soit impossible d'envisager un lien de cause à effet? Un pédiatre affirmait dernièrement, dans une revue québécoise, qu'aucune étude ne peut établir un lien entre le fait de recevoir un vaccin et celui de déclencher une maladie grave ou même mortelle. On ne parle que de *lien temporel*. Où est donc rendue la rigueur scientifique si chère à notre monde médical? C'est évident qu'on ne peut pas voir de lien si au départ l'innocuité de la vaccination est un a priori. Je croyais que la science était ouverte à toutes les éventualités; amère déception en ce qui concerne la vaccination. Si la vaccination est merveilleuse et extraordinaire, comment se fait-il que les règles vaccinales changent d'un pays à l'autre et même d'une province à l'autre? Pour les mêmes pays industrialisés, les vaccins inoculés sont différents. Le BCG (tuberculose) a été obligatoire en France jusqu'à dernièrement. Ici, et partout dans le monde, il est jugé inutile et inefficace. En Belgique, le vaccin de l'hépatite B est réservé au personnel médical et paramédical. Étant donné que chaque pays choisit son programme vaccinal selon ses critères, se pourrait-il que le choix ne soit pas si scientifique? Dans les années 50, on vaccinait les gens contre la poliomyélite avec le vaccin de Salk (virus tué). On l'a remplacé par le vaccin Sabin, car le vaccin Salk avait fait à l'époque des milliers de victimes qui ont d'ailleurs été indemnisées. Quarante ans plus tard, on s'aperçoit que le vaccin Sabin, vaccin à virus vivant atténué, peut se réactiver dans les selles et la salive de l'enfant et il peut transmettre la maladie à ses proches. On revient donc avec le vaccin Salk, version améliorée, dans le Pentacel. En 1977, Jonas Salk, inventeur du vaccin du même nom, affirma que depuis 1970 les cas de polio aux États-Unis étaient probablement secondaires au vaccin à virus vivant (Sabin) qu'on utilise de routine. Par contre, les partisans du virus vivant pensent que le virus tué n'offre pas une protection suffisante et augmente même la vulnérabilité à la maladie. Qui croire?

Finalement, qu'est-ce qu'on retrouve véritablement dans un vaccin? Vous croyez que ce ne sont que des virus vivants atténués (rougeole, rubéole, oreillons, rotavirus, sabin-polio) ou encore des anatoxines détoxifiées (diphtérie, tétanos) ou des germes tués (coqueluche, salk-polio), le tout dilué dans de l'eau saline? Vous avez raison. Mais, non! Il n'y a pas que cela. Les vaccins contiennent tous un ou plusieurs des éléments suivants : des agents de conservation (formaldéhyde ou formol, phénol, thimérosal, chlorure de benzéthonium, etc.), des résidus d'antibiotiques (néomycine, streptomycine, polymyxin, pertacin, etc.) ou des adjuvants d'immunité comme l'hydroxyde d'aluminium et d'autres produits à action spécifique comme le phosphate de calcium, le chlorure de sodium, le bêtapropiolactone, le borate de sodium ou borax, le squalène ou les liposomes le tout dans une mixture propre à chaque vaccin.

Depuis plusieurs années, on a démontré que certains médicaments donnés ensemble à un même individu peuvent entraîner une maladie dite iatrogène (créée par ces médicaments). Alors, que pouvons-nous penser d'un bouillon de culture comme les vaccins pentavalents? Comment la science médicale peut-elle prouver qu'il n'y aura pas de synergie ni de mutation? Pouvons-nous croire que chacun des petits virus va s'en aller dans son coin sans interagir avec le matériel génétique de ce qu'il y a dans la seringue ou avec les composantes de notre propre corps? Ce que vous risquez d'entendre, c'est que les vaccins sont sécuritaires... jusqu'au moment où on vous présentera des versions améliorées.

Qui peut oser remettre en question la vaccination? Des mères de famille, des pères de famille? Sûrement, car ce sont eux qui vivent avec les conséquences d'un enfant malade ou décédé. Mais qui d'autre pourrait contester la validité de la pratique vaccinale? Surprise! Des médecins, des pédiatres, des chercheurs et des docteurs remettent la vaccination en question. Sont-ils tous des illuminés? Ont-ils perdu leur savoir et leur bon sens pour oser remettre en question l'acte vaccinal? Ou bien ont-ils laissé tomber les dogmes ou les *a priori* pour vraiment observer les faits?

Le **Dr Robert Mendelsohn**, célèbre pédiatre américain, refusait la vaccination, comme plusieurs de ses collègues selon lui. Le **Dr Louis Bon de Brouwer**, avocat et médecin, spécialiste en biologie moléculaire et en virologie, dénonçait la vaccination. Il a écrit d'excellents livres sur le sujet. **Milly Schär-Manzoli** possède un doctorat en sciences économiques avec deux attestations universitaires en archéologie et en littérature hongroise. Elle est écrivaine et journaliste scientifique. Elle a écrit de nombreux ouvrages sur les questions médicales et pharmacologiques. Elle dénonce les atteintes faites à l'environnement, les abus de la vivisection[140] et le non-sens de la vaccination. Le **Dr Françoise Berthoud** est médecin et pédiatre, elle est aussi homéopathe. Elle est aujourd'hui à la retraite, mais elle travaillait en cabinet privé de pédiatrie à Genève. Avec plus de trente ans de pratique médicale, elle remet en question, elle aussi, la vaccination. Le **Dr Stephen C. Marini** possède un doctorat de microbiologie du Pacific Western University de Los Angeles. Il est également docteur en chiropratique. Il enseigne la microbiologie et l'immunologie au Pennsylvania College of

---

140. Vivisection : opération pratiquée à titre d'expérience sur les animaux vivants.

Chiropractic. Il condamne lui aussi la vaccination. Le **Dr Archie Kalokerinos** a commencé à pratiquer la médecine en 1957. Sa spécialité et sa passion : les soins aux enfants aborigènes d'Australie. Il est bien sûr diplômé en médecine tropicale. Il a été consultant en Australie et à travers le monde. Il s'est intéressé à tout ce qui influence l'état de leur santé : les carences vitaminiques et minérales, l'alcool, les drogues. Il dénonce une multitude de problèmes reliés à la vaccination. Il dénonce surtout le fait que les autorités ne tiennent pas compte des cas de complications dans leurs statistiques. Le **Dr Paul-Émile Chèvrefils** est un médecin québécois. Il est devenu chiropraticien par la suite et naturopathe. Il s'est élevé contre les dangers de la vaccination dans les années 60 et 70. Il a publié lui aussi plusieurs volumes sur le sujet et il a fondé à cette époque la Ligue antivaccinale québécoise. Ses volumes demeurent, malgré les années, d'actualité. Le **Dr Byron Marshall Hyde** est diplômé en médecine de l'Université d'Ottawa. Il est l'éditeur de la revue *The Nightingale*, publication bisannuelle portant sur le syndrome de la fatigue chronique. Il affirme, dans sa publication du 6 octobre 1994, que la vaccination provinciale (Ontario et Québec) contre l'hépatite B n'a aucun sens; les coûts sont exorbitants; les besoins sont nuls, car nous avons le plus bas taux d'hépatite B au monde et les statistiques confirment que les décès causés par l'hépatite B surviennent chez les personnes à risques (drogués, séropositifs, prostituées, individus qui ont reçu de multiples transfusions et individus ayant des relations sexuelles avec plusieurs partenaires). Si le vaccin n'est pas sécuritaire pour les adultes (fatigue, perte de mémoire, maux de tête chroniques, douleurs musculaires), comment pourrait-il l'être pour nos enfants?

Je pourrais continuer ces présentations pendant de longues pages, mais je me contenterai de vous présenter une dernière personne qui n'est pas la dernière venue en matière de doute vaccinal. Il s'agit du **Dr Gerhard Buchwald**, qui a étudié en médecine à l'université de Hamburg en Allemagne. En 1956, il était déjà spécialiste en médecine interne tout en développant une spécialité dans les maladies pulmonaires. Depuis plus de 35 ans, le Dr Buchwald est actif dans l'Association pour le soutien aux victimes des dommages vaccinaux. Il a recueilli plus de 2 500 articles scientifiques portant sur les risques et dommages liés aux vaccinations. Il a en sa possession cinquante thèses de doctorat portant sur la vaccination et les dommages causés par cette dernière! Il connaît l'histoires de plus de 1 000 cas de dommages vaccinaux dont 350 cas personnellement. Il a écrit plus de deux cents articles sur la vaccination destinés aux revues médicales, qui les ont refusés, bien sûr. Le Dr Buchwald publie maintenant ses articles dans les revues de médecine naturelle. Il a résumé ses trente ans de recherche dans un volume intitulé *The Business Based on Fear* et, encore plus récemment, le volume *The Vaccination Nonsense* (2004). Si vous préférez lire un volume en français, procurez-vous celui du Dr Jean Meric, *Vaccinations, je ne serai plus complice!* (2004), remarquable par sa rigueur scientifique, les faits soulevés et les réflexions apportées.

Je me dois d'ajouter une information très récente publiée en juin 2009 par le Dr Andrew Moulden. Ce dernier est un médecin canadien, spécialiste en neuropsychiatrie et en neurologie comportementale. Il vient de faire état des preuves neurologiques, hématologiques et immunologiques qui permettent de démontrer les dommages microvasculaires provoqués par les vaccins. Ces derniers seraient à l'origine de multiples maladies aiguës ou chroniques[141].

Les personnes énumérées précédemment ainsi que plusieurs autres, toutes plus diplômées les unes que les autres, ont publié des volumes sur la vaccination[142]. Alors, comment votre médecin ou votre infirmière peuvent-ils prétendre que le vaccin est sécuritaire sinon ils ne vaccineraient pas? Cette réponse est simpliste, non scientifique et malheureusement trop souvent entendue. Demandez à ces intervenants de vous mettre par écrit ce qu'ils viennent de vous affirmer et vous aurez des refus.

La vaccination représente actuellement un chiffre d'affaires de 6 milliards d'euros par an. Les ventes progressent à une vitesse effarante, une progression de 14 % par année, soit deux fois plus

141. Pour plus d'informations sur le sujet, visionnez les reportages sur le web (Dr Andrew Moulden vidéos) ou consultez le site www.newsblaze.com/story/20080927170755stop.nb/topstory.html.

142. Si le sujet vous intéresse, consultez le volume *Soins à mon enfant* de la même auteure aux Éditions Le Dauphin Blanc.

que la croissance des médicaments, marché déjà très lucratif! Le marché des vaccins devrait atteindre les vingt milliards d'euros en 2021! C'est facile à prévoir puisque les compagnies pharmaceutiques ont réussi à convaincre le corps médical que la varicelle était devenue une maladie dangereuse qui nécessite une vaccination. Et si c'était vrai? Pourquoi en serions-nous rendus là? C'est *la* grande question. Le pédiatre va vous répondre que l'enfant d'aujourd'hui *attrape* la varicelle plus jeune à cause des fréquentations de garderies et qu'il y a plus d'hospitalisations à cet âge. Ce qu'on oublie de nous dire, c'est que la majorité des enfants qui fréquentent les garderies reçoivent régulièrement des antibiotiques qui, lorsque pris en trop grand nombre, affaiblissent leur immunité. Ce qui les rend plus vulnérables aux maladies, même bénignes, comme la varicelle. La réponse à l'agent agresseur est une question de terrain, de santé globale.

De plus, il faut aussi protéger le bébé contre les diarrhées du nourrisson à *rotavirus* avec un vaccin, car *la vaccination est le meilleur moyen de protéger votre enfant contre la gastroentérite à rotavirus*[143]. Pourtant, on sait que l'allaitement maternel est le premier facteur de protection tout à fait gratuit, que le lavage des mains[144] réduit de 30 % les cas de gastroentérites dans les garderies, les écoles, les hôpitaux et les communautés, et que fréquenter les garderies dans le jeune âge augmente les cas de diarrhées chez les tout-petits par la promiscuité qui est vécue. Et que dire du dernier-né, le *Gardasil*, et de l'affirmation que le cancer du col de l'utérus peut *probablement* se vaincre avec un vaccin. Ce dernier ne fait pas du tout l'unanimité dans le monde médical. Que les garçons[145] auraient aussi avantage à se faire vacciner pour être protégés d'un possible cancer de la gorge puisque des pratiques sexuelles plus libertaires pourraient les mettre en contact avec le virus incriminant et ainsi contribuer à sa propagation.

---

143. http://publications.msss.gouv.qc.ca/acrobat/f/documentation/piq/feuillets/f27a.pdf.

144. Emmanuelle Bergeron. Se laver les mains pour prévenir la diarrhée : simple et efficace, *PasseportSanté.net*, le 5 février 2008.

145. E. J. Mundell Experts Debate Giving HPV Vaccine to Boys, MedecineNet.com, le 18 mai 2007.

La vaccination est un choix qui doit demeurer libre et personnel, car on fait un geste médical à risque chez un individu sain pour une maladie hypothétique.

Chaque parent doit réfléchir à la question pour ses enfants et pour lui-même. Les conséquences demeurent pour la vie dans un sens comme dans l'autre. Les personnes qui vaccinent affirment que si vous ne faites pas vacciner votre enfant, il devient un risque pour son entourage vacciné. C'est un argument non fondé. Si les autres enfants sont vaccinés, ils ne courent aucun risque à moins que ces personnes ne doutent de l'efficacité de leurs vaccins.

Le sida représente l'effondrement ultime de notre système immunitaire. Sa fréquence actuelle coïncide avec des conduites à risques sur le plan des habitudes sexuelles, c'est vrai, mais aussi avec des actions que nous répétons quotidiennement et qui agressent notre système immunitaire. Quelles sont ces conduites à risques? Ce sont, avant tout, une alimentation carencée, non porteuse de vie, en commençant par l'absence d'allaitement maternel, des modes de cuisson dévitalisants, des expositions prolongées à des ondes électromagnétiques nocives, une sédentarité outrancière, un niveau de pollution qui progresse continuellement, des eaux que nous buvons impropres à la vie, un degré de stress démesuré, des nuits trop courtes, des médicaments chimiques à profusion, des abus d'antibiotiques, des vaccins qui martèlent sans cesse notre système immunitaire et un mode de pensée qui entretient la violence, le non-amour. Voilà en tout ou en partie ce qui influence notre immunité. Quelle voie avons-nous choisie pour nous-mêmes? Et à nos enfants, qu'allons-nous offrir? C'est une question à laquelle chaque parent doit trouver *sa réponse*, car dans un cas comme dans l'autre, il aura à vivre avec les conséquences de son choix. Choix qui, je dois l'avouer, est difficile à faire tellement les pressions venant du milieu médical et scolaire ainsi que des médias sont fortes.

Santé physique et mentale

- Soin naturel
- Pensée positive
- Milieu de vie calme et harmonieux
- Activité physique
- Repos, détente
- Élimination quotidienne
- Air pur, eau pure
- Aliment frais et biologique, super-aliment
- Allaitement maternel
- Accouchement naturel sans intervention externe

Naissance

- Accouchement avec épidurale, utilisation de forceps, de ventouse, déclenchement, médication, césarienne
- Lait artificiel
- Purée commerciale non biologique
- Mauvaise élimination
- Air vicié, eau chlorée
- Manque de sommeil
- Alimentation carencée, sucrée
- Sédentarité
- Stress, surmenage
- Surexposition aux champs électromagnétiques
- Pensée négative
- Infections à répétition
- Excès d'antibiotiques, de médications, de vaccins

Maladies chroniques

Chapitre 17

Les malaises du nourrisson

U n premier bébé amène plusieurs questionnements et souvent des inquiétudes dans le cœur des parents. Rien de mieux que d'échanger avec une autre mère de famille, ou un autre père, pour prendre du recul. Au fur et à mesure de la croissance de votre enfant, vous allez acquérir de l'expérience et de la confiance en vos soins et en votre jugement. Il n'y a personne qui connaît mieux votre bébé que vous-même et votre conjoint. Alors écoutez votre intuition et apprenez à bien observer vos enfants. Vous saurez toujours à quel moment vous devrez vous référer à un médecin ou à un thérapeute. Et souvenez-vous que la décision finale pour le choix d'un traitement concernant votre enfant vous appartient.

Coliques

Les coliques sont des douleurs vives que le bébé ressent à l'abdomen. Ces spasmes peuvent être causés par une accumulation de gaz. Ce peut être aussi le signe d'une intolérance à certains aliments, y compris la préparation pour nourrissons qui a été choisie. C'est bien connu qu'un bébé allaité fera souvent beaucoup moins de coliques que les autres bébés.

Trois facteurs jouent en sa faveur : l'alimentation idéale que la nature a prévue pour lui (en autant que la mère se nourrisse sainement), le fait qu'il avale moins d'air en tétant et le contact peau à peau (joue contre sein) qui sécurise l'enfant.

Les coliques apparaissent souvent dans la soirée (entre 18 et 23 h) à une heure où les parents sont plus fatigués. Le calme sera de mise, car le bébé ressent tout, y compris notre exaspération. Mieux vaut le coucher dans son petit lit avec une bouillotte tiède que de le porter *rageusement* en arpentant la pièce. Nous pourrions qualifier ces coliques de *coliques de tension*. Le système nerveux de votre bébé est immature et il a beaucoup de d'informations à gérer dans son nouveau monde. Il reçoit des centaines de stimulus : voix plus fortes, lumières vives, bruits variés, télévision, radio, contact avec plusieurs personnes différentes, les bras de l'un et de l'autre, lit froid, sorties, centres commerciaux bruyants, etc. La première solution pour diminuer ou éviter ces coliques de fin de soirée est de protéger pendant les trois premiers mois l'univers de votre bébé. Le portage traditionnel en écharpe aidera beaucoup, car l'enfant est près de vous, il entend encore votre cœur, il se sent donc plus en sécurité que lorsqu'il est seul dans son lit. Vous devez aussi diminuer les sources de stimulation quelques heures avant son dodo. Vous pouvez aider votre bébé à décharger son système nerveux en le massant, en lui donnant un bain, en lui fredonnant des berceuses et, bien sûr, vous devez d'abord faire le calme en vous, en respirant profondément. Ce qui vous détend détendra votre bébé.

Par contre, si votre bébé a des coliques à toute heure du jour, ce sont des coliques d'intolérance. Il réagit à son lait, aux aliments que vous mangez si vous allaitez ou bien encore à l'alimentation solide que vous lui offrez.

Les aliments qu'il faut soupçonner pour la maman allaitante sont les suivants : tous les produits laitiers incluant le fromage et le yogourt, les œufs, les arachides, le soya et les autres légumineuses, le blé et l'avoine (pour leur forte teneur en gluten), les suppléments de fer synthétique, la famille des choux et le chocolat. Si c'est la première fois que bébé a des coliques de ce genre, recherchez quel aliment nouveau vous avez mangé au repas précédent. Vous trouverez sûrement la réponse. S'il se tortille depuis sa naissance, éliminez tous ces aliments et réintégrez-les un à un dans votre alimentation. Les enfants allaités qui ont des coliques dès la naissance auraient intérêt à être vus, le plus tôt possible, par un ostéopathe[146] ou par un chiropraticien. La naissance n'est pas toujours facile. Il peut se créer des points de tension ou de déséquilibre dans le corps de l'enfant.

Il existe une multitude de solutions pour soulager les coliques. Chaque bébé a ses préférences, il vous appartient de les découvrir.

✎ Les bébés allaités font moins de coliques, ils ont d'ailleurs reçu par le colostrum une grande quantité de facteurs bifidus qui équilibrent la flore intestinale. Ils continueront d'en recevoir par le lait maternel. Il est donc recommandé de donner à des bébés souffrant de coliques ces probiotiques adaptés pour eux, qu'on retrouve dans le commerce. D'autant plus si l'enfant boit une préparation pour bébés. Il suffit de tremper le bout de la sucette dans le probiotique ou de le diluer dans un peu de lait et de le donner à la seringue dans la bouche. Une étude sur les probiotiques BioGaia (gouttes offertes en pharmacie) a été faite en Italie sur des *bébés allaités*. La santé de 95 % des bébés s'est améliorée. Par contre, il faut aussi noter que toutes les mères avaient cessé de prendre des produits laitiers pendant cette étude. Selon mon expérience personnelle, la consommation de produits laitiers par la mère allaitante joue un grand rôle dans l'apparition de coliques chez le bébé.

✎ La chaleur et le mouvement sont de mise; le bébé aimera être porté dans l'écharpe porte-bébé ventrale.

✎ On peut le coucher à plat ventre sur l'abdomen de son papa (il est souvent bien chaud!) tout en lui caressant le dos.

✎ On peut le coucher sur un sac magique préalablement chauffé ou sur une petite bouillotte de bébé qu'on aura enveloppée d'une serviette. Bien vérifier la chaleur afin d'éviter de brûler l'enfant.

✎ Masser le ventre dans le sens des aiguilles d'une montre avec de l'huile de ricin et mettre une bouillotte tiède par la suite pendant dix minutes.

---

146. Ostéopathe : physiothérapeute ou ergothérapeute qui a appris des techniques de mouvements permettant au corps de libérer ses tensions.

- Donner 5 ml de tisane de fenouil ou d'anis dans un petit biberon d'eau 60 ml ou faire sa formule de lait à base de tisane de fenouil à la place de l'eau pure.

- Lui mettre des petits bas de laine mouillés (vraie laine).

- Masser les zones réflexes du côlon au niveau des pieds (voir la figure) dans le sens des aiguilles d'une montre.

- Il existe aussi des complexes homéopathiques pour coliques. Vous les retrouverez dans les magasins d'alimentation naturelle ou dans les pharmacies. Lui donner une dose aux vingt à trente minutes, trois fois de suite dès le début de la crise et espacer aux trois ou quatre heures. Si le produit n'a pas fait effet après trois prises, ce n'est pas le bon remède. Choisissez un complexe fait par une autre compagnie, car les contenus diffèrent et un bébé peut mieux réagir à un produit plutôt qu'à un autre.

- La compagnie Heel distribue aussi des suppositoires très efficaces pour les enfants (coliques, malaise général, poussée dentaire, fièvre), le *Viburcol*. Mettre un suppositoire au besoin. Jusqu'à l'âge de six mois, ne pas dépasser deux suppositoires par jour à raison d'un demi-suppositoire à la fois.

Constipation

Les selles du bébé allaité sont très différentes de celles produites par un bébé non allaité. Les premières sont plutôt liquides, de couleur jaune paille et parfois grumeleuses. Le bébé fera souvent de quatre à six selles par jour, du moins au début. Le bébé nourri aux préparations pour nourrissons fera des selles plus consistantes, de couleur plutôt brune, et moins nombreuses. À quoi ressemble la constipation chez le nourrisson? Les avis divergent. En médecine, un enfant sera constipé s'il ne réussit pas à expulser ses selles sans pleurer et si ces dernières sont dures et sèches. S'il fait une selle aux trois jours, sans trop de difficulté, cela est considéré comme normal.

Par contre, en naturopathie, nous sommes plus pointilleux sur la qualité des selles. Si l'enfant est allaité, uniquement, il peut faire une selle aux deux ou trois jours et même de façon plus espacée. L'important est qu'il élimine confortablement et que sa selle ne soit jamais dure. La capacité d'assimilation du lait maternel est grande et elle entraine moins de déchets. Par contre, c'est très différent pour un bébé qui boit des préparations pour nourrissons. Ce dernier doit faire une selle chaque jour, car ces laits sont moins bien assimilés. S'il espace ses selles aux deux jours, nous ajouterons cinq gouttes d'huile de lin (de première pression à froid) dans son biberon, deux fois par jour. Et on pourra essayer les méthodes suivantes si ce n'est pas suffisant.

Bébé allaité

- La mère doit s'hydrater beaucoup (1,5 à 2 l d'eau par jour), boire du jus de pruneaux biologiques, manger des betteraves, boire du jus de betteraves, manger des poires fraîches, etc. Elle peut prendre 15 à 30 ml d'huile de lin ou manger des graines de lin tous les jours. La mère doit régler son propre problème de constipation.

- Masser doucement le ventre de bébé dans le sens des aiguilles d'une montre plusieurs fois par jour.

- Faire le mouvement de pédaler avec les jambes du bébé pour stimuler le mouvement intestinal (péristaltisme).

- On peut aussi lui donner une tisane de guimauve qui est émolliente et adoucissante (60 ml dans un biberon) ou bien du jus de carottes ou de betteraves dilué moitié-moitié avec du mucilage de graines de lin (tremper 15 à 30 ml) de graines de lin dans 250 ml d'eau chaude pendant vingt minutes et filtrer).

- Faire un petit lavement tiède à la tisane de camomille dans une poire pour bébé. Huiler la canule et presser doucement.

- Insérer un suppositoire de glycérine pour bébé.

- En dernier recours, on peut stimuler l'anus en introduisant le thermomètre huilé (comme pour prendre la température). Évitez de le faire régulièrement afin d'éviter de créer l'accoutumance.

✎ Observez votre attitude verbale et non verbale lorsque vous changez la couche de votre bébé. Certains parents ressentent de la répulsion envers les selles de leurs enfants. N'hésitez pas à le féliciter lorsqu'il fait un beau caca, rappelez-vous que votre bébé vous entend et il perçoit surtout l'émotion derrière les mots. C'est un décodeur hors pair. Évitez de le sous-estimer.

Bébé qui mange du solide

Les conseils suivants s'ajoutent aux précédents.

✎ Offrir du jus de pruneaux dilué ou compote de pruneaux biologiques trempés (pour éviter les crampes).

✎ Donner des poires fraîches écrasées.

✎ Offrir du jus de carottes ou de betteraves à la centrifugeuse ou jus d'aloès dilué à la moitié ou au tiers.

✎ Donner de l'eau ou de la tisane de guimauve entre les boires.

✎ Éviter les aliments qui constipent comme la banane, le fromage, le riz, la caroube et les carottes cuites.

✎ Ajouter de l'huile de lin dans son alimentation, 2,5 ml vers six mois jusqu'à 5 ml par jour vers un an.

✎ Ajouter de l'huile d'olive de première pression à froid dans son repas du dîner et du souper. 2,5 ml à 5 ml par repas. C'est une belle solution de rechange à l'huile minérale fréquemment prescrite par les médecins.

✎ Le médecin prescrira couramment une huile minérale lubrifiante, comme le *LANSOYL*, composée de paraffine liquide et de saccharose (sucre) avec une saveur artificielle de framboise ou d'orange. C'est un gel lubrifiant sans calorie qui a une action mécanique sur l'intestin. La durée de traitement ne doit pas durer plus de quinze jours. Ce médicament peut réduire l'absorption des vitamines solubles dans les gras, vitamines A, D, E, K à long terme. Il est bon de savoir que la paraffine est un mélange d'hydrocarbures (dérivée du pétrole).

✎ Le médecin pourra aussi vous prescrire du LACTULOSE, qui est une sorte de sucre (galactose-fructose) synthétique à effet prébiotique[147]. Il stimule le transit intestinal en attirant l'eau des tissus environnants dans l'intestin, ce qui augmente le volume des selles, stimule le péristaltisme (contraction de l'intestin) facilitant l'évacuation du contenu de l'intestin. Il peut causer des ballonnements et des gaz. On doit éviter de le donner moins de huit heures avant le coucher. Les bactéries de l'intestin s'adaptent avec le temps, d'où une diminution de l'effet laxatif. Attention au surdosage qui peut entraîner une diarrhée avec déshydratation.

Croûte de lait ou chapeau

Ce sont de petites plaques de peau qui pèlent sur le cuir chevelu du bébé. Elles ont souvent un aspect jaunâtre avec des croûtes. C'est la séborrhée du bébé. Elles ne sont pas causées par un manque d'hygiène ni par une chevelure trop abondante. Elles sont plutôt la conséquence d'une lourdeur digestive liée à un foie immature. Elles sont fréquentes entre trois et six mois.

✎ Mettre de l'huile d'olive sur le cuir chevelu pour le dodo du soir. Laver au matin. On peut brosser délicatement. Éviter de nettoyer à sec, car on peut irriter le cuir chevelu.

✎ Si le problème persiste plus de deux semaines, lui donner un draineur de foie en très petite quantité comme le chardon-Marie en teinture-mère (deux à quatre gouttes par jour dans de l'eau) ou le sel biochimique N° 10 phosphate de sodium. Vous pouvez mettre un granule dans sa bouche, entre la lèvre inférieure et la gencive, s'il fond facilement (essayez-le dans votre bouche). Sinon, diluez un granule dans un peu d'eau chaude, laissez refroidir et lui donner à la cuillère ou au compte-gouttes. Donnez ces produits en fin de journée, ils sont plus efficaces.

---

147. Les prébiotiques naturels existent, ce sont les FOS, fructo-oligosaccharides à chaînes courtes, que l'on retrouve dans certains aliments comme l'ail, l'oignon, l'artichaut, le topinambour, le soya, la banane et dans la racine de chicorée dont on extrait l'inuline. Les prébiotiques stimulent la croissance de bonnes bactéries dans l'intestin particulièrement les bifidobactéries et donnent du volume aux selles.

✎ On peut aussi mettre une goutte de teinture-mère de trèfle rouge dans son biberon ou dans 5 ml d'eau, deux à trois fois par jour (excellent dépuratif sanguin).

Diarrhée

La diarrhée survient souvent brusquement. La couche est imbibée d'eau colorée avec un peu de matière solide au centre. Il ne faut pas sous-estimer ce problème, car le bébé peut se déshydrater très rapidement. Si le bébé est encore allaité, ne lui donner que le sein sans aucun autre aliment pour 24 heures et rapprocher les tétées. On doit cesser le lait chez les autres bébés pour 12 à 24 heures. Remplacez-le par des solutions de réhydratation commerciales (Pédialyte ou Gastrolyte) et bien suivre le mode d'emploi. Vous pouvez aussi faire des recettes maison. Essayez de découvrir s'il s'agit d'une cause alimentaire, car une intolérance au soya peut donner une selle en jet, ou bien d'une réaction à un nouveau lait. S'il n'y a aucun changement dans sa diète, il s'agit probablement d'un virus ou d'une bactérie. Toutes les mesures d'hygiène comme le lavage des mains, des ongles, des surfaces et des jouets s'imposent.

Que faire?

✎ Les probiotiques sont de mise dès qu'il y a une première selle diarrhéique. À chaque selle, donnez-lui une dose de probiotique pour bébé. C'est très efficace pour couper court à ce désordre intestinal à moins que ce ne soit une allergie alimentaire. Si votre bébé vomit aussi, vous pouvez lui donner ses probiotiques en instillation rectale[148], ils pourront coloniser l'intestin sans être rejetés par l'estomac.

✎ Donner un tiers de jus de carottes dilué avec deux tiers d'eau de riz. La recette d'eau de riz est la suivante : 45 ml de riz brun ou blanc non instantané, 2 ml de sel de

148. Instillation rectale : cette technique consiste à diluer les bactéries lactiques dans une petite quantité d'eau tiède (50 ml). Le mélange doit être mis dans une poire rectale pour bébé. Le tout est injecté dans le rectum comme on le ferait pour un lavement. Faire cette application après la selle du bébé. Les bactéries ont l'avantage de passer directement à l'intestin sans être détruites par la barrière digestive.

mer, 1 l d'eau pure. Porter à ébullition de vingt à trente minutes. Filtrer au tamis et laisser refroidir pour servir.

✎ On peut aussi offrir une tasse de tisane de fenouil plus 5 ml de Succanat et une pincée de sel de mer.

✎ Si le bébé mange du solide, lui donner des carottes cuites, des pommes crues, de l'eau de riz, du riz blanc ou de l'eau de caroube avec un peu de miel non pasteurisé (enfant d'un an et plus) ou de sirop de riz. Mélangez 5 ml de poudre de caroube pour 250 ml d'eau tiède.

✎ Le bébé ou l'enfant doit boire toutes les heures. S'il ne prend que de très petites quantités, donnez-lui un liquide à la cuillère toutes les quinze minutes.

✎ Si la diarrhée (six selles par jour) persiste plus de trois jours, consultez un médecin.

✎ S'il y a vomissement, mettre une petite bouillotte chaude sur le foie, ne faire boire que de petites quantités de liquide à la fois tant que les vomissements n'ont pas cessé.

✎ On pourrait aussi donner au bébé un petit lavement[149] tiède à la tisane de camomille pour permettre à l'agent irritant de s'en aller plus rapidement. C'est très efficace.

✎ On peut aussi lui donner du charbon de bois activé, soit une demie capsule dans 30 ml d'eau aux deux heures. Les selles vont être noires.

La clé du succès repose sur la reprise très progressive de l'alimentation. L'allaitement est toujours maintenu. Les fibres crues, la viande et les produits laitiers seront réintroduits en dernier. On pourra cependant lui redonner des formules de lait pour bébé, diluées dans une moitié de lait et une autre d'eau de riz, après

---

149. Achetez une poire à lavement pour bébé, incorporez dans la poire environ 60 ml d'eau à la température du corps (vérifiez sur votre poignet), huile la canule avec de l'huile d'olive. Couchez votre bébé sur la table à langer, faites pénétrer doucement le tiers de la canule dans le rectum, pressez sur la poire pour faire pénétrer le liquide et retirez la poire tout en maintenant la pression. Pressez les fesses du bébé ensemble pendant une minute et remettez la couche. Le bébé va refaire une selle par la suite.

les 12 à 24 premières heures. Trois jours sans diarrhée, sans vomisse-ment, sont l'indice qu'on peut reprendre l'alimentation habituelle.

Fesses irritées (érythème fessier)

L'érythème fessier est relié directement à un excès d'acidité chez le bébé. Ce n'est pas provoqué nécessairement par les couches de coton bien que ces dernières devront être changées plus régulièrement si le problème se présente. Vérifiez aussi le type de savon que vous uti-lisez, il doit être doux, sans produits chimiques. En période estivale, il se peut que les urines du bébé soient trop concentrées parce qu'il ne boit pas assez d'eau. C'est une cause reliée à l'alimentation au biberon. Offrez-lui de l'eau entre ses boires en période de grandes chaleurs. Le bébé allaité aura toujours un lait adapté à ses besoins.

Il est possible aussi que cette irritation soit reliée à une percée dentaire. On prendra les mêmes moyens pour la soulager. Si votre bébé a commencé à manger, vérifiez les sortes de céréales que vous lui donnez. Sont-elles trop acides (blé, avoine, orge)? Lui avez-vous offert des jus citrins ces derniers jours (orange, pamplemousse)? Avez-vous intégré des petits fruits de saison dans ses repas (fraises, framboises, bleuets)? Aime-t-il les kiwis (acidifiants)? Éliminez ces facteurs temporairement pour hâter la guérison.

La mère allaitante devra réviser son alimentation. En plus des éléments précédents, elle devra être prudente avec les épices, les excès de féculents, de pain, de viande, de sauce tomate, de chocolat et d'alcool (voir la liste des aliments acides et alcalins à l'annexe 5). Ajoutez plutôt des aliments alcalins dans votre diète et tout parti-culièrement les jus de carottes.

Tous les moyens suivants sont efficaces pour guérir les fesses irritées.

Que faire?

✎ Aérez les fesses le plus souvent possible en enlevant la couche. Placez le petit lit au soleil devant la fenêtre et couchez le bébé sur le côté (le dos appuyé sur un rou-leau). S'il fait chaud, mettez-le à l'extérieur (avant 9 h 30 et après 15 h 30). Une exposition de cinq à dix minutes d'ensoleillement une à deux fois par jour est très efficace.

Pensez à bien couvrir le matelas avec une couche ou un piqué.

✎ Lavez les fesses avec un mélange d'eau et d'huile de tournesol, moitié moitié, lorsqu'elles sont souillées. C'est moins irritant.

✎ Badigeonnez les fesses avec du vinaigre de cidre de pomme. Un quart de vinaigre dilué dans trois quart d'eau. Laissez sécher et appliquez une pâte faite d'argile blanche (moitié) et d'huile d'olive (moitié).

✎ Appliquez sur les fesses de l'onguent de consoude ou de calendula ou encore de la « crème aux sept herbes » de Vogel (Bioforce). La compagnie Clé des champs fait aussi la crème Bébé-bio.

✎ Appliquez du gel d'aloès (celui présenté en tube) sur les fesses.

✎ Il existe aussi de la poudre de lycopode (plante) qu'on applique sur les fesses et qui travaille bien. On la retrouve dans certains magasins d'alimentation naturelle.

✎ Si c'est un problème récurrent pour votre bébé, un collier de noisetier contre l'acidité pourrait être efficace pour ce problème aussi-là. Voir les recommandations sur cet usage dans la section de la percée dentaire.

✎ Méfiez-vous des culottes de plastique et de certaines couches de papier qui gardent trop l'humidité. Assurez-vous que les couches de coton sont bien lavées avec un savon doux et qu'un double rinçage est fait sans assouplisseur (souvent irritant). Évitez les couches de papier parfumées et changez de marque au besoin.

✎ Par contre, si l'éruption commence par de petits boutons autour de l'anus, qui s'étendent au siège et aux plis cutanés et que la peau prend un aspect rouge uniforme, légèrement suintant, il s'agit probablement d'un muguet anal, de mycose du siège ou d'infection à champignons. La plupart du temps, ces mots expriment la même affection, soit une infection au candida albicans. Le candida albicans est un champignon qui vit normalement dans le tube digestif. Dans certaines circonstances, il peut se développer anormalement. Les mères qui auraient elles-mêmes un certain déséquilibre de cette flore peuvent le transmettre à leur enfant à la naissance.

✎ Vérifiez dans la bouche de l'enfant s'il n'y a pas de muguet buccal. En général, c'est une contamination du tube digestif de la bouche vers l'anus, ou vice versa. Ce type d'infection est beaucoup plus fréquent aujourd'hui qu'autrefois. L'avènement des tissus synthétiques qui gardent l'humidité et la chaleur, l'utilisation massive d'antibiotiques, l'excès de sucre et les déficiences du système immunitaire favorisent le développement de ces champignons. Le traitement médical consistera à appliquer une crème antifongique, souvent à base de cortisone, sur les fesses du bébé. Le problème n'étant pas réglé à la base, l'infection sera souvent récidivante. Si votre enfant ou vous-même (si vous allaitez) venez de prendre des antibiotiques, il est essentiel de recoloniser la flore intestinale avec de bonnes bactéries. Prenez-les le matin et au souper, à la fin du repas. Le traitement d'une mycose au siège est plus long que celui d'un érythème fessier simple. L'idéal est de bien s'en occuper dès le début. Les champignons aiment donc les milieux humides, à l'abri de la lumière.

✎ On enlève alors la couche, on expose notre enfant au soleil, si c'est possible, ou on le laisse exposé à la lumière naturelle de la maison.

✎ Appliquez une solution de vinaigre de cidre de pomme après chaque lavage (un quart de vinaigre pour trois quarts d'eau).

✎ Lorsque les fesses sont asséchées, tamponnez-les avec de la teinture-mère d'échinacée dans une base de glycérine.

✎ Changez la couche la nuit au moins une ou deux fois, surtout s'il s'agit d'un petit bébé.

✎ Il devrait y avoir amélioration dès le troisième jour. La guérison complète se fait habituellement en deux ou trois semaines.

✎ Plusieurs autres solutions de rechange au traitement sont possibles, que ce soit de laver la peau avec un mélange d'eau et de bicarbonate de soude, de badigeonner les fesses avec de la chlorophylle, de badigeonner avec une solution de teinture-mère d'ail et de scrofulaire de l'Armoire aux herbes (sept gouttes de chacune dans 125 ml d'eau), de badigeonner avec une solution d'extrait de pépins de pamplemousse (dix gouttes dans 125 ml d'eau).

✎ L'onguent de soufre de l'Armoire aux herbes donne aussi de très bons résultats.

Il est préférable de garder le même traitement quelques jours pour bien évaluer son efficacité. Si jamais vous n'y arrivez pas, consultez un médecin pour établir un diagnostic et révisez vos soins en conséquence.

Muguet

Le muguet est une affection buccale causée par la prolifération du Candida albicans. Ce sont de petites taches blanches en forme de dentelle qui sont accolées sur la langue, sur le palais et à l'intérieur des joues. Les causes sont les mêmes que le muguet anal que nous avons vu précédemment. Ces taches sont irritantes, elles peuvent même empêcher l'enfant de manger. Surveillez quotidiennement l'état de la bouche de votre bébé afin d'agir dès le début de la manifestation. Si l'enfant fait du muguet buccal, vérifiez l'apparition possible de petits boutons au pourtour de l'anus. Ils signifieraient une contamination par le tube digestif. Il existe plusieurs solutions à ce problème, mais commencez toujours par les règles d'hygiène.

Que faire?

✎ Bien se laver les mains à l'eau savonneuse avant et après avoir fait des manipulations dans la bouche de votre bébé.

- Jeter les vieilles sucettes et tétines qui sont des sources de recontamination. Si elles sont neuves, les ébouillanter cinq minutes, tous les jours.

- Pour la mère qui allaite, vérifier l'alimentation (trop de sucre, de lait et d'amidon). Bien nettoyer les seins avant et après les boires avec du vinaigre de cidre de pomme dilué, (5 ml) dans 125 ml d'eau.

- Nettoyer la bouche du bébé avec une solution de vinaigre de cidre de pomme (un quart de vinaigre dans trois quarts d'eau). Prendre une petite gaze stérile qu'on entoure sur le bout de son doigt. Changer de gaze chaque fois. Ne pas la retremper dans la solution.

- On peut aussi nettoyer la bouche avec une solution de bicarbonate de soude. Mettre 5 ml dans 250 ml d'eau.

- Badigeonner la bouche avec de la chlorophylle liquide. Un coton-tige fera l'affaire.

- Badigeonner avec une solution de teinture-mère d'ail et de scrofulaire. Mettre deux gouttes de chacune dans 5 ml d'eau.

- Appliquer, directement sur les plaques, à l'aide d'un coton-tige, de la teinture-mère d'échinacée dans une base de glycérine.

- Le violet de gentiane est aussi recommandé pour la bouche du bébé et les seins de la maman, mais c'est un produit qui tache tout sur son passage. À utiliser en dernier recours.

Les soins du muguet demandent de la constance. Faites vos soins régulièrement. Avant la tétée ou le biberon, nettoyez la bouche et, après le boire, appliquez l'antifongique. Le problème rentrera dans l'ordre rapidement. Dans le cas de doute ou d'insuccès, consultez toujours votre médecin.

Percée dentaire

La percée dentaire peut être banale chez certains bébés et catastrophique pour d'autres. On ne sait pas vraiment comment prévenir, mais l'allaitement maternel donne sûrement de meilleurs outils au corps pour vivre cette étape. On reconnaît qu'il y a souvent des signes précurseurs à la percée dentaire. L'enfant peut refuser la nourriture solide, car ses gencives sont sensibles. Il peut faire une diarrhée, ce qui irrite les fesses. Sa température peut s'élever légèrement. On voit même apparaître un écoulement nasal clair. Il pourra aussi faire une conjonctivite lorsqu'il percera une canine (d'où le nom de « dent de l'œil »!). Et d'autres enfants développeront de la toux ou des bronchospasmes!

Les premières dents apparaissent vers cinq ou six mois. Il semblerait que plus les dents percent tôt, plus la puberté de notre enfant sera précoce, et vice versa. C'est une observation qui m'est confirmée régulièrement. Les dents devraient percer dans un certain ordre, mais il arrive que notre enfant fasse des exceptions. Consultez un dentiste si certaines dents n'apparaissent pas. Voici la séquence habituelle d'apparition des dents de lait :

Voici la séquence habituelle d'apparition des dents de lait	
6 mois	incisives centrales inférieures
8 mois	incisives centrales supérieures
10 mois	incisives latérales supérieures
12 mois	incisives latérales inférieures
1 an	(8 dents environ)
12 à 18 mois	premières molaires inférieures et supérieures
16 à 24 mois	canines inférieures et supérieures
2 ans	(16 dents environ)
24 à 30 mois	deuxièmes molaires inférieures et supérieures
3 ans	(20 dents environ)

Il existe plusieurs moyens pour aider notre bébé à passer cette période avec plus de bien-être. À vous de choisir!

✎ En prévention, les Amérindiens nous ont légué un collier de dentition fait à partir de bois d'aulne, de sureau ou de noisetier. Ils sont offerts dans les réserves indiennes, dans les magasins d'alimentation naturelle et dans les pharmacies. Ces colliers sont très jolis et peu dispendieux. Ils sont, semble-t-il, efficaces pour diminuer l'acidité et la douleur chez le bébé. C'est un collier qui se porte dès l'âge de quatre mois bien que c'est un choix personnel puisque les pédiatres recommandent de ne porter aucun collier ni bijou avant l'âge de trois ans. Il doit être bien ajusté (ni trop long ni trop court) et on l'enlève pour le bain afin de ne pas changer la couleur du bois. En Europe, on utilise le collier d'ambre pour les mêmes fonctions.

- Offrez à votre bébé des jouets qu'il peut mâchonner sans danger. Les biscuits de dentition, même naturels, ne sont d'aucune utilité. Préférez les croûtes de pain au levain, bien séchées.

- On peut masser les gencives avec une goutte de gel d'aloès (buvable) ou encore avec une goutte de teinture-mère d'échinacée.

- Le suppositoire Viburcol (offert aussi en gouttes), de la compagnie Heel, sera très utile au coucher pour aider à passer une meilleure nuit.

- Toutes les compagnies de produits homéopathiques ont des complexes pour soulager les maux de la dentition. Répétez la prise aux vingt à trente minutes jusqu'au soulagement des symptômes. Après trois doses, s'il n'y a pas d'amélioration, ce n'est pas le bon choix de remède.

- Certains sels biochimiques sont très utiles pour les troubles de la dentition. Le sel n° 1, Calcarea fluorica, agira pour les dentitions fragiles et les tendances aux gingivites, tandis que le sel n° 2, Calcarea phosphorica, sera recommandé pour les dentitions tardives. Donnez à votre enfant un comprimé, deux fois par jour, du sel qui lui convient. Mettez-le entre sa lèvre et sa gencive s'il fond bien (goûtez-y vous-même) ou diluez-le dans un peu d'eau chaude et laissez refroidir avant de lui donner.

L'hygiène de la bouche du bébé a son importance. À partir de l'âge de six mois, il est bon de nettoyer les gencives de notre bébé à l'aide d'une débarbouillette mince. Enveloppez votre doigt avec la débarbouillette et frottez les gencives de votre bébé. Cette friction vous permettra de déloger les bactéries tout en stimulant la gencive. Vers l'âge de quinze à dix-huit mois, la brosse à dents pour bébé sera utilisée. À cet âge, l'hygiène buccale ne peut se faire qu'une fois par jour.

Le fluor

Le débat sur l'utilisation du fluor est encore très actuel. Depuis son introduction dans l'eau de consommation aux États-Unis en 1950, l'usage du fluor demeure controversé. Peu de gens savent que le fluor ajouté dans l'eau de l'aqueduc n'est pas chimiquement pur, mais qu'on a plutôt recours à des sous-produits de l'industrie. « Le fluorure de sodium est un sous-produit de l'industrie de l'aluminium, alors que l'acide fluosilicique et le fluosilicate de sodium proviennent de la production des engrais chimiques phosphatés et de l'uranium[150]. » Ces produits étant des déchets industriels, ils sont contaminés par de nombreux polluants comme l'arsenic, le plomb, le mercure, le chrome, etc.

Il est préférable d'éviter l'eau fluorée artificiellement, le dentifrice fluoré, les suppléments de fluor ou les applications de fluor chez le dentiste pour votre enfant. Plusieurs adolescents et jeunes adultes font aujourd'hui de la fluorose. On l'identifie par des taches blanches permanentes qui marquent leur deuxième dentition. Cette fluorose dentaire est le premier indice du dépassement du seuil d'intoxication au fluor. C'est un poison pour l'organisme lorsqu'il est pris en trop grande quantité. Même si la mère ingère une eau à forte teneur en fluor, le lait maternel ne contiendra que 0,01 mg par litre de fluor, soit des traces. La teneur des os en sel de fluor est très faible chez l'enfant et elle augmente graduellement jusqu'à la vieillesse. Lorsque nous obligeons nos enfants à consommer une telle quantité de fluor, nous les contraignons à accumuler ces sels précocement dans leur squelette. Autrement

---

150. P-J. Morin, J. R. Graham et G. Parent, *La fluoration, autopsie d'une erreur scientifique*, Éditions Berger, p. 6.

dit, on les oblige à vieillir prématurément! Une grave fluorose peut entraîner une calcification des jointures, des tendons, une malformation importante des différentes parties du squelette.

Depuis les années 90, plusieurs études ont été faites aux États-Unis, en Nouvelle-Zélande, en Hollande et au Canada prouvant qu'il n'y avait pas plus de caries dentaires chez les enfants qui ne prenaient aucune source supplémentaire de fluor (eau, dentifrice, applications) que chez les autres enfants.

La carie dentaire est un problème de déminéralisation (excès de sucre et d'aliments raffinés et manque de légumes et de fruits) et d'acidification (sucre raffiné, boissons gazeuses, boissons aux fruits, bonbons, etc.) combiné ou non à une mauvaise hygiène buccale. L'habitude de manger des collations avec des fruits séchés, des barres de céréales collantes et sucrées entre les repas sans se brosser les dents peut aussi entrainer des caries. Les risques reliés à la prise de fluor sont multiples. Les études sérieuses abondent sur le sujet. Voici brièvement leurs conclusions. Chez la femme enceinte, les suppléments de fluorures sont interdits, car ils pourraient aggraver les risques de retard mental et la trisomie chez les nouveau-nés. Les fluorures auraient aussi des effets neurotoxiques tant sur le plan de la fréquence de l'hyperactivité, du déficit de l'attention et de la diminution du quotient intellectuel chez l'enfant. Le fluorure d'aluminium serait aussi impliqué dans l'étiologie de la maladie d'Alzheimer. Certaines études démontrent aussi que les fluorures sont mutagènes et qu'ils augmentent la fréquence de cancers et de maladies congénitales chez les animaux de laboratoire. D'autres études ont démontré les mêmes liens chez les humains.

Le fluor est un « supplément » si banalisé qu'on le croit essentiel pour la santé et inoffensif. Les fluorures sont aussi impossibles à doser, car les sources sont multiples et variables : eau du robinet fluorée, dentifrices fluorés, gels fluorés, gommes à mâcher fluorées, soies dentaires et cure-dent imprégnés de fluorure, brosses à dents fluorées, sel de table fluoré, etc. À quel moment votre enfant aura-t-il atteint son *overdose* de fluorure? Nul ne saurait vous le dire! Offrez-vous un moment de lecture. *La fluoration, autopsie d'une erreur scientifique*[151] est un incontournable pour la santé de nos enfants.

Régurgitations, vomissements

Tous les bébés régurgitent un jour ou l'autre. La régurgitation est comme un débordement qui se fait immédiatement après le boire ou lors d'un changement de positon. Les régurgitations sont indolores. Les bébés allaités régurgitent moins que les bébés nourris aux formules, car le lait maternel se digère beaucoup mieux, mais ce n'est pas impossible qu'il régurgite aussi. Quoi qu'il en soit, si vous trouvez que votre bébé régurgite trop souvent et de façon importante, vérifiez tout d'abord si vous avez l'habitude de le bouger brusquement après la tétée ou le biberon. Sinon, faites-le voir par votre ostéopathe ou chiropraticien afin de vous assurer qu'il n'y pas de tension dans son corps physique. Si le problème persiste, bien que sa croissance soit adéquate, il faudra penser à vérifier ce que vous mangez si vous l'allaitez ou ré-évaluer la sorte de préparation lactée que vous lui offrez. Dans un cas comme dans l'autre, les produits laitiers de vache peuvent causer ce débordement. Pour les bébés nourris avec des préparations lactées, consultez le chapitre 13 de cette partie. Par la suite vous pouvez enlever un aliment à la fois pendant plusieurs jours et observez si cela donne des résultats pour votre bébé. Pensez aux œufs, au soya, aux noix, etc.

Les vomissements, quant à eux, sortent de la bouche du bébé en jet, comme s'il y avait eu une poussée vers l'extérieur. On peut penser immédiatement à une intolérance alimentaire, à une allergie, à une gastro ou à une commotion cérébrale, s'il venait de faire une chute sur le sol. Les vomissements ne devraient pas être très répétitifs dans le temps. Consultez le médecin dès que l'état général de l'enfant vous inquiète.

---

151. P-J. Morin, J. R. Graham et G. Parent, *La fluoration, autopsie d'une erreur scientifique*, Éditions Berger, 2005.

Reflux gastrique

Dans le cas de reflux gastro-œsophagien, les régurgitations surviennent plusieurs heures après le boire et elles sont douloureuses. Elles sont trop fréquentes, trop abondantes, le bébé se tortille, il se tire souvent vers l'arrière, il vit de l'inconfort, il pleure, il peut refuser de boire, il ne dort pas bien, il est mieux en position verticale que couché dans son lit, etc. Ce n'est pas facile à cerner comme problématique et, selon certains médecins, les reflux gastriques seraient surestimés chez les bébés. Il est vrai que beaucoup de bébés reçoivent ce diagnostic et sont médicamentés en conséquence avec des résultats variables. Parlez-en tout abord à votre médecin pour connaître son opinion.

Le glycéré d'orme rouge peut aider à soulager, tout comme une formule homéopathique spécifique, par exemple le R-5 de la compagnie Dr Reckeweg. Les soins ostéopathiques et l'acupuncture au laser peuvent aussi soulager.

Réévaluez aussi vos attitudes et exigences parentales. Le bébé est très sensible à tout ce qui se vit dans la maison. Les reflux gastriques sont aussi une façon d'exprimer un stress.

Troubles du sommeil

Ce serait si simple si tous les bébés dormaient comme des loirs dès l'arrivée au berceau. Mais la réalité est tout autre! Nos bébés doivent boire régulièrement aux trois ou quatre heures, car ils ont des besoins physiologiques très important, et la nuit ne leur inspire pas le sommeil autant qu'on le voudrait comme adulte. Plusieurs facteurs vont influencer le rythme de sommeil de votre bébé. Chaque cas est très particulier. Il y a des lignes directrices, mais rien de standard ou d'infaillible pour tous les bébés. Et les troubles du sommeil du bébé varieront selon la perception du parent. Une chose est certaine, c'est que, tôt ou tard, il dormira toute la nuit!

Certains parents vont préférer faire le cododo[152] avec leur enfant. Cette méthode ancestrale a un regain de popularité auprès des familles. Pour les mères qui allaitent, c'est beaucoup plus facile.

---

152. Consultez des sites spécialisés comme http://cododo.free.fr/cadre.htm.

Elles s'endorment plus rapidement entre les tétées, le bébé pleure moins longtemps et moins fort, réveillant moins les autres enfants de la famille, et le bébé se sent naturellement plus en sécurité. Par contre, bien que cette méthode soit utilisée depuis la nuit des temps chez bien des peuples, elle ne fait pas l'unanimité dans le monde médical actuel. Il appartient aux parents de s'informer, de prendre leur décision et de suivre leur intuition. Certaines règles de sécurité s'imposent quand même.

- Éviter de dormir dans les lits d'eau, les canapés, les fauteuils, les éléments mous ou avec de la literie mal fixée.

- Éviter de mettre l'enfant sur un oreiller ou à côté de celui-ci.

- Éviter de laisser l'enfant seul dans un lit d'adulte selon l'âge de développement.

- S'assurer qu'il n'y a pas d'espace entre le lit et la tête du lit, car le bébé pourrait se retrouver coincé. Même précaution à appliquer pour les murs ou d'autres surfaces près du lit.

- Éviter le tabagisme maternel et la fumée secondaire, qui serait en lien avec la mort subite du nourrisson.

- Éviter toute consommation d'alcool ou de drogue qui altérerait la capacité d'éveil de la personne qui dort avec l'enfant.

- Placer le bébé sur le dos.

- Éviter de le couvrir avec une couette, un duvet ou un édredon. Le couvrir uniquement avec sa petite couverture individuelle. Il porte de toute façon un pyjama et il bénéficie de la chaleur maternelle.

Un bébé doit se réveiller pour boire et il se rendort par la suite. Si vous constatez que l'endormissement est difficile à chaque tétée de nuit, qu'il est tendu, qu'il a des gaz, qu'il se tortille, qu'il ne jouit pas d'un sommeil réparateur, la première étape à faire est de prendre rendez-vous avec votre ostéopathe ou votre chiropraticien pour le faire examiner. Les résultats sont très rapides si le problème vient du plan physique. Il peut avoir des tensions musculaires ou ligamentaires consécutives à sa naissance et même un petit déplacement de vertèbres. Son sommeil sera mauvais de jour comme de nuit.

Ensuite, vérifiez la section sur les coliques afin de déceler une possible cause alimentaire. Il peut réagir à un aliment que vous mangez ou encore à la formule de lait que vous lui donnez, ce qui le rend inconfortable. Son sommeil sera encore une fois perturbé de jour comme de nuit.

Si votre bébé dort bien le jour quand il est près de vous dans son sac de portage, il peut ne pas être bien tout seul dans son lit et se sentir en insécurité, ce qui est très normal pour un petit poupon. Couchez-le avec vous et vous verrez la différence ou encore mettez son petit lit près du vôtre.

Évitez de coucher l'enfant près d'une plinthe de chauffage électrique, car cela perturbe le sommeil de certains enfants et évitez aussi les moniteurs sans fil près de son lit qui peuvent aussi perturber le sommeil.

La maman qui allaite devra vérifier son apport alimentaire de calcium, de magnésium et de vitamines B. Tous ces éléments calment le système nerveux et ils auront un effet bénéfique sur le bébé.

Par contre, si votre bébé dormait très bien et qu'il venait à ne plus faire ses nuits, demandez-vous à quel changement il réagit. Avez-vous intégré de nouveaux aliments? Est-il fiévreux? A-t-il des douleurs? Est-il en période de croissance? Êtes-vous en vacances en d'autres lieux? A-t-il commencé à se faire garder? Fait-il trop chaud dans sa chambre? Ou, au contraire, a-t-il froid? Est-il *enchifrené*? A-t-il mangé un nouvel aliment au souper? Avez-vous bougé son lit pour le mettre contre le mur tout près d'une plinthe de chauffage électrique? Tous ces éléments peuvent perturber votre bébé une nuit ou une autre.

Pour les bébés qui ont un an et plus, qui se réveillent plusieurs fois par nuit, dont les parents sont épuisés, diverses méthodes sont proposées. Que ce soit celle de donner un biberon d'eau offert par le papa au lieu de lui offrir du lait ou une tétée, de le faire garder par la grand-mère pour quelques nuits consécutives, de le réconforter à chaque réveil, mais de ne pas le lever de son lit, de faire la méthode 5-10-15, si vous êtes en accord avec cette façon de faire, de dernier recours à mon avis. Il s'agit de laisser pleurer votre bébé cinq minutes, de le réconforter, de le laisser graduellement pleurer plus longtemps et de le réconforter de façon plus espacée jusqu'à ce qu'il s'endorme d'épuisement finalement. Il existe plusieurs livres spécialisés pour le sommeil des enfants. Allez vers une méthode qui vous convient à vous comme parents. L'utilisation de Fleurs de Bach pourrait être utile chez les insomniaques récalcitrants. Consultez un thérapeute pour vous faire concocter une bonne formule. Les médecins insistent beaucoup sur l'importance de coucher les bébés sur le dos afin de diminuer les risques de mort subite du nourrisson. La position de sommeil étant un facteur parmi les autres (non-allaitement, chaleur, fumée, vaccins selon certains chercheurs). Les recommandations médicales à ce sujet ont varié régulièrement avec les années. Soyez donc très vigilants et surveillez la tête de votre bébé afin que cette dernière reste bien ronde. Les jeunes bébés couchés trop longtemps sur le dos peuvent développer la problématique de la tête plate. Consultez un ostéopathe si vous décelez une anomalie. Le portage du bébé en écharpe est une bonne manière de varier ses positions de sommeil.

La première année d'un bébé est très intense, mais consolez-vous, vous aurez vite oublié ces petits désagréments. Pensez à faire des siestes et à vous coucher tôt si votre poupon empiète sur votre nuit. C'est le seul moyen d'économiser votre énergie et votre patience!

Chapitre 18

Les maladies courantes
des tout-petits

La venue de notre premier enfant nous permet de faire une multitude d'apprentissages. C'est évident que certains parents sont naturellement plus confiants et qu'ils démontrent plus d'habiletés que d'autres dans les soins qu'ils prodiguent à leurs bébés. Nous n'avons pas tous la même histoire de vie, la même expérience et il faut bien commencer quelque part! Et rassurons-nous, tout s'apprend en autant que nous nous en donnions la chance et le temps.

Afin d'imager mes propos, je me permets de vous partager un moment que je me rappellerai toujours. Mon fils aîné avait six ans. Il venait de se coucher pour la nuit. Quelques minutes plus tard, il se relève pour venir nous voir, son père et moi, en nous disant qu'il avait une question pour nous. Alors nous l'avons écouté avec plaisir, c'était si bien demandé... Papa, Maman dit-il : « Avez-vous déjà eu des enfants avant moi? » Surprise, je lui réponds : « Mais non, Olivier, tu es le plus grand et tu as trois petites sœurs. » Il nous a répondu du tac au tac : « Mais ça veut dire que vous ne savez pas c'est quoi être des parents! » Et vlan! La sagesse d'un enfant nous était retournée à la vitesse de l'éclair. Je lui ai répondu qu'il avait tout à fait raison, mais que comme il avait choisi de naître le premier dans notre famille, qu'il saurait sûrement nous aider à être de bons parents. Satisfait, il est retourné se coucher!

Nous devons donc accepter qu'avec nos enfants nous faisons nos apprentissages. Oui, ce serait plus facile de commencer notre famille avec le quatrième bébé, mais il faut suivre les étapes! Afin d'augmenter nos compétences plus rapidement, le partage avec nos amis, notre famille et l'appui de certains livres ou ateliers ici et là enrichissent rapidement notre expérience. Tout ceci nous aide à développer notre compétence parentale. Et, soyons réalistes, nous avons toujours quelque chose à apprendre, c'est la beauté de la vie!

Soigner un rhume chez un bébé, ce n'est pas tout à fait la même chose que pour un adulte, et vous devez apprendre à faire la différence entre une urgence et les maux de tous les jours. En connaissant les soins de base de vos enfants, vous serez moins désemparés et vous perdrez beaucoup moins de temps dans les salles d'attente des cliniques sans rendez-vous pour consulter votre médecin pour des petits bobos anodins. Rappelez-vous que l'endroit où il y a le plus de bactéries et de virus, c'est bien dans la salle d'attente de la clinique médicale et dans celle de l'urgence de l'hôpital près de chez vous. On ne se rend pas dans ces endroits avec un jeune bébé sans raison.

Un bébé, au départ, est fait pour être en santé, son corps est un grand miracle de la vie et il possède un système d'autorégulation et de guérison interne. Il n'en demeure pas moins que son système digestif et son système immunitaire sont immatures à la naissance et que graduellement il développera ses habiletés physiologiques. Nous avons vu antérieurement que l'allaitement maternel est le premier élément de protection pour notre bébé. En plus de fournir une multitude d'anticorps pour assurer la défense immunitaire, il permet au corps de bien se construire. C'est la base de l'équilibre du terrain de notre enfant. Le terrain étant son corps. La célèbre phrase du Dr Claude Bernard[153], « Le microbe n'est rien, c'est le terrain qui est tout », illustre très bien l'importance de la promotion de la santé par des habitudes de vie saines. Pourquoi? Car il vaut mieux prévenir que guérir, tout simplement.

---

153. Le Dr Claude Bernard est un grand physiologiste français (1813-1878) dont les travaux ont convergé vers la notion fondamentale de l'équilibre intérieur (sang et lymphe) afin d'assurer au corps les conditions d'une vie organique autonome.

La notion de terrain[154] nous amène à réaliser que ce n'est pas la bactérie ou le virus qui nous rend malade, mais bien notre réceptivité à ce dernier. Nous serons malades si nos défenses sont dépassés par l'agent infectieux. Ceci se voit très bien dans notre vie de tous les jours puisque nous n'avons pas tous la gastroentérite ou le rhume ou encore la grippe en même temps. Le microbe se développe chez l'un, mais pas chez l'autre, selon les coordonnées physiologiques de chacun, qui sont modifiées par le niveau de fatigue, de stress, l'alimentation, le moral, la pollution, etc.

En ce qui concerne notre bébé, il a quand même à développer son immunité et pour cela il doit s'exercer, c'est-à-dire affronter ses petites maladies une à la fois. C'est ainsi qu'il devient plus fort. Par contre, un enfant qui a un bon terrain ne compliquera pas ses maladies, il en guérira très bien et rapidement. Je vais, dans ce chapitre, apporter davantage de détails sur les petites maladies qui touchent le nourrisson et le jeune enfant. Consultez le livre *Soins à mon enfant* pour toutes les autres maladies qui peuvent toucher l'enfant.

> **Mise en garde**
>
> Le jeune bébé de moins de trois mois qui fait de la fièvre doit être particulièrement surveillé. Il est préférable de consulter le médecin pour établir un diagnostic. L'état général de l'enfant est bien sûr à considérer si la fièvre a monté brusquement et que le bébé ne veut pas boire, qu'il est amorphe, il est préférable de vous rendre directement à l'urgence de l'hôpital le plus près de chez vous.

Rhume, nez qui coule

C'est l'hiver, votre bébé a rencontré toute la famille et certains membres étaient enrhumés? Il se peut donc que votre bébé développe un petit rhume. La première étape est d'utiliser le mouche-bébé ou la poire nasale pour enlever les sécrétions nasales, car il ne peut se moucher qu'en éternuant. Même si les sécrétions sont claires, utilisez de l'eau saline en aérosol comme le produit HydraSense pour bébés pour mettre dans son nez. L'aérosol permettra à l'eau

---

154. Ce sujet est très bien développé dans un autre livre de l'auteure, *Soins à mon enfant*, aux Éditions Le Dauphin Blanc.

de pénétrer plus loin dans le nez et de mieux liquéfier les sécrétions lorsque nécessaire. L'eau de mer a un effet désinfectant, elle combat les microbes. Utilisez-la trois à quatre fois par jour dans les deux narines.

Vérifiez le taux d'humidité de sa chambre avec un hygromètre. Le chauffage de la maison abaisse beaucoup l'humidité de l'air ambiant et l'air sec est un facteur d'irritation pour les muqueuses fragiles du nez, pour les petits comme pour les grands. Évitez les tapis dans sa chambre et l'idéal, dans toute la maison, est d'avoir des carpettes petites et lavables. Le tapis assèche l'air et retient toutes les poussières. Le taux d'humidité doit se maintenir entre 40 et 50 %. Utilisez un bon humidificateur à air froid qui se nettoie bien. Le bébé aura un petit rhume sans faire de fièvre la plupart du temps. Vérifiez s'il n'est pas à l'étape de ses poussées dentaires (voir ce sujet).

La popularité des huiles essentielles de plantes est grandissante pour la simple et bonne raison que ce sont des antiseptiques puissants bien que leur rôle soit beaucoup plus étendu que cela. Par contre, l'usage des huiles essentielles est très délicat chez les enfants. *Évitez de les utiliser* pour votre enfant par voix interne ou externe avant l'âge de trente mois à moins d'avis contraire de votre aromathérapeute professionnel. Par la suite, vous pouvez utiliser certaines huiles dans votre diffuseur quand l'enfant n'est pas dans la pièce pour désinfecter les pièces de la maison, mais encore une fois, vous devrez être bien guidée dans le choix des huiles essentielles à diffuser. Si on vous conseille une huile essentielle, demandez toujours le nom latin précis, car une variété pourrait convenir à votre enfant pour utilisation en diffuseur, par exemple le thym vulgaire à géraniol (*HE Thymus vulgaris geranioliferum*) tandis que la variété thym vulgaire à thymol (*HE Thymus vulgaris thymoliferum*) est à éviter chez les enfants de moins de douze ans et chez les personnes ayant un foie fragile. Ce sont des produits très efficaces, mais qui demandent une bonne connaissance afin d'être bien utilisés.

Si votre enfant a un an et que vous savez maintenant que chaque fois qu'il commence un rhume, ça se termine par une otite, l'action sera différente. Consultez les informations au sujet de l'otite. Un rhume est d'origine virale et on ne peut donner d'antibiotique pour le traiter. C'est la complication d'otite ou de sinusite qui peut devenir bactérienne et nécessiter un antibiotique.

Si vous avez l'impression que votre enfant a toujours la goutte au nez, vérifiez depuis quand cette affection est apparue. Il se peut qu'il réagisse mal à l'introduction d'un nouveau lait. Le lait de vache fait réagir beaucoup d'enfants en causant plus de mucus ou de sécrétions qui augmentent les risques d'otite. Vous pouvez l'allaiter encore, mais l'introduction de yogourt, de fromage, de *minigo* ou de crème glacée cause le même problème. Consultez le chapitre 13 de cette partie sur la description des laits. Dans de rare cas il pourrait réagir de la même façon avec le lait de chèvre.

Toux

La toux est un réflexe naturel pour éliminer des sécrétions causées habituellement par un virus. On doit éviter les antitussifs médicamentés[155] chez les enfants de moins de six ans, leur efficacité n'ayant pas été prouvée. Par contre, les remèdes homéopathiques sont très efficaces à tout âge. Il n'y a aucune contre-indication chez le bébé. Il existe des remèdes pour la toux sèche et d'autres pour la toux grasse, choisissez le bon remède selon le type de toux ou consultez un homéopathe qualifié.

La phytothérapie est aussi très efficace, les recommandations touchent normalement les enfants de deux ans et plus, bien que vous puissiez les donner un peu avant cet âge. Pour les jeunes enfants, on va préférer les teintures-mères sous forme de glycéré, il suffit de les diluer dans une gorgée d'eau. La *molène* est une plante de choix pour toute congestion des voies respiratoires, elle diminue l'inflammation, réduit les sécrétions sans assécher les muqueuses et favorise l'expectoration. Elle peut être combinée à la *guimauve* qui est une plante dite émolliente. Elle combat toutes formes de sécheresse, d'irritation et d'inflammation des muqueuses. Certains sirops de plantes seront utiles chez les enfants de deux ans et plus comme le sirop de *plantain lancéolé*. Celui de la compagnie Clé

---

155. (PC), Action en justice contre huit compagnies pharmaceutiques, *Le Journal de Montréal*, jeudi 26 mars 2009, p. 12.

des champs est combiné avec de l'échinacée, de la guimauve, de la molène et de l'huile essentielle de sapin toujours dans une base de glycérine végétale.

L'utilisation de cataplasmes de graines de lin appliqués sur le thorax de l'enfant permet de soulager la toux à tout âge. Voyez le chapitre suivant sur la pharmacie naturelle pour le mode d'emploi.

Relevez le matelas de l'enfant afin que sa tête soit légèrement surélevée pour ses périodes de sommeil, il toussera moins. La toux doit être soulagée la nuit si l'enfant ne dort pas bien afin qu'il récupère. Pendant la journée, on ne donnera les remèdes qu'au besoin s'il est vraiment incommodé.

Si la toux de votre enfant est persistante, qu'elle est très sèche et aboyante, particulièrement la nuit, et qu'il vomit ses sécrétions ou même sa nourriture, pensez à une possibilité de coqueluche même si ce dernier est vacciné. Consultez le médecin pour avoir un diagnostic précis.

Si la toux survient brusquement en soirée, qu'elle est rauque et aboyante, que l'inspiration est difficile, que la poitrine se creuse à chaque inspiration, il peut s'agir d'une *laryngite striduleuse* que l'on nomme aussi **faux croup**. Cette crise survient généralement en début de nuit et elle peut durer quelques heures. L'humidité froide (sortir dehors ou ouvrir la fenêtre en prenant soin de bien envelopper l'enfant dans une couverture) soulagera rapidement l'enfant si vous prenez soin de rester calme. Si la crise ne diminue pas en dedans de dix minutes ou si l'enfant développe une cyanose (peau bleutée), rendez-vous rapidement à l'hôpital le plus près de chez vous. Les crises de faux croup cessent normalement après l'âge de sept ans, car le diamètre du larynx s'est agrandi et l'enfant réagit moins à l'inflammation de ce dernier. C'est une affection causée par le virus para-influenza de types 1 et 2.

Otite

Les otites sont la hantise de bien des parents, car il semble que peu d'enfants ne souffrent pas d'otite de façon régulière, surtout s'ils fréquentent les garderies. Et pourtant, ce n'est pas un mal nécessaire. Aussitôt qu'il semble y avoir une répétition des otites, faites examiner votre enfant par un ostéopathe ou un chiropraticien. Ces derniers peuvent déceler des tensions qui empêcheraient les liquides de bien circuler dans la trompe d'Eustache. Ensuite, vérifiez l'alimentation et évaluez s'il n'a pas augmenté sa consommation de produits laitiers, toutes formes confondues (lait, fromage, yogourt, crème glacée). Ces derniers peuvent causer des sécrétions plus abondantes et plus épaisses. Les enfants mangent souvent plus de portions de lait qu'ils ne le devraient.

Il existe deux localisations pour les otites : celle qui touche le conduit auditif externe (otite externe, on pense alors à l'otite du baigneur) et celle qui touche l'oreille moyenne (otite moyenne, l'infection est derrière le tympan). La forme d'otite que nous rencontrons le plus fréquemment est celle qui touche l'oreille moyenne. Dès l'âge de deux ans, près d'un enfant sur trois aura vécu trois ou quatre épisodes de maux d'oreilles avec la prise d'antibiotiques que cela suppose. Le coût **annuel** du diagnostic et du traitement des otites est évalué à plus de deux milliards de dollars aux États-Unis seulement. Il existe deux catégories d'otite moyenne. Il y a d'abord l'*otite aiguë*. C'est l'otite classique, elle est soudaine, douloureuse, car le liquide fait pression sur le tympan. Votre bébé se met à hurler en pleine nuit. Il peut y avoir écoulement de pus (donc petite perforation du tympan) et l'enfant fait généralement de la fièvre. L'autre forme d'otite est une otite moyenne avec épanchement séreux, on dit aussi *otite séreuse*. Cette otite réfère au liquide dans l'oreille moyenne sans signe ou symptôme d'infection. Nous découvrons cette dernière au hasard d'une visite médicale ou parce que nous nous sommes rendu compte que notre enfant entendait moins bien. Il se peut aussi que le bébé se touche l'oreille lorsqu'il mange à cause de la pression occasionnée par le mouvement de la mâchoire. L'otite séreuse a tendance à devenir chronique. L'antibiothérapie n'y peut rien, sauf si l'infection gagne ce liquide (otite aiguë). Le traitement actuel de l'otite séreuse chronique est chirurgical. On perce le tympan pour y insérer un petit tube (paracentèse) qui permettra au liquide de s'écouler temporairement. La durée de fonctionnement de ce tube est variable selon le matériel employé, car le tympan repousse le corps étranger en se cicatrisant. Finalement, l'otite séreuse est le résultat d'une trop grande production de mucus. Cette surproduction de mucus serait causée par des allergies alimentaires. Cette relation a déjà été documentée dès 1942. Plus récemment, des chercheurs italiens ont prouvé que l'allergie alimentaire causait le gonflement des trompes d'Eustache, bloquant ainsi l'écoulement du liquide de l'oreille moyenne. Si ce liquide devient plus épais en lien avec certains aliments (produit laitier, sucre, arachide, avoine, jus d'orange, etc.) et si on le combine à l'inflammation des tissus, nous avons tout ce qu'il faut pour congestionner l'oreille moyenne.

Symptômes

Otite aiguë

- douleurs vives dans l'oreille;
- fièvre élevée;
- l'enfant pleure;
- surdité partielle;
- il peut y avoir écoulement de pus si le tympan a « abouti »;
- l'enfant peut vomir;
- souvent précédée d'un rhume.

Otite séreuse

- l'enfant entend moins bien;
- il se touche l'oreille lorsqu'il mastique;
- elle peut être consécutive à une otite aiguë.

Soins requis

✎ Soignez les rhumes (voir ce sujet) dès qu'ils se présentent afin d'éviter qu'ils ne dégénèrent en otite moyenne.

✎ Plusieurs remèdes sont offerts pour soulager les maux d'oreilles. On peut mettre de l'huile d'olive tiède dans l'oreille, de l'eau citronnée (1 ml de jus de citron pour 50 ml d'eau tiède) ou du jus d'ail imbibé dans une petite gaze enrobée d'une goutte d'huile d'olive avant de l'insérer. Vous pouvez aussi concocter votre remède maison en laissant macérer une gousse d'ail dans une petite bouteille de 25 ml d'huile d'olive. Cette préparation sera bonne pour un hiver complet. Si le tympan de votre enfant a perforé de lui-même (il y a un écoulement coloré dans son conduit auditif ou sur le drap), il faut éviter de mettre quoi que ce soit dans le conduit auditif tant qu'il ne sera pas guéri. Ne donner que des produits par la bouche.

✎ Achetez un complexe homéopathique pour les otites et garde-le dans votre pharmacie, car c'est la nuit que nous en avons le plus souvent besoin. Dès qu'il y a un doute, faites une pression derrière le lobe de l'oreille vers la tête de l'enfant et s'il pleure ou qu'il cherche à éviter votre pression, vous savez qu'il a mal aux oreilles. Un enfant qui parle saura bien sûr vous le dire lui-même. Traitez-le en homéopathie par voie interne et par voie externe avec des gouttes maison ou avec celles du commerce. Il se vend aussi des produits homéopathiques qu'on peut mettre directement dans l'oreille. N'hésitez pas à donner un médicament contre la douleur de type ibuprofène (par exemple, Advil) à votre enfant le temps que la crise passe et que vos remèdes naturels fassent effet.

La clé du succès réside dans la persistance du traitement. Traitez pendant une semaine après la disparition des symptômes. Par la suite, faites vérifier l'oreille par le médecin.

Vous serez ainsi éclairée sur l'issue de vos soins. Il est très important de savoir qu'un tympan peut être rosé, foncé ou même rouge sans qu'il n'y ait d'infection sous-jacente.

L'état général de l'enfant et la présence de fièvre seront de bons indices qui confirmeront la présence d'une otite aiguë. Une otite peut aussi être virale et ne pas répondre à un antibiotique, c'est pour cette raison que beaucoup de médecins vont maintenant donner une prescription d'antibiotiques qui ne devront être donnés que deux jours plus tard si l'enfant ne va pas mieux.

Devant la présence d'une otite séreuse, essayez d'isoler les aliments auxquels l'enfant serait allergique. Consultez en homéopathe pour faire un drainage du liquide séreux. Sinon, il existe un excellent produit pour ce type d'otite distribué par la compagnie l'Herbier du Midi : le Tympanol. Il est vraiment efficace.

Eczéma

Au dire de certains pédiatres, il est normal que votre bébé ait de l'eczéma. Je dirais plutôt que c'est fréquent mais non point normal pour autant. C'est un problème de peau qui se règle assez facilement quand vous avez ciblé la cause. Faites vos interventions par étapes et n'hésitez pas à consulter un naturopathe qualifié pour vous aider à établir votre protocole. Résistez à l'envie de mettre une crème miracle à base de cortisone, car vous ne faites qu'enlever le symptôme sans trouver l'origine du problème. Dans des cas très sévères d'eczéma, c'est indiqué de soulager temporairement votre bébé, mais le problème reviendra toujours si rien n'est changé. Il peut arriver qu'on vous prescrive un antibiotique pour une infection de la peau combiné à l'eczéma. Il est alors sage de l'utiliser et de soutenir l'enfant par la suite par des probiotiques.

L'eczéma ne tombe pas du ciel et ne s'attrape pas, c'est la peau qui développe une réaction par rapport à un agent agressant. Ces agents agresseurs sont par ordre d'importance les suivants :

- intolérance à un ou des aliments (lait de vache, œuf, soya, noix, etc.);

- intolérance au chlore présent dans l'eau du bain;

- excès d'acidité causé par une alimentation inappropriée pour cet enfant;

- usage d'antibiotiques qui fragilisent la paroi intestinale, la rendant plus sensible aux aliments allergènes;

- le stress vécu par le parent se transmet à l'enfant ou celui vécu par l'enfant lui-même. Il modifie les données métaboliques de l'organisme en créant, entre autres, plus d'acidité dans le corps.

Vous me direz que si ces éléments sont des agents agressants, pourquoi tous les enfants ne font-ils pas de l'eczéma? C'est une bonne question, c'est une question d'équilibre, de terrain. Dans certains cas, les limites de débordements sont vites atteintes parce qu'il peut y avoir :

- prise d'antibiotiques à la naissance, ou très tôt dans la vie du bébé, qui perturbent le fragile équilibre de l'intestin;

- carence en acides gras de type oméga-3 parce que l'enfant n'est pas allaité;

- carence en zinc, minéral essentiel pour la santé de la peau, parce que la mère était carencée elle-même ou que la charge de métaux lourds est assez forte pour créer une carence de ce minéral essentiel;

- prise d'antibiotiques à répétion qui favorisent la perméabilité intestinale augmentant ainsi les risques d'intolérances alimentaires;

- terrain allergique chez le parent qui est transmis à l'enfant;

- parents qui ont souffert eux-mêmes d'eczéma durant leur enfance.

Des correctifs devront donc être apportés pour rétablir l'intégrité de la peau de votre bébé.

Soins requis

✎ Cessez d'utiliser de l'eau chlorée pour laver votre bébé, utilisez une eau filtrée au charbon. Des filtres peu dispendieux peuvent être adaptés à votre douche. Vous remplissez votre bain avec la pomme de douche par la suite. La peau du bébé qui fait de l'eczéma devient très rouge dès qu'il est en contact avec l'eau du bain. Vous constaterez la différence. Vous pouvez par la suite ajouter le produit Aveeno dans le bain, seulement celui qui est composé d'extrait d'avoine colloïdale à 100 %. À éviter si votre enfant est allergique à l'avoine.

✎ Si votre bébé est allaité, cessez toute consommation de produits laitiers (lait, fromage, yogourt, crème glacée) pendant une semaine et observez s'il y a amélioration. Si oui, persistez dans votre exclusion et recherchez un autre aliment qui pourrait encore provoquer l'eczéma comme le bœuf, le veau, le soya, les œufs, les noix, etc. Si vous ne constatez pas de différence, réintégrez l'aliment avant d'en exclure un autre.

✎ Pour les bébés nourris à la formule lactée, changez de formule. Offrez-en une hypoallergique. Consultez le chapitre précédent sur les préparations de laits pour nourissons.

✎ Donnez des probiotiques à votre enfant, choisissez un produit adapté à son âge. Vous le diluez dans un peu de lait ou d'eau et vous le donnez à la seringue ou à la cuillère, deux fois par jour.

✎ Si le bébé n'est pas allaité, donnez-lui un supplément d'oméga-3 garanti sans métaux lourds. Assurez-vous qu'il n'est pas allergique au produit en question.

✎ Achetez une crème à base de calendula à appliquer sur sa peau. Il existe aussi des crèmes spécialisées dans les boutiques de produits naturels.

Chapitre 19
La pharmacie naturelle

L'arrivée d'un nouveau-né dans votre famille est une belle occasion pour garnir votre pharmacie naturelle. Dans ce chapitre, j'ai simplement regroupé les accessoires ou les produits qui vous ont été conseillés tout au long de cet ouvrage.

Entre parenthèses, à côté des accessoires ou des produits, vous retrouverez l'endroit où vous pouvez vous les procurer. La mention (pharm.) dans les pharmacies, (alim. nat.) dans les magasins d'alimentation naturelle. Clé des champs, Armoire aux herbes, Heel, Bioforce ou Vogel sont des marques de produits et sont vendus dans les magasins d'alimentation naturelle.

La croissance de votre enfant et votre expérience des soins naturels vous permettront d'ajouter des éléments que vous jugerez alors indispensables. Il n'est pas nécessaire d'acheter tout le magasin pour soigner efficacement notre famille. Nous n'avons besoin que de quelques produits de base que nous connaissons bien et qui sont polyvalents. J'ai placé un crochet à côté de certains produits qu'il est préférable d'acheter à l'avance.

Accessoires utiles

Bouillotte de bébé (pharm.)

Garde une température plus constante que les sacs magiques. Peut servir à rafraîchir aussi bien qu'à réchauffer. Bien vérifier la chaleur qui s'en dégage avant de s'en servir et toujours l'envelopper d'une serviette. Elle est très pratique la nuit pour les bébés qui se réveillent dès qu'on les dépose dans leur lit. Mettez la bouillotte dans son lit pendant que vous donnez le sein ou le biberon. Retirez-la lorsque vous le coucherez, il sera confondu!

Bain de siège en plastique (pharm.)

Il se pose sur le siège de la toilette. Le bain de siège froid est des plus utiles pour stimuler la circulation, pour faire baisser la fièvre, soulager le gonflement de la vulve après l'accouchement et soulager de vieilles hémorroïdes tenaces. On l'utilise chaud pour une crise aiguë d'hémorroïdes et pour soulager les douleurs de l'épisiotomie.

Coton à fromage

On peut aussi se servir d'un vieux linge à vaisselle de coton ou encore d'une vieille nappe de coton en autant qu'elle soit mince. Ces bouts de tissus sont des plus pratiques pour confectionner bon nombre de cataplasmes : argile, lin, oignon, moutarde, etc.

Gazes stériles (pharm.)

Toujours utiles pour les pansements, pour nettoyer la bouche de votre bébé (muguet) ou bien encore pour nettoyer ses yeux (conjonctivite).

Gourde à bec verseur ou vieille bouteille de shampooing bien nettoyée

Très pratique après l'accouchement pour verser de l'eau tiède sur la vulve en même temps que vous urinez. Cette petite douche enlève les brûlements causés par l'irritation de l'accouchement. On peut ajouter sept à dix gouttes de teinture-mère de calendula, au besoin, pour aider à la cicatrisation d'une plaie ou de l'épi-siotomie.

Poire nasale ou mouche-bébé (pharm.)

Pour retirer les sécrétions du nez de votre bébé. Toujours mettre un peu d'eau salée dans le nez avant de l'appliquer, sinon vous risquez d'irriter sa muqueuse.

Poire rectale de bébé (pharm.)

Très utile pour donner de petits lavements si le bébé souffre de constipation, de diarrhée ou de fièvre. La tisane tiède (vérifiez sur votre poignet) à la camomille est polyvalente. Bien huiler la canule avec de l'huile de première pression et non de la Vaseline (c'est à base de pétrole!). Couchez votre bébé sur le dos, tenez ses deux pieds dans votre main gauche et avec votre main droite, insérez doucement la canule à la moitié de sa longueur et pressez sur la poire. Gardez la pression pour la retirer, sinon le liquide reviendra.

Aliments guérisseurs

Graines de lin

Elles peuvent être broyées et ajoutées aux aliments pour contrer la constipation. Le mucilage de lin est aussi très efficace. Faire tremper 30 ml de graines de lin dans 250 ml d'eau chaude pendant une vingtaine de minutes. Filtrer et boire le liquide. Excellent pour les bébés et les enfants. Une graine de lin déposée dans le repli de la paupière inférieure permet de nettoyer l'œil qui est irrité par une poussière. Les graines de lin sont utilisées aussi pour faire un cataplasme qui soulage la toux.

Huile d'amande douce (alim. nat.)

Se conserve à la température de la pièce. Elle est idéale pour les massages et pour diluer des huiles essentielles.

Huile de lin ppf[156] (alim. nat.)

À conserver toujours au réfrigérateur. Acheter le plus petit contenant car elle rancit rapidement (lire les dates sur le contenant). Utile dans les cas de constipation, d'eczéma et de peau sèche. Mettre à la goutte dans les biberons ou ajouter aux purées. Il se vend de l'huile de lin enrichie de DHA (UDO) provenant des algues pour les personnes qui ne veulent pas consommer de poisson.

---

156. ppf : première pression à froid.

Huile d'olive ppf (alim. nat.)

Se conserve à la température ambiante. Se mélange moitié-moitié avec de l'argile pour les fesses de bébé. Cette huile est excellente dans votre alimentation en plus d'être un draineur pour la vésicule biliaire.

Vinaigre de cidre de pomme

Excellent remède des plus polyvalents. Ce vinaigre laisse un résidu alcalin dans les organismes qui sont capables de bien métaboliser leurs acides. Il est préférable de le prendre en fin de journée pour bien le métaboliser. Par voie interne, il calme le système nerveux, les douleurs articulaires, permet de mieux éliminer les acides, redonne de la vigueur en période de fatigue. Par voie externe, il sert à désinfecter la bouche et les fesses de bébé en cas de mycose. Se donne en douche vaginale chez la femme contre les vaginites. En mettre dans le bain pour rétablir le pH de l'eau afin de ne pas développer de vaginite. On peut faire une solution de trempage pour les problèmes de pieds d'athlète. Excellent en gargarisme contre les maux de gorge. Dans l'alimentation de tous les jours, préférez ce vinaigre plutôt que le vinaigre blanc.

Phytothérapie

Les plantes nous offrent un trésor inestimable de propriétés curatives. Nous pouvons les cultiver dans notre jardin, fabriquer nos teintures-mères, nos onguents et soigner notre famille avec un minimum de frais. Elles sont aussi offertes dans les boutiques de produits naturels et dans certaines pharmacies. Plusieurs compagnies se spécialisent pour les produits destinés aux enfants, préférez ces dernières. Choisissez des produits de votre terroir et issus de l'agriculture biologique.

Les onguents

Bébé-bio

Cette crème peut être appliquée sur les fesses irritées. Elle contient de la guimauve, de la consoude, de la calendula, de la mauve, du plantain et du noyer noir.

Calendula

Spécialiste de la peau, hydratante, apaisante, protège la peau du vent et du froid, excellente pour la cicatrisation des plaies : épisiotomie, fesses irritées, plaies, gerçures, brûlures, etc.

Consoude

Spécialiste de la peau, a des propriétés adoucissantes, astringentes et cicatrisantes. Appliquer sur les plaies, les brûlures et les fissures anales. Recommandée aussi pour les épisiotomies.

Soufre (Armoire aux herbes)

Antifongique par excellence : muguet anal, pied d'athlète, vaginite, dartres, etc.

Teintures-mères ou composés liquides

Il est plus facile de trouver des teintures-mères de qualité et bien conservées que des tisanes. Il suffit de mettre cinq à sept gouttes de la teinture de votre choix dans une tasse d'eau chaude pour avoir l'équivalent d'une tisane.

Ail

Antifongique par excellence, bactéricide, vermifuge, renforçateur de l'immunité, stimulant général, hypotenseur, diurétique, favorise la digestion, antiseptique intestinal et pulmonaire, action expectorante. Très utile pour le muguet du bébé et serait très recommandé dans un cas de coqueluche, de rhume ou de grippe.

Anis doux (voir fenouil)

Avoine, paille d'

Effet calmant, favorise l'assimilation, redonne de l'énergie et soulage les douleurs arthritiques.

Bourrache

Soutient le système nerveux, combat les idées noires, les rhumes et les catarrhes, permet de réduire la fièvre et libère les voies urinaires.

Camomille matricaire (petite camomille)

Calmante, anti-inflammatoire, soulage les maux de gorge, les spasmes d'estomac et d'intestin, vermifuge, sudorifique, bactéricide et cholagogue[157].

Cataire

Herbe des enfants, elle apaise les douleurs et les malaises. Elle calme la toux et les autres spasmes. Utile dans les cas de hoquet. Elle apaise la diarrhée. Elle calme les enfants nerveux qui ont de la difficulté à s'endormir et qui font des cauchemars la nuit. Utile dans les cas d'hyperactivité cérébrale ou de déficit de l'attention.

Chardon bénit (Cnicus benedictus)

Soutient le système hormonal de la femme et le système digestif. Stimule la lactation, diminue les gaz et les ballonnements.

Chardon-Marie

Puissant régénérateur du foie. Tonifie les vaisseaux sanguins. Utile dans les cas de règles abondantes, de varices et d'hémorroïdes. Effet très rapide contre toutes les allergies. Efficace pour les croûtes de lait du nourrisson et pour les problèmes d'eczéma.

Échinacée

La compagnie Clé des champs la prépare dans une base de glycérine, l'Armoire aux herbes, dans une base de vinaigre de cidre de pomme, et Bioforce, dans une base d'alcool.

Excellent stimulant du système immunitaire. Elle purifie le sang. Bon pour tous les types d'infection. Prendre dès le début des symptômes. Ne pas dépasser dix jours de prises consécutives pour garder le maximum d'efficacité. Choisir à base de glycérine pour badigeonner la bouche de bébé lorsqu'il a du muguet.

Fenouil

Calmant, stimule la digestion, augmente la production de lait, calme les coliques du bébé, bon diurétique. Excellent pour la

---

157. Cholagogue : qui facilite l'évacuation de la bile renfermée dans les voies biliaires extrahépathiques et surtout dans la vésicule biliaire.

maman et le bébé. Vous pouvez aussi faire infuser 5 ml de graines de fenouil dans une tasse d'eau bouillante. Laisser reposer cinq minutes, filtrer et boire a petites gorgées.

Guimauve

Très émolliente et adoucissante, calme toutes les irritations respiratoires et gastro-intestinales. Stimule la lactation. Excellente contre la constipation du nourrisson. Peut aussi s'employer en gargarisme pour soulager la gorge irritée.

Hamamélis

Décongestionne la circulation veineuse. Recommandé pour les hémorroïdes, les varices et les hémorragies.

Lavande (Armoire aux herbes)

Très calmante, c'est un fortifiant universel. Elle calme les hémorroïdes en compresse locale. Ne pas confondre avec l'huile essentielle de lavande qu'on met dans les diffuseurs.

Molène

Plante émolliente par excellence, dissout le mucus, diminue l'inflammation des muqueuses et soulage la toux. Utile dans les cas de bronchite, de pneumonie, de rhume, de grippe et de coqueluche.

Orme rouge en glycéré ou en poudre

Émollient, adoucissant, nutritif. Idéal dans les cas de gastro-enterite, de colique, de diarrhée, de turista ou d'empoissonnement alimentaire.

Prêle

Reminéralisatrice par excellence, riche en silice, très utile aux personnes épuisées et nerveuses. Recommandée pour les enfants en croissance, les femmes enceintes et qui allaitent. Permet de réduire les calculs rénaux et est utile dans toutes les affections des voies urinaires.

Réglisse

Calmante, elle rétablit aussi le taux de sucre sanguin. Elle agit contre la toux et est expectorante. C'est un tonique glandulaire qui soutient particulièrement les surrénales, le pancréas et régularise le taux d'œstrogène.

Sauge

Très bon stimulant, elle active les surrénales. Lutte contre les états dépressifs et contre les bouffées de chaleur de la ménopause. Elle tarit le lait chez la femme qui allaite.

Scrofulaire

Puissant antifongique, à utiliser avec l'ail. Tonique immunitaire.

Trèfle rouge

Puissant nettoyeur du sang, permet l'élimination des toxines. Très utile pour la croûte de lait des bébés.

Valériane

Calmante et sédative, elle apaise aussi l'estomac.

Verveine

Calmante et sédative, elle nettoie les voies urinaires. Elle favorise la digestion, fait baisser la fièvre et aide à alcaliniser l'organisme.

Super-aliments

Bio-K (alim. nat.)

Bactéries lactiques vivantes dans une base de yogourt. Le Bio-K se vend en petit pot, à garder réfrigéré. Un petit pot équivaut à dix litres de yogourt! Peut se prendre le matin ou au repas, car les bactéries sont vivantes et combinées à des protéines. Elles se rendent donc à l'intestin plus facilement. Prendre une cuillère à thé comme entretien quotidien et une moitié ou un pot par jour pour des cures d'une semaine ou deux. Peut facilement être donné aux enfants s'ils n'ont pas d'intolérance aux produits laitiers. Le Bio-K est disponible à base de lait de vache ou de soya et à saveur pour les enfants. Il est contreindiqué pour les enfants allergiques aux produits laitiers.

Chlorophylle

Pigment vert de la plante, très riche en magnésium et en calcium. Elle protège contre l'infection. C'est un bon agent nettoyant, elle permet d'alcaliniser l'organisme. Elle désinfecte la gorge irritée. Elle peut se badigeonner dans la bouche du bébé ou sur les fesses lorsqu'il y a une infection à champignons.

Gel d'aloès buvable (alim. nat. et pharm.)

Ce gel est alcalinisant, purificateur de l'organisme. Recommandé pour tous les troubles digestifs, aide la régénération des muqueuses, ses vertus sont multiples. On peut masser les gencives de bébé avec de l'aloès lors des poussées dentaires. Se prend avant le repas du matin et au coucher.

Gelée royale

La gelée royale est une substance gélatineuse produite par les abeilles ouvrières pour nourrir exclusivement leur reine. Cette dernière a une longévité d'environ cinq années contrairement aux autres abeilles ouvrières qui vivent 40 à 45 jours. La gelée royale doit être consommée fraîche. Elle peut être en petit pot, en seringue doseuse, en ampoule ou en gélule. Il faut éviter la gelée royale séchée à froid car elle a perdu de ses propriétés. Ce superaliment est recommandé pour les enfants, les femmes enceintes et qui allaitent, les convalescents et les femmes en général. Les indications sont multiples : tonique général, revitalisant de la peau, stimulant de l'immunité, propriétés antibactériennes, comble les carences alimentaires, offre une meilleure résistance intellectuelle et psychique, fortifie le système glandulaire et reproducteur, soulage la nausée et le malaise matinal. Contient des protéines, des lipides et des glucides. Renferme aussi des vitamines B1, B2, B3, B5, B6, B9 (acide folique), de la biotine, de l'inositol, du calcium, du soufre, du phosphore, du magnésium, du fer, du zinc, du cuivre et de la silice. Prendre en cure, mais aucune contre-indication à la prendre quotidiennement.

Levure alimentaire

Ce type de levure est souvent cultivé sur des souches de qualité variable. La valeur nutritive du produit fini sera tout aussi variable.

Utilisez ces levures (type engevita) pour la cuisson des aliments. Évitez la levure torula qui est cultivée sur le sulfite de papeterie, ce n'est pas une levure équilibrée. La levure alimentaire est donc une excellente source de vitamines B, **sauf la B12**. Elle est très riche en protéines et en acides nucléiques. Elle contient aussi du chrome, du phosphore, du potassium, du magnésium, du calcium, du fer, du cuivre, du manganèse et du cobalt. C'est un aliment facilement assimilable. Elle doit faire partie de vos recettes quotidiennes même pour les non-végétariens.

Levure Bjast

Cette levure est cultivée sur une souche spécialement enrichie. La valeur nutritive de la levure est stable. La levure est désactivée, elle n'est pas vivante. C'est une excellente source de protéines de haute valeur biologique. Elle est riche en acides nucléiques. C'est aussi une excellente source de vitamines B1, B2, B3, B5, B6, B7, B8, B9 (acide folique) et **B12**. Elle contient aussi du tryptophane, de la choline, du chrome, du zinc et autres minéraux. Cette levure se consomme nature, on la saupoudre sur les aliments ou on la prend en comprimés. Elle est recommandée pour nourrir le système nerveux, pour la qualité des cheveux, de la peau et des ongles. Elle revitalise et reminéralise l'organisme. Elle enrichit le lait de la maman. Par contre, elle peut causer des ballonnements pendant les deux premières semaines. En général, le problème s'estompe rapidement.

Levure de bière vivante

C'est sensiblement le même contenu sauf que cette dernière n'est pas désactivée. Elle doit se prendre en cure de trois semaines au maximum, sinon les levures prolifèrent et viennent chercher les nutriments de l'organisme, ce qui causera de la fatigue. Les indications sont les mêmes que pour les autres levures.

Levure plasmolysée de type *Biostrath*

C'est le même type de levure sauf qu'on a ajouté un procédé qui permet la plasmolyse de la levure par la fermentation. L'éclatement de la levure la rend inactive tout en permettant une meilleure disponibilité nutritionnelle. C'est une excellente qualité de produit. Les indications sont les mêmes que précédemment.

Pollen

Le pollen est la source de protéines des abeilles. Il est récolté à l'entrée de la ruche à l'aide d'une grille. Les abeilles obligées de passer à travers cette grille perdent leur pollen au passage. Ce dernier reste ainsi plusieurs heures jusqu'à la récolte. Les risques de contamination par d'autres insectes ou des mouches sont grands. L'enveloppe du pollen est très résistant aux sucs digestifs. Il faudra une longue mastication pour arriver à soustraire le germe contenant tous les éléments nutritifs du grain de pollen.

Selon la provenance du pollen, sa composition variera. Il contient en général des protéines, des acides aminés, des glucides, des lipides, des vitamines A, B, C et D, des minéraux tels que le potassium, le magnésium, le cuivre, le fer, la silice, le phosphore, le soufre, le chlore et le manganèse, la bêta-carotène, les enzymes et la lécithine. Il renferme en plus une bonne variété d'oligoéléments.

Le pollen est un revitalisant de premier ordre. Recommandé pour les troubles nerveux et la fatigue, il améliore la mémoire et la concentration, régularise l'appétit et stimule l'estomac. Il favorise aussi les fonctions digestives, régularise les intestins, diminue les flatulences et agit favorablement contre la perte de cheveux.

Nous pouvons donc acheter le pollen en grains, en comprimés ou en capsules. Le pollen nature contient souvent des poussières et il est plus allergène que le pollen purifié. Il est préférable d'acheter un pollen purifié mis en capsules ou en comprimés. Commencez toujours par de petites quantités de pollen pour vérifier s'il n'y a pas d'allergie. Le pollen convient très bien aux petits et aux grands.

Propolis

Le propolis est un sous-produit de la ruche. Il est riche en oligoéléments, en vitamines et en acides aminés. Il possède une action antibiotique, analgésique, anti-inflammatoire et fongicide. Il favorise la régénération des tissus. On le retrouve souvent combiné à l'échinacée dans des glycérés pour enfants.

Varech

Les algues sont riches en minéraux, en vitamines, en oligoéléments et en protéines. Elles permettent de maintenir un bon état de santé en renforçant les défenses de l'organisme. Elles stimulent le métabolisme tout en permettant une meilleure élimination des toxines. De par leur richesse en nutriments, elles réhydratent et raffermissent les cellules cutanées. Par leur richesse en iode, elles équilibrent la fonction thyroïdienne. Les algues de mer sont très recommandées après la grossesse surtout pour les femmes qui allaitent. Elles reminéralisent l'organisme tout en nourrissant la thyroïde. On les consomme telles quelles ou en comprimés.

Suppléments et autres

Cuivre-or-argent (COA)

Oligoélément offert en granule ou en liquide. Stimulant du système immunitaire, anti-infectieux, soutient les gens stressés. Il tonifie les glandes surrénales. Prendre une dose le matin avant le repas. Laisser fondre dans la bouche ou bien insaliver le liquide. Excellent pour les enfants ou les adultes qui ont des rhumes à répétition. Se prend en cure de deux à trois mois au besoin.

Ester-C

Vitamine C d'excellente qualité à pH neutre, contenant des bioflavonoïdes, elle s'assimile quatre fois mieux que l'acide ascorbique. Se prend pour combattre l'infection et stimuler l'immunité. Est utile contre les réactions allergiques. Tous les fumeurs, actifs ou passifs, devraient prendre un supplément de vitamine C.

Probiotiques (alim. nat.)

Ces bactéries servent à rétablir l'équilibre de la flore intestinale après une prise d'antibiotiques, pendant et après la gastroentérite, en période de constipation et dans les états fiévreux. Elles sont offertes en poudre pour les enfants de zéro à douze ans avec les souches de bactéries adaptées à leur âge. Ces dernières se mélangent mieux dans l'eau qu'une capsule ouverte.

Argile blanche (alim. nat.)

Se vend en poudre. Mélangée à l'huile d'olive, elle est excellente pour les fesses irritées du bébé. On peut prendre l'eau d'argile blanche par voie interne, en cure de trois semaines par saison. Faire tremper 15 ml d'argile blanche dans un verre d'eau toute la nuit et boire l'eau seulement au lever. L'argile permet de rétablir le pH de l'organisme et il reminéralise.

Argile verte (alim. nat.)

Est utilisée pour faire des cataplasmes, possède de grandes propriétés anti-inflammatoires (voir le cataplasme d'argile).

Charbon de bois activé (alim. nat.)

Antipoison par excellence, très utile dans les cas d'intoxication alimentaire. Nettoie le transit digestif, ne pas consommer près des repas, car il neutralise tous les bons nutriments. Les selles seront noires, ce qui est normal.

Extrait de pépins de pamplemousse (Nutribiotic)

C'est un extrait concentré, liquide, qui est un puissant désinfectant et antifongique. L'utiliser toujours dilué pour appliquer sur la peau ou les muqueuses. Très utile pour le muguet anal du bébé ou en douche vaginale contre les vaginites (quinze gouttes dans un litre d'eau). Peut aussi s'utiliser contre le pied d'athlète et les dartres.

Remèdes homéopathiques (alim. nat. et pharm.)

Les remèdes homéopathiques sont très efficaces lorsqu'ils sont bien choisis. Ils s'absorbent par la muqueuse buccale, ils doivent donc être pris avant le repas ou avant la tétée pour le bébé. Ces remèdes se retrouvent en granules ou sous forme liquide dans une base d'alcool. Pour le bébé, il suffit de mettre un granule entre sa lèvre inférieure et sa gencive. Le granule fondera tout doucement, il n'y a pas de risque d'étouffement. Les liquides se diluent toujours dans 15 ml d'eau, cinq à sept gouttes à la fois sont amplement suffisantes. Vous pouvez faire évaporer l'alcool en déposant les gouttes dans de l'eau bouillante et vous attendez qu'elle refroidisse avant de lui donner. Le remède homéopathique a avantage à être pris à intervalles rapprochés au début (quinze à trente minutes) et espacés aux trois ou quatre heures quand le problème s'amenuise pour finalement disparaître. Il n'y pas de risque de surdose avec les remèdes homéopathiques, mais éviter les prises prolongées, à moins de consulter un thérapeute.

Traumeel de la compagnie Heel

Offert en gouttes, en comprimés ou en onguent. Utile dans tous les cas de choc physique qui provoque des rougeurs, de l'œdème, des ecchymoses, des foulures, des douleurs musculaires ou en cas de brûlure ou de coup de soleil. L'onguent ne doit pas être appliqué sur une plaie ouverte.

R-1 du Dr Reckeweg ou d'autres compagnies

Remède par excellence contre toutes les formes d'inflammation : conjonctivite, amygdalite, cellulite, etc.

R-4 Junior du Dr Reckeweg ou d'autres compagnies

Utile dans les cas de diarrhée, de gastroentérite, d'intoxication alimentaire.

R-5 du Dr Reckeweg ou d'autres compagnies

Utile contre les reflux gastriques, les rots, les gaz, le hoquet à répétition.

R-35 Junior du Dr Reckeweg ou d'autres compagnies

Utile lors des percées dentaires douloureuses.

Viburcol de la compagnie Heel

Offert en suppositoire pour les enfants ou en gouttes. Très efficace pour tous les maux de l'enfant avec agitations, douleurs, fièvres ou coliques. Assure des nuits plus paisibles.

Il existe douze sels biochimiques de Schussler, ce sont des minéraux sous forme homéopathique. Nous en retiendrons trois.

Sel n° 1, calcarea fluorica

Il agit particulièrement sur l'émail des dents. Recommandé pour les enfants qui manquent de tonus, qui ont une tendance aux caries et aux gingivites. Prendre un à trois comprimés par jour, avant le repas. Donner en cure de deux à trois mois.

Sel n° 2, calcarea phosphorica

Il agit sur la formation des os et des dents. Recommandé pour les ossatures fragiles, les dents tardives et dans le cas de diarrhée en période dentaire. Utilisez la même posologie que précédemment.

Sel n° 10, natrium phosphorica

Ce sel neutralise le surplus d'acidité dans l'organisme. Il soulage les coliques du bébé, il traite la congestion du foie. Peut se donner pour la croûte de lait du nourrisson. Utilisez les mêmes posologies.

Cataplasmes

Cataplasme d'argile

Indications :

Excellent dans tous les cas d'inflammation, de rougeur, d'infection, d'éruption, de douleur, de brûlure et de fièvre.

Préparation :

Mettre la quantité d'argile dont vous avez besoin dans un bol de bois ou de verre (éviter toute forme de métal). Ajouter suffisamment d'eau pure pour recouvrir l'argile, la laisser s'imprégner d'eau. Brasser le tout avec une cuillère de bois et étendre à la grandeur désirée sur un vieux coton mince et refermer le cataplasme de chaque côté comme on emballe un cadeau. On peut aussi mettre l'argile dans une feuille de chou de Savoie et appliquer directement l'argile sur la peau et fixer avec un bandage.

Le cataplasme doit avoir 1 cm d'épaisseur chez l'adulte et 0,5 cm chez le bébé. On le laisse en place toute la nuit sauf en cas de fièvre, on le change alors aux trente minutes. On ne peut pas réutiliser l'argile par la suite.

Cataplasme de chou

Indications :

Excellent pour toutes les inflammations, les douleurs articulaires, les contusions, les gerçures, les brûlures, les engelures, les morsures d'animaux et la mauvaise digestion (mettre sur le foie, l'estomac ou le ventre).

Préparation :

Amincir la grosse côte d'une feuille de chou avec le rouleau à pâte ou utiliser un chou de Savoie qui est plus souple.

Répéter l'opération avec trois autres feuilles.

Déposer les feuilles au four trois à quatre minutes à 350 °F (180 °C) ou mettre les feuilles à la vapeur.

On peut appliquer les feuilles directement sur la zone enflammée en prenant garde de ne pas brûler la peau. Fixer le cataplasme avec un vêtement serré ou un bandage.

Lorsque les feuilles refroidissent, appliquer une bouillotte chaude sur le cataplasme. On peut le garder en place toute la nuit.

Cataplasme de graines de lin

Indications :

Ce cataplasme est très efficace pour soulager la toux.

Préparation :

Faire chauffer à feu doux une demi-tasse de graines de lin avec une tasse d'eau pure jusqu'à ce que le mélange soit épais et gélatineux. Étendre le tout sur un linge de coton mince ou plusieurs épaisseurs de coton à fromage à la grandeur désirée et refermer. Laisser refroidir le cataplasme avant de l'appliquer sur la peau. Tenir fermement contre le poignet pour sentir si la chaleur se tolère bien. Fixer le cataplasme avec une camisole bien ajustée. Ajouter une bouillotte sur le cataplasme lorsqu'il sera refroidi. Laisser en place toute la nuit ou pendant la sieste. Peut être appliqué simultanément en avant et en arrière.

Cataplasme de persil

Indications :

Pour réduire l'engorgement des seins, pour tarir le lait, antiseptique et cicatrisant pour les plaies, les blessures et les piqûres d'insectes.

Préparation :

Froisser les feuilles et appliquer directement sur les seins ou sur la blessure. Envelopper d'un pansement ou d'un coton propre pour fixer le cataplasme.

Renouveler au besoin. Peut rester en place toute la nuit.

Cataplasme d'oignon

Indications :

L'oignon possède plusieurs vertus. C'est un puissant antiseptique, on peut donc l'appliquer sur les plaies, les ulcères, les brûlures, les engelures, les crevasses, les abcès, les panaris, les furoncles et finalement sur les piqûres de guêpe. On peut aussi l'utiliser contre les verrues, les taches de rousseur et pour éloigner les moustiques.

Préparation :

On peut utiliser le jus d'oignon pur qu'on verse sur une compresse et qu'on dépose sur l'endroit à traiter. On peut aussi faire un cataplasme avec des oignons crus, mais il est préférable de le faire avec des oignons cuits dans les cas de furoncles, d'abcès, d'hémorroïdes ou d'engorgement. Il suffit de hacher l'oignon et de l'envelopper dans un coton mince pour le déposer sur l'endroit à traiter. Lorsqu'il doit être chaud, faire cuire les oignons à la vapeur pendant cinq à sept minutes et les envelopper dans un coton. Vérifier la température du cataplasme avant de l'appliquer pour éviter les brûlures. Ajouter une bouillotte sur le cataplasme lorsque ce dernier est refroidi. La petite peau transparente de l'oignon est très efficace comme pansement antiseptique. On peut l'appliquer sans risque sur toutes les plaies. Quelques gouttes de jus d'oignon dans l'oreille soulageront rapidement les otalgies.

Chapitre 20

Quelques recettes

Boissons végétales[158]

Les boissons végétales sont très intéressantes. Elles ne peuvent suffire à elles seules à assurer une saine croissance chez le bébé à moins d'être complétées par le lait maternel *avant l'âge de deux ans*.

Il ne faut pas oublier que même le lait de vache est insatisfaisant si on le prend tel quel et que l'habitude de ne donner que ce lait à nos enfants est source de déséquilibre (embonpoint, rhinite, otite, rhume, eczéma, mal de ventre, diarrhée).

Les recettes de boissons végétales sont nombreuses. J'ai tenté de choisir les plus simples, les plus rapides pour le couple qui travaille, et les plus équilibrées pour nos bébés.

L'idéal serait d'allaiter exclusivement jusqu'à ce que notre enfant mange. Par la suite, on peut faire un allaitement mixte avec une tétée au sein, matin et soir, et le jour, on alterne avec les laits végétaux. L'enfant mangera en plus des aliments de qualité dans la journée. Il aura tout ce qui lui faut pour être en bonne santé.

---

158. L'utilisation de l'expression « laits végétaux » est inadéquate, elle apporte une confusion sur le plan de la qualité nutritive de l'aliment. Le lait est en fait le liquide blanc très nutritif produit par les glandes mammaires de tous les mammifères dont chaque lait est adapté évidemment au besoin de son espèce.

Boisson d'amande

200 ml d'amandes brunes* ou 125 ml de beurre d'amande en pot

1 l d'eau de source

45 ml de purée de dattes

50 ml de lait de soya en poudre

* Faire tremper les amandes dans l'eau de source toute la nuit.

Au matin, rincer les amandes, les réduire en purée avec une partie de l'eau de source de trempage dans le robot culinaire.

Mélanger tous les ingrédients ensemble dans le mélangeur et liquéfier.

Passer au tamis fin ou au coton à fromage selon l'âge de l'enfant. Plus tard, vers dix à douze mois, on peut grossir les trous de la tétine et enlever moins de pulpe.

Réfrigérer. Se garde de 24 à 48 heures au réfrigérateur.

Boisson d'amande (rapide)

15 ml de beurre d'amande

250 ml d'eau de source

Verser lentement l'eau sur le beurre d'amande tout en agitant constamment. Ou mettre le tout dans le petit récipient du mélangeur. S'utilise telle quelle pour liquéfier les céréales, pour ajouter à des laits de fruits ou pour mettre dans des recettes de muffins ou de biscuits.

Boisson de céréales

150 ml de céréales chaudes bien cuites (riz brun, épeautre, sarrasin, millet)

50 ml de beurre d'amande ou 15 ml de lait de soya en poudre

30 ml de purée de dattes ou Succanat au goût

750 ml d'eau pure (si les céréales sont froides, mettre de l'eau bouillante)

Mettre tous les ingrédients dans le mélangeur et bien liquéfier.

Le mélange se fera plus facilement si on met moins d'eau au début.

Passer au tamis ou au coton pour les bébés de moins de six mois.

Prendre une tétine à jus (en croix) pour les plus grands ou bien agrandir les trous de la tétine avec une aiguille chauffée. Servir au gobelet.

Boisson de sésame au caroube

200 ml de graines de sésame entières*
750 ml d'eau
30 ml de purée de dattes
15 ml de poudre de caroube ou moins

* Faire tremper les graines de sésame dans de l'eau de source toute la nuit.

Au matin, rincer les graines de sésame et mettre le tout dans le mélangeur.

Bien liquéfier.

Passer au tamis ou au coton pour les jeunes bébés.

Réfrigérer.

Noter que la caroube peut constiper légèrement, ne pas donner à un enfant qui aurait des difficultés d'élimination.

Boisson de sésame

250 ml de graines de sésame entières*
8 dattes dénoyautées
1 l d'eau de source

* Faire tremper les graines de sésame dans de l'eau de source toute la nuit.

Faire aussi tremper les dattes toute la nuit dans un autre contenant.

Au matin, rincer les graines de sésame et les mettre dans le mélangeur avec les dattes (et l'eau de trempage) et (500 ml) d'eau. Faire un premier mélange.

Ajouter (500 ml) d'eau lorsque le tout est bien liquéfié.

Passer au tamis ou au coton pour le jeune bébé.

Réfrigérer.

Boisson de sésame et de tournesol

125 ml de graines de sésame entières*

125 ml de graines de tournesol

8 dattes dénoyautées

1 l d'eau de source

* Faire tremper les graines toute la nuit et suivre les mêmes directives que la recette précédente.

Boisson de sésame et d'amande

125 ml de graines de sésame entières*

125 ml d'amandes brunes

60 ml de purée de dattes

1 l d'eau de source

* Faire tremper les graines toute la nuit.

Au matin, les rincer et mettre les amandes au robot culinaire avec un peu d'eau.

Mettre tous les ingrédients dans le mélangeur avec moins d'eau au début. Bien liquéfier.

Ajouter l'eau restante. Mélanger.

Passer au tamis fin pour le jeune bébé.

Réfrigérer.

Boisson de soya (une portion)

250 ml de lait de soya nature

5 ml de purée de dattes ou Succanat au goût

5 gouttes d'huile de tournesol de première pression

5 ml de beurre d'amande

Mettre le tout dans le petit bol du mélangeur et bien liquéfier.

Excellent pour mélanger aux céréales ou pour un biberon.

Toutes les boissons végétales se conservent de trois à quatre jours au réfrigérateur sauf le lait d'amande qui se conserve de 24 à 48 heures. Mieux vaut faire des petites quantités plus souvent, la fraîcheur reste de mise.

Les céréales

Les céréales sont très importantes chez le tout-petit, mais encore faut-il ne pas les donner trop jeune. Elles doivent toujours être d'excellente qualité, c'est-à-dire complètes et biologiques.

Il existe plusieurs céréales instantanées de qualité biologique dans les marchés d'alimentation naturelle. Elles peuvent être très pratiques lors des voyages ou lorsque les horaires sont très serrés. Les céréales diastasées sont des céréales où l'amidon a été artificiellement prédigéré. Par contre, les recettes suivantes sont plus économiques et très bien assimilables pour le bébé si elles sont cuites convenablement.

Crème de céréales

50 ml de crème de céréales au choix (les grains s'achètent moulus ou non)

(riz brun, épeautre, millet, maïs, quinoa, amarante, sarrasin et orge à l'occasion)

250 ml de lait ou d'eau

Quelques gouttes d'huile de première pression

Compote de fruits, si le bébé ne l'aime pas nature

Porter le liquide à ébullition.

Jeter en pluie la céréale choisie.

Cuire à feu doux sans cesser de remuer.

Ajouter du lait pour avoir la bonne consistance.

Retirer du feu. Refroidir l'excès de céréales. La crème se garde trois jours au réfrigérateur.

Sucrer la quantité que vous donnez au bébé avec de la compote de fruits, si nécessaire.

Temps de préparation : environ dix minutes.

Cuisson pratique à la bouteille isotherme (*thermos*)

Cette méthode donne une céréale encore plus digeste pour le bébé étant donné le trempage du grain et la lenteur de la cuisson. C'est la méthode la plus pratique pour les couples qui travaillent, car il n'y a aucune cuisson à surveiller.

Il faut se procurer un *thermos* avec une large embouchure, de type *thermos* à soupe.

Faire tremper toute la journée la quantité désirée de céréales en grains. Par exemple, (50 ml) de céréales (riz, sarrasin, épeautre, millet) dans (250 ml) d'eau bouillante. Mettre moins d'eau si vous devez ajouter beaucoup de lait pour un bébé qui serait de petit poids.

Le soir, faire chauffer le tout et le remettre dans le *thermos* qui a été réchauffé auparavant avec de l'eau chaude. Bien le fermer et le coucher sur le comptoir pour la nuit.

Au matin, le grain sera cuit. Liquéfier le tout dans le mélangeur en ajoutant le lait nécessaire pour que la bouillie ait une bonne texture.

Réchauffer à feu doux en remuant.

Servir avec un peu de purée de fruits ou des fruits râpés si désiré.

Céréales en grain

Mettre l'eau ou le lait à bouillir ou moitié-moitié. Si notre bébé est maigrichon avec peu d'appétit, on fera toujours ses céréales avec du lait. S'il est grassouillet avec un très bon appétit, on peut prendre de l'eau.

Pendant ce temps, rincer les céréales dans une passoire et les faire rôtir à la poêle à sec jusqu'à ce qu'une bonne odeur de noisette se fasse sentir.

On peut moudre la céréale avant la cuisson, cette dernière sera plus rapide.

L'idéal serait de toujours faire tremper les céréales pendant la nuit. Ce trempage favorise la digestion des céréales et il diminue le temps de cuisson. Les noix et les graines pourraient être trempés pendant la nuit et mis en purée dans le robot au matin.

Cuire lentement à feu doux jusqu'à ce que les grains soient bien cuits. Mettre (50 ml) de céréales dans (250 ml) d'eau. L'idéal serait de remettre ce contenant au-dessus du bain-marie de dix à quinze minutes.

Ces céréales se conservent de trois à quatre jours au réfrigérateur dans un contenant hermétique.

Au fur et à mesure des besoins, on prend la quantité désirée et on l'éclaircit avec du lait végétal dans le mélangeur.

Faire réchauffer dans le bol chauffant de bébé ou dans une casserole.

Au déjeuner, sucrer avec de la compote de fruits.

Au souper, ajouter des fines herbes, du céleri, des oignons ou de l'ail quand l'enfant sera un peu plus vieux. On peut aussi ajouter une purée de légumes à ses céréales et graduellement la purée de légumes sera remplacée par des morceaux de légumes. Saupoudrer d'un peu de levure de bière, environ (1 ml).

Autres bouillies rapides pour le nourrisson

Lorsque vous cuisinez pour votre famille, cuire plus de riz brun, plus de millet, plus de sarrasin et garder le tout dans un contenant hermétique au réfrigérateur.

Mettre le tout dans le mélangeur jusqu'à consistance onctueuse et faire réchauffer dans le plat chauffant du bébé ou dans une casserole.

1) 125 ml de riz brun cuit
   5 ml de raisins secs ou
   15 ml de fruits frais
   50 ml de lait de soya

2) 125 ml de millet cuit
   2 figues trempées ou autres fruits séchés
   50 ml de lait de soya

3) 125 ml de sarrasin cuit
   15 ml de purée de fruits
   50 ml de lait de soya

4) 125 ml d'orge mondé cuit (à l'occasion)
   2 dattes dénoyautées
   5 ml de graines de lin ou de sésame
   50 ml de lait

Toutes les céréales gagnent à être agrémentées d'un peu de germe de blé biologique, de quelques gouttes d'huile de première pression, de levure de bière, de graines moulues (lin, sésame, tournesol, citrouille) ou de purée d'amande, de tournesol, de noisette ou de sésame (s'il n'y a pas d'allergie).

Il suffit de se faire une routine. Le matin, je mets un peu de germe de blé, quelques gouttes d'huile de lin et le bout d'une cuillère de beurre d'amande. Au souper, j'ajoute de la levure de bière, quelques gouttes d'huile d'olive, un peu de graines moulues. C'est la meilleure façon d'y penser et de ne pas toujours donner la même chose.

Un dernier mot sur la variété des céréales. La majorité des peuples se contentent de manger une ou deux céréales toute leur vie, il ne faut donc pas en faire tout un plat si la même céréale revient dans la même semaine. Alterner avec un choix de quatre céréales, c'est déjà une excellente variété pour le bébé.

Céréales pour les plus grands

Flocons du matin (une grosse portion)

50 ml de flocons de céréales

50 ml d'eau

Faire tremper la veille.

Le lendemain, ajouter :

- 15 ml de jus de citron frais ou d'orange
- 15 ml de lait
- 5 ml de sirop d'érable ou de miel non pasteurisé
- 1 grosse pomme râpée
- Noix ou graines hachées au goût

Bien mélanger. Se mange froid.

Lorsque les flocons sont légèrement grillés au four, avant le trempage, il y a précuisson et le goût est plus relevé. Les flocons d'avoine rendent cette céréale très collante.

Crème du matin au quinoa (4 portions)

250 ml de quinoa

750 ml d'eau

50 ml de fruits secs trempés la veille

Bien rincer le quinoa à l'eau froide.

Amener l'eau à ébullition, ajouter le quinoa, réduire la chaleur et cuire vingt minutes.

Ajouter des fruits frais ou séchés.

Pour une texture plus crémeuse, ajouter plus d'eau et augmenter le temps de cuisson.

Pour obtenir une crème très lisse, moudre les grains après les avoir fait sécher à sec dans une poêle chaude ou mettre dans le mélangeur après la cuisson.

Gruau aux graines de tournesol (2 portions)

500 ml de flocons d'avoine ou autres

550 ml d'eau

50 ml de graines de tournesol

15 ml de raisins secs

15 ml de mélasse

Faire tremper toute la nuit tous les ingrédients, à part la mélasse, dans une casserole.

Au matin, amener à ébullition et laisser mijoter dix minutes.

Ajouter la mélasse au moment de servir.

On peut aussi ajouter (5 ml) d'huile de lin pour enrichir le plat (surtout l'hiver).

On peut aussi saupoudrer de cannelle.

On pourrait mettre le tout dans le mélangeur pour le servir au bébé de la famille.

Crème de millet aux abricots (2 portions)

125 ml de millet moulu

500 ml d'eau

50 ml d'abricots secs en morceaux

Amener à ébullition, faire mijoter en brassant constamment (de trois à cinq minutes).

Ou cuire lentement au bain-marie pendant vingt minutes.

Servir avec un soupçon de vanille.

Crème de caroube de type Nutella

125 ml de beurre de sésame ou de graines de sésame moulues

125 ml de beurre de tournesol ou de graines de tournesol moulues

125 ml de poudre de caroube

125 ml d'eau

10 à 12 dattes dénoyautées

Faire tremper les dattes dans l'eau la veille.

Au matin, mettre le tout dans le robot jusqu'à consistance onctueuse. Ajouter de l'eau si nécessaire.

Cette crème est ultra-nourrissante. Elle peut être servie sur du pain après un repas plus léger comme une soupe-repas ou une salade et bien sûr au déjeuner.

À noter

Toutes les céréales peuvent être servies avec un peu d'extrait de vanille, de cannelle, de noix de coco non sucrée, de poudre de caroube, de zeste d'orange, etc. Faites des dégustations avec les enfants en faisant cuire la céréale de base. Séparez-la en petites portions et goûtez avec différentes sortes de noix et graines (tournesol, sésame, citrouille, lin), avec différents fruits frais ou séchés, avec différents sucres, si nécessaire, miel, mélasse, sirop d'érable. Sous forme de jeu, amener l'enfant à découvrir la recette qui lui plaît le plus. Par la suite, le goût se développe et ils en viennent à aimer d'autres mélanges.

Préparez vos céréales à l'avance, en les faisant sécher à la poêle après les avoir rincées. Idéalement, on moud la céréale à la dernière minute dans le moulin à café. Vous pouvez ajouter des céréales germées, réduites en poudre. Elles sont très nutritives, faciles à digérer et très riches en enzymes. On peut en saupoudrer en petites quantités sur les céréales de nos enfants ou encore en saupoudrer sur les légumes du midi.

Les annexes

J'ai choisi d'insérer dans ce volume quelques annexes qui sont loin d'être exhaustives. Elles sont plutôt un clin d'œil à la richesse des nutriments offerts généreusement par la nature qui nous entoure. Leur lecture vous permettra de reconnaître la grande valeur de certains aliments que nous n'avons pas suffisamment intégrés dans notre alimentation moderne.

Des articles et des livres abondent sur le sujet, je vous invite à satisfaire votre curiosité et à aller plus loin si ces courtes descriptions ne sont pas suffisantes pour vous donner le goût d'oser la différence.

Votre famille ne pourra que ressortir gagnante d'une alimentation diversifiée.

Annexe 1

Les céréales

Les céréales ont été utilisées de tout temps pour nourrir les peuples de notre terre. C'est encore aujourd'hui l'aliment de base de la majorité des hommes. Ce que nous connaissons comme céréales dans les pays industrialisés n'a rien à voir avec les vraies céréales! Nos céréales du matin sont raffinées, colorées et hypersucrées, elles apportent peu de bienfaits à l'organisme. Les céréales que nous utilisons à l'occasion pour la préparation de nos repas sont aussi dénaturées : riz blanc, orge perlé, couscous, avoine instantanée et farine blanche.

En apprenant à connaître les céréales et en découvrant leurs nombreuses qualités, vous aurez peut-être le goût d'essayer ces bons aliments. Il est facile de les acheter biologiques et entières, car elles sont offertes dans tous les magasins d'alimentation naturelle à des prix abordables ainsi que dans la section biologique des supermarchés. Des céréales complètes que vous ferez cuire à la maison (style gruau d'avoine, mais aussi sarrasin, millet, etc.) vous coûteront moins cher pour nourrir votre famille que des céréales sèches raffinées.

Les céréales tout comme les légumineuses et les noix renferment aussi ces fameux *phytates* ou acide phytique qui limitent la biodisponibilité de certains minéraux comme le fer, le zinc, le calcium et le magnésium. Ils se retrouvent dans l'enveloppe du grain (le son) et dans le germe. Pour contrecarrer ces phytates, il suffit d'utiliser le procédé de fermentation (par exemple, pain au levain et non à la levure), de faire tremper les céréales ou de les faire germer. Les minéraux seront ainsi plus assimilables pour l'organisme. Par contre, les chercheurs affirment que dans un contexte nord-américain d'abondance, les pertes nutritives subies par la présence des phytates sont minimes étant donné son action antioxydante.

Amarante

Nous consommons l'amarante comme une céréale, mais en fait c'est un grain comme le quinoa et le sarrasin. Il fait partie de la famille des *amarantacées* et non des *graminées*. C'est un des plus anciens grains d'Amérique qui refait sa place dans nos assiettes.

Possède une très grande valeur nutritive, proche du quinoa.

Riche en protéines (18 %), contient deux fois plus de lysine (facteur limitant des céréales) que le blé et trois fois plus que le maïs. Sa qualité protéique se rapproche du lait.

Ne renferme pas de gluten, doit être combinée à la farine de blé pour faire du pain.

Les grains se gonflent comme le maïs soufflé lorsqu'ils sont chauffés à sec. Peut se cuire comme une céréale du matin pour le petit déjeuner. C'est une céréale très collante, il est préférable de la moudre avant la cuisson pour que le jeune enfant assimile mieux ses nutriments.

À ne pas confondre avec *la fécule de marante* (Arrow Root) qui nous vient d'un tubercule, la maranta (*Maranta arundinacea*). C'est un agent épaississant pour les sauces comme la fécule de maïs.

Avoine

Elle stimule les fonctions de la thyroïde et améliore ainsi la résistance au froid. Elle fournit de la chaleur interne et elle nourrit les muscles grâce à l'*avenose* qu'elle contient.

Elle est donc recommandée aux travailleurs de force et aux sportifs. C'est une céréale à consommer davantage l'hiver que l'été, car elle réchauffe l'organisme.

Recommandée pendant la grossesse et pendant l'allaitement car elle favorise la lactation.

Antirachitique car elle contient de la vitamine D, bonne source de protéines (14 %) et de minéraux, riche en matières grasses et en hydrates de carbone.

Contient des fibres solubles qui procurent un sentiment de satiété et des fibres insolubles qui augmentent le volume des selles. De plus, le son d'avoine aide à abaisser le taux de cholestérol.

Contribue au développement du cerveau, des muscles et des structures nerveuses. Elle favorise la croissance des enfants.

Recommandée aux diabétiques car elle est hypoglycémiante.

Elle favorise aussi la diurèse.

Agirait contre la stérilité et l'impuissance.

Elle favorise la production de mucus. À éviter dans les périodes de rhume.

Cette céréale est offerte en grains. Nous pouvons moudre ces derniers pour confectionner des crèmes de céréales ou pour épaissir les potages et les sauces. Nous connaissons surtout l'avoine pour ses flocons : le gruau. Éviter de les consommer crus, il est préférable de les faire griller, tremper ou cuire pour qu'ils soient plus digestes et que l'acide phytique soit neutralisé. Les flocons d'avoine à l'épicerie sont généralement précuits, d'où le « gruau 5 minutes » ou « gruau 1 minute ». Choisissez des flocons d'avoine à cuisson longue, faites-les tremper pendant toute la nuit afin que la cuisson soit rapide au matin. Les gruaux instantanés à saveur ne sont pas un bon choix même s'ils sont biologiques car ils sont beaucoup trop sucrés. Les enfants ne voudront plus par la suite revenir à un gruau nature même si vous ajoutez des fruits ou du sirop d'érable!

Blé

Céréale très riche en gluten, ce qui lui donne son côté moelleux permettant de faire des pains légers et des gâteaux des anges.

Sous forme de céréale entière, non raffinée, il contient tous les sels minéraux, oligoéléments et vitamines indispensables ainsi que 13 % de protéines.

Riche en glucides, il nécessite davantage de travail physique pour être bien assimilé et « brûlé », sinon il encrasse le système.

Le blé non germé est souvent allergène. Est-ce vraiment à cause de sa haute teneur en gluten ou est-ce attribuable au fait que c'est une céréale qui a été maintes fois hybridée et transformée par le génie de la biotechnologie, donc modifiée dans son équilibre naturelle?

Le blé germé, comme toutes les autres germinations, voit ses valeurs nutritives doublées, voire triplées. Il est ainsi plus digeste et moins allergisant que le blé non germé. Le blé germé est recommandé dans tous les cas de déminéralisation, d'anémie, de fatigue physique et intellectuelle. Il est excellent durant la grossesse et l'allaitement. Il est offert en grains, sous forme de pain et de farine.

Le blé est à la base de tous nos aliments : pains, muffins, desserts, pâtes alimentaires et céréales du matin. Dès que vous franchissez le pas de la porte, vous ne consommez que du blé. Afin d'éviter cette surcharge de gluten et pour varier les éléments nutritifs de votre alimentation, évitez le blé à la maison. Choisissez des pâtes alimentaires au kamut, à l'épeautre, au sarrasin, etc. Variez vos farines pour confectionner vos recettes. Choisissez d'autres céréales pour les petits déjeuners. Si vous êtes moins exposé au blé, les risques d'allergies vont diminuer d'autant.

Épeautre

Cette céréale est l'une des premières qu'a connue l'homme. Elle n'a jamais été hybridée ou transformée.

Contient plus de protéines, de lipides et de fibres que le blé.

Très grande biodisponibilité grâce à son haut niveau de solubilité dans l'eau.

Beaucoup moins allergisant que le blé, car contient moins de gluten. Vos pains et gâteaux seront plus lourds mais plus nutritifs.

L'épeautre est offert en grains qu'on fait cuire comme le riz. Sa farine se substitue facilement à toutes les recettes à base de blé. Il se présente en flocons comme l'avoine, et l'enveloppe du grain, le son, se trouve facilement à l'épicerie dans la section biologique. Le goût est très doux et guère différent du blé.

Maïs

Céréale des pays chauds, à consommer surtout l'été.

Le maïs est très nutritif et énergétique. Il donne de l'endurance et de la résistance.

Riche en protéines, en glucides et en lipides. Il contient du calcium, du magnésium, du phosphore, du fer, des vitamines B et E. Il est aussi riche en carotène (provitamine A). Le maïs ne contient pas de gluten.

C'est un modérateur de la glande thyroïde.

Nous connaissons surtout le maïs sous forme de légume (épi de maïs) ou bien encore sous forme de maïs soufflé. On peut moudre le grain de maïs dans le moulin à café pour en faire de la semoule. Cette dernière servira à cuisiner la polenta ou la crème de maïs pour le déjeuner. La farine de maïs[159] est délicieuse, elle donne un goût particulier aux recettes de muffins. La fécule de maïs est bien connue pour sa qualité d'agent épaississant. Le maïs soufflé est très nourrissant s'il n'est pas garni de beurre.

Choisir d'autres agents d'assaisonnement comme la levure alimentaire, le Tamari[160], la cannelle ou le fromage parmesan. Le maïs étant riche en acides gras polyinsaturés, la farine rancit facilement. Acheter de petites quantités et les conserver au réfrigérateur.

Millet

Nutritif, revitalisant et équilibrant nerveux.

Riche en protéines, mais pauvre en glucides, il contient des lipides, du phosphore, du magnésium, de la silice, du fer, de la

---

159. Vous devez la mélanger à d'autres farines comme la farine de blé, d'épeautre ou de kamut pour faire lever votre muffin, car le maïs ne contient pas de gluten.

160. Tamari : sauce soya naturelle sans colorant ni caramel.

vitamine A, des vitamines du complexe B et de la lécithine. Le millet ne contient pas de gluten.

Prévient la carie dentaire, les ongles cassants et la chute des cheveux.

Idéal contre la fatigue intellectuelle, la dépression nerveuse, l'asthénie et l'anémie.

Prévient les fausses couches, comble les carences nutritionnelles de la femme enceinte.

Utile dans les inflammations gastro-intestinales. Il est particulièrement digeste.

Renforce les défenses naturelles du corps et protège des rhumes, des grippes et des bronchites.

Céréale plus alcaline que les autres, non allergisante, excellente pour la convalescence et la reminéralisation.

Le millet est la première céréale à intégrer dans une nouvelle démarche alimentaire. Il est doux au goût et très polyvalent dans son utilisation. Se servant comme le riz, il entre dans la composition de la plupart des tourtières végétariennes. Il est bon en croquettes et délicieux en crème pour le déjeuner. C'est une céréale-clé pour les enfants. Le millet est considéré comme l'équivalent du blé pour ce qui est de sa valeur nutritive. La farine de millet peut être utilisée dans les crêpes, mais elle doit être mélangée à d'autres farines contenant du gluten si vous désirez cuisiner des muffins ou des gâteaux. Le millet demeure la base de l'alimentation de nombreux peuples.

Orge

Céréale rafraîchissante, antidiarrhéique, digestive et émolliente. C'est un tonique général et un draineur hépatique.

Riche en calcium, potassium et phosphore. Elle possède une action recalcifiante précieuse en cas de déminéralisation, pendant la croissance, la grossesse et l'allaitement. Elle contient de 8 à 15 % de protéines et sa teneur en lysine est limitée, comme pour les autres céréales.

Calme les inflammations des voies digestives et urinaires.

Se digère facilement.

Riche en fibres solubles du type bêta-glucane, elle permet de maintenir un bon taux de cholestérol et d'équilibrer la glycémie.

Recommandée lors d'états fébriles et dans les cas d'hypotension.

Très utile pour conserver la souplesse des articulations.

Rajeunit l'organisme et accroît le bien-être des cellules nerveuses.

Contient du gluten, mais en moins grande quantité que le blé.

L'orge mondé a perdu sa première enveloppe extérieure mais il a conservé le son et le germe riche en vitamine E. Quant à l'orge perlé, il a perdu son germe et les multiples abrasions que le grain a subi lui ont fait perdre une partie de sa valeur nutritive.

L'orge est malheureusement sous-utilisée de nos jours. Elle est connue pour la préparation de la bière et du whisky car elle entre dans la fabrication du malt. C'est aussi une céréale importante dans l'alimentation des animaux. Sa saveur est douce et sa texture est croquante. Elle ne contient pas assez de gluten pour faire du pain : il faut donc la mélanger à d'autres farines comme le blé ou le seigle. Pensez à la faire tremper pour accélérer la cuisson. Excellente dans les soupes, les mets au four et les croquettes. Vous pouvez la servir comme du riz. Elle est aussi offerte en flocons pour cuisiner vos gruaux du matin. Une céréale à redécouvrir!

Quinoa

Le quinoa est relativement nouveau dans le marché de l'alimentation, nous le consommons comme une céréale, mais en fait ce n'est pas une graminée comme le riz ou le blé, c'est une plante herbacée annuelle (*chenopodium quinoa*) qui appartient à la même famille que les betteraves et les épinards. On dit aussi que le quinoa est une pseudo-céréale. Il est originaire de la Bolivie, du Pérou et de l'Equateur. Ce n'est que depuis 1982 que cette culture a été réimplantée aux États-Unis.

Sa teneur en protéines est exceptionnelle, soit de 15 à 18 % et ce grain contient les huit acides aminés essentiels que doit nous apporter l'alimentation. Cela représente 2,6 g de protéine par demi-tasse (125 ml). Il est d'ailleurs plus riche en lysine (acide aminé) que les céréales. Il contient aussi de la méthionine et de la cystéine qui sont les facteurs limitant des légumineuses.

Il ne contient aucun gluten, ce qui en fait un aliment recommandé pour les enfants et pour les personnes allergiques au gluten (maladie cœliaque). Sans gluten, il ne peut être utilisé seul pour la confection du pain.

Il est particulièrement riche en fer, en cuivre et en manganèse. Il contient aussi du magnésium, du zinc, du phosphore, du calcium et de la vitamine B2 en quantité appréciable.

Plus riche en lipides que les céréales (5,8 % de sa masse) dont une bonne partie, 55 à 63 %, est composée d'acide linoléique et alpha-linolénique, acides gras essentiels pour notre santé. Sa richesse en vitamine E stabilise ces gras sensibles à l'oxydation.

Bonne source de fibres, il accélère le transit intestinal, ce qui favorise l'élimination des toxines.

Le quinoa a une teneur en saponine élevée. Celle-ci est enlevée par polissage du grain et par lavage. Le quinoa vendu dans nos marchés a subi ce procédé. La présence de saponine dans un aliment perturbe l'absorption de certains nutriments comme le fer, mais on découvre aujourd'hui des vertus positives à la saponine chez l'animal (anti-inflammatoire, antiallergique, etc.). Des études ultérieures nous en apprendront sûrement davantage pour l'humain.

La cuisson du quinoa est rapide et polyvalente. Il se mange chaud comme du riz ou froid en salade. C'est un grain qui ne colle pas. Il est aussi vendu sous forme de flocons. Vous pouvez réduire la quantité de gruau d'avoine dans vos recettes et y substituer le quinoa.

Le quinoa est offert biologique et de commerce équitable.

Riz

Énergétique, hypotenseur, hypocholestérolémiant, potentiellement anticancéreux, il favorise l'élimination de l'urée.

Riche en glucides, il contient moins de protéines (de 7 à 8 %) que les autres céréales. Contient des minéraux tels que le manganèse, le sélénium, le phosphore, le calcium, le magnésium, l'iode, le zinc et le fluor. Contient aussi des vitamines : A, B1, B2 et B6.

Conseillé en cas d'œdème, d'insuffisance cardiaque ou rénale et d'hypertension.

Recommandé en période de surmenage, de croissance ou de convalescence car il est très digeste.

Utile en période de diarrhée et lors de fermentations intestinales. En excès, le riz peut donc constiper.

Convient aux sédentaires et aux personnes qui présentent des lenteurs digestives. Il s'assimile facilement.

Le riz blanc a perdu une grande partie de ses propriétés. Il est trois fois moins riche en fer, deux fois moins riche en calcium, trois fois moins riche en phosphore et cinq fois moins riche en vitamine B1 (thiamine) que le riz brun. Le riz complet long est moins collant que le riz à grain court. Il existerait plus de 3 000 variétés de riz dans le monde! C'est l'aliment de base de la moitié de l'humanité. La crème de riz pour le déjeuner est très douce et délicieuse. Le riz se sert en salades, en croquettes, au four ou dans les soupes. On peut même le déguster en dessert sous forme de pudding au riz.

Sarrasin

À l'instar du quinoa, le sarrasin n'est pas une céréale au sens botanique, il fait partie de la famille des *polygonacées* et non de celle des *graminées*.

Riche en protéines, soit de 10 à 12 % de son poids sec, le sarrasin contient tous les acides aminés essentiels. Riche en sels minéraux tels que le cuivre, le magnésium, le manganèse, le fer, le zinc, le calcium, le fluor, le phosphore. Contient aussi les vitamines du complexe B et la vitamine E.

Céréale de force, efficace contre la fatigue, utile en période de convalescence, car elle augmente la résistance aux infections.

Très énergétique et nutritif, il protège les vaisseaux sanguins par la rutine qu'il contient. Bonne céréale à consommer particulièrement l'hiver.

Plus riche en calcium que le blé, il est précieux pour les enfants et les femmes qui allaitent.

Riche en antioxydants, il abaisserait aussi le cholestérol.

La qualité de ses fibres démontre un effet prébiotique chez les animaux. Leur flore intestinale s'améliorent avec la consommation régulière du sarrasin. Il reste à démontrer si cet effet est le même chez les humains.

Il y a peu de réactions allergiques au sarrasin. Par contre, les personnes allergiques au latex pourraient faire une réaction croisée en consommant du sarrasin.

Le sarrasin, appelé aussi le blé noir, était autrefois consommé quotidiennement. Il est délicieux en galettes, mais aussi dans les muffins ou les crêpes. On peut manger le sarrasin en grains tout comme le riz. Si on fait rôtir le grain avant la cuisson, la saveur devient plus forte et nous l'appelons alors le kasha.

Seigle

Énergétique, constructeur, fluidifiant sanguin et antiscléreux.

Riche en hydrates de carbone, en protéines, en manganèse, sélénium, phosphore, fer, zinc, cuivre, calcium et en vitamines du groupe B ainsi qu'en vitamine E.

Contient des lignames (comme la graine de lin) et des isoflavonoïdes, phytoestrogènes qui pourraient avoir un effet préventif sur certains cancers dont celui du sein et du côlon.

Prévient les maladies cardiovasculaires, assouplit les vaisseaux sanguins, il est conseillé dans les cas d'hypertension.

Bâtit les muscles sans favoriser l'accumulation de graisse comparativement au blé; fortement recommandé aux sédentaires.

Le seigle se consomme sous forme de pain, comme céréale du matin en flocons ou dans les crêpes et les muffins. Son goût est particulier mais apprécié des connaisseurs.

Les légumineuses

Les légumineuses sont des protéines végétales d'excellente qualité. Elles ont l'avantage de ne pas contenir de cholestérol et d'être faibles en gras. Elles contiennent de bons glucides (amidon, particulièrement), des minéraux, des vitamines et beaucoup de fibres alimentaires. Elles sont plus économiques que la viande et que tous les sous-produits animaux. Nous trouvons sur le marché des légumineuses de grande qualité qu'elles soient biologiques ou même biodynamiques[161]. Elles protègent l'environnement, car leur culture ne pollue pas et elles coûtent moins cher à produire que l'élevage du bétail.

Sans vouloir convertir tout le monde au végétarisme, il est impérieux que la population ajoute des légumineuses à son menu hebdomadaire, que ce soit pour des raisons de santé, d'économie ou par souci de protection de l'environnement. Auparavant, les gens mangeaient régulièrement des légumineuses sous forme de soupe aux pois ou de fèves au lard. Actuellement, la population se

---

161. Biodynamique : se dit d'une culture où l'on n'utilise aucun engrais, désherbant ni pesticide chimique. Cette méthode de culture respecte des temps précis de plantation et de récolte selon les lunes et selon les heures de la journée. Beaucoup de préparats sont élaborés à partir de plantes ou d'herbes pour être ajoutés au sol afin de l'équilibrer. Les aliments issus de ce type de culture ont un équilibre, nutritif et énergétique, supérieur à l'alimentation biologique. C'est la certification Demeter qui nous confirme la qualité de ces aliments. Cette méthode de culture nous vient du fondateur de l'anthroposophie, Rudolf Steiner.

prive d'un bon apport de fibres, de vitamines et de minéraux en négligeant cette consommation de légumineuses.

Les légumineuses sont généralement faibles en méthionine et en cystéine mais riches en lysine. Les céréales entières complètent bien les légumineuses car elles sont pauvres en lysine et riche en méthionine et cystéine. C'est en fait la meilleure combinaison, car les produits laitiers, la viande et les oléagineux sont relativement pauvres en méthionine et cystéine. Ce qui revient à dire qu'une portion de céréales entières à chacun des repas sous une forme ou sous une autre potentialise l'assimilation de nos protéines consommées par les légumineuses.

Arachide

Contrairement à ce que l'on pense, l'arachide n'est pas une noix mais bien une légumineuse. Elle est très nutritive et énergétique.

Ses lipides sont composés de gras saturés, mono-insaturés et polyinsaturés, mais ne contiennent pas d'oméga-3. Son huile résiste bien à la cuisson à haute température.

Bonne source de protéines comme toutes les légumineuses, surtout lorsqu'elle est mangée avec du pain complet.

Riche en zinc, manganèse, cuivre, phosphore, magnésium, vitamine E, potassium, fer et vitamines du complexe B.

Recommandée pour les cas de fatigue et de surmenage, elle soutient le système cardiovasculaire.

L'arachide contient des oxalates, composés qui doivent être évités dans certains cas de calculs urinaires. S'abstenir si c'est le cas.

Évitez les beurres commerciaux qui sont additionnés de sucre, de sel et qui sont hydrogénés[162]. Les beurres d'arachides biologiques sont abordables et délicieux. Évitez de manger des arachides salées, préférez-les sans huile, rôties à sec, nature ou en écale. L'arachide peut augmenter la formation de mucosité chez l'enfant, évitez la

---

162. Hydrogénés : se dit des aliments contenant des acides gras insaturés auxquels on fixe des molécules d'hydrogène afin de changer la texture ou d'augmenter le temps de conservation.

consommation quotidienne de cet aliment. Donnez-leur l'habitude de varier les sortes de beurre de noix ou de graines à mettre sur leurs rôties.

Fève rouge

Aliment très énergétique et réparateur du système nerveux. Est aussi diurétique.

Riche en fer, en calcium, en potassium, en vitamines A, B et C.

Les fèves rouges se consomment surtout dans les soupes, en ragoût, en casserole ou en purée pour la confection de délicieux sandwichs.

Haricot blanc

Utile en cas d'anémie, stimule le foie, favorise les fonctions normales des organes digestifs, de la peau et du système nerveux.

Les fèves au four de nos grands-mères constituent un plat traditionnel du Québec. Elles sont donc délicieuses au four avec des légumes, en soupe, en crème et en purée. Évitez de les servir avec de la mélasse ou du sirop, vous éliminerez ainsi les inconforts liés aux ballonnements.

Haricot de Lima

Légumineuse plus alcaline que les autres, douce au goût et très digeste.

Belle qualité de protéines, contient de la vitamine A et B, contient aussi du calcium, du fer et de la lécithine.

Il en existe deux variétés, les bébés haricots de Lima et les géants. Ils cuisent rapidement, même sans trempage. Ils sont délicieux dans les mets en casserole, dans les soupes, les salades et en purée pour les sandwichs.

Lentille

Recommandée aux travailleurs de force aussi bien qu'aux intellectuels. Combat le stress.

Elle favorise la production de lait (galactogène) chez la nourrice.

Riche en purines (162 mg pour 100 g), elle doit être consommée prudemment par les personnes qui sont prédisposées à avoir la goutte.

Riche en protéines (23,6), en fer, en vitamines A, B et C et en acide folique. Contient du calcium, du magnésium, du phosphore, du potassium, du manganèse et des glucides.

Facile à digérer et délicieuse au goût.

Les lentilles vertes et brunes sont plus nourrissantes que les rouges. Elles ne nécessitent pas de trempage, mais le temps de cuisson sera réduit si vous les faites tremper. Délicieuses lorsqu'elles sont germées. Une des premières légumineuses à offrir aux enfants.

Pois chiche

Action diurétique et antiseptique urinaire. Permet d'éliminer l'acide urique de l'organisme.

Favorise la digestion et permet d'éliminer les parasites intestinaux.

Recommandé aux travailleurs de force et aux gens fatigués.

Contient des protéines (de 17 à 23 %), des lipides et des glucides. Riche en minéraux, surtout en phosphore, potassium, magnésium, calcium, zinc, sodium, silice et fer. Contient aussi de la vitamine C et B.

Les pois chiches sont très connus grâce à la popularité du couscous. Ils sont délicieux en soupe, en farine pour les croquettes et les pâtés et en purée pour les tartinades. Ils provoquent facilement des gaz. Utilisez-les en petite quantité pour les bébés. Si vous les faites cuire vous-même, jetez l'eau de cuisson après trente minutes et recommencez avec une nouvelle eau, ils causeront moins de gaz.

Pois jaune et vert

Recommandé aux travailleurs de force, aux personnes constipées et aux maigres. Très énergétique.

Contient des protéines, des lipides et des glucides. Renferme du phosphore, du fer, du potassium, de la vitamine A, B et C.

À consommer avec modération pour les personnes prédisposées à avoir la goutte.

Le pois jaune se sert en soupe et en purée pour les tartinades. La soupe aux pois est souvent appréciée des enfants. Servir avec un bon pain complet et un morceau de fromage. Il ne manque que des crudités pour un repas complet!

Pois vert cassé

Même qualité nutritive que le pois jaune. Il n'a pas besoin de trempage, la cuisson est assez rapide. Il fait d'excellentes soupes nutritives.

Soya

Aliment complet et très digestible.

Énergétique, reminéralisant, équilibrant cellulaire, c'est un constructeur de premier ordre.

Par la lécithine qu'il contient, il nourrit le système nerveux.

Particulièrement riche en protéines, soit deux fois plus que les autres légumineuses. Suffisamment riche en méthionine pour être consommé seul, sans céréales.

Contient des lipides surtout polyinsaturés et riches en glucides. Contient beaucoup de minéraux dont le fer, le magnésium, le phosphore, le manganèse, le cuivre, le potassium, le sodium, le calcium, le sélénium et le soufre. Renferme aussi des vitamines A, B, acide folique, D, E et F.

Le soya est l'aliment le plus riche en *isoflavones* connu à ce jour. Cet antioxydant, classé comme phytoestrogène, aurait un effet protecteur contre certains cancers (sein, prostate et gastro-intestinal).

Recommandé aux enfants surmenés, déminéralisés et nerveux.

Le soya peut aussi être allergène, particulièrement le soya génétiquement modifié. Le seul moyen de l'éviter est de toujours acheter des produits de soya biologiques.

Le soya est très polyvalent, il se transforme de multiples façons : fèves de soya, flocons, farine, huile, lait, tofu, miso et Tamari. Le soya ne se consomme jamais cru, il doit être germé, cuit ou fermenté, car ce dernier contient, lorsqu'il est cru, un facteur antitrypsine qui nuit à la digestion des protéines. Le tofu se consomme directement car il est cuit.

Il existe aussi une grande quantité de succédanés de viande à base de soya. Ces produits sont fabriqués avec des protéines de soya et non avec la fève complète, d'où une plus faible valeur nutritive. De plus, de multiples ingrédients sont ajoutés pour donner saveur, couleur et texture. Considérez-les uniquement comme des aliments de « dépannage ». Le soya est facile et pratique à intégrer dans l'alimentation des enfants. Cette légumineuse a un goût très neutre, il suffit de bien l'apprêter.

Les légumineuses demandent de la planification pour leur cuisson. Faites tremper et cuire plusieurs variétés à la fois. Ne consommez jamais l'eau de trempage, à cause des sucres (trisaccharides) qu'elle contient, qui causerait beaucoup de gaz et des maux de ventre. Congelez vos légumineuses en petites quantités pour vos besoins. Faites-les toujours cuire avec un bon morceau d'algue *kombu* pour diminuer les gaz. Une germination avant la cuisson aidera aussi dans ce sens. Les légumineuses sont des aliments nutritifs, peu encrassants et économiques. À découvrir!

Les noix et les graines

Les noix et les graines sont des fruits oléagineux (qui contiennent des gras d'excellente qualité). Les olives et les avocats sont inclus dans cette catégorie d'aliments. De très bonne valeur nutritive, nous avons avantage à les consommer pour les bons gras qu'elles nous apportent.

Avec l'accroissement des cas d'allergies et de la peur qu'elle engendre, ces aliments-vedettes perdent du terrain. Pourtant, ce sont parfois de très bonnes sources de nutriments que l'on perd inutilement. Ce sont les noix qui causent le plus souvent des allergies et beaucoup moins les graines, sauf le sésame qui fait partie de la liste des neuf aliments[163] les plus susceptibles de causer des allergies alimentaires au Canada. Dans le doute, mieux vaut passer un test d'allergie alimentaire plutôt que de vivre dans la peur des allergies.

Tout comme les céréales, les noix contiennent aussi des phytates qui limitent l'assimilation du calcium, du fer et du zinc. Leur rôtissage permet de réduire cet élément de même que le trempage des noix. Pour un adulte, (50 ml) par jour de noix ou (30 ml) sous forme de beurre de noix ou de graines est un bon apport. En saison froide, nous pouvons augmenter les quantités surtout pour les végétariens. Nous aurions avantage à acheter nos noix en écales

---

163. Voici la liste officielle de Santé Canada : arachides, noix, lait de vache, œufs, poissons, crustacées (crabe, crevette, homard), soya, céréales (blé, avoine, orge, seigle) et sésame.

pour plus de fraîcheur. Il est possible de les faire tremper toute une nuit pour augmenter leur valeur nutritive et les rendre plus digestes. Vous ne consommez par la suite que les noix trempées et non l'eau de trempage.

Amande

Nutritive, reminéralisante, rééquilibrant nerveux et antiseptique intestinal.

Essentielle pour les enfants en croissance, les femmes enceintes et qui allaitent.

Recommandée aux gens fatigués physiquement et intellectuellement. Calme le système nerveux.

Soulage tous les types d'inflammations : pulmonaires, génito-urinaires et gastro-intestinales.

Permet de maintenir un bon taux de cholestérol sanguin.

Riche en protéines, en lipides mono-insaturés, en minéraux tels que le calcium, le magnésium, le phosphore, le manganèse, le cuivre, le fer, le potassium, le soufre et les vitamines A et B. Elle est également riche en fibres.

Les amandes contiennent des oxalates. Elles sont à éviter pour les gens qui ont des calculs rénaux à base d'oxalates.

Les amandes se consomment avec la petite peau brune. Elles sont plus digestes si elles sont légèrement grillées ou trempées. Consommez avec modération, soit une dizaine d'amandes par jour pour un adulte. Nous retrouvons aussi dans les magasins spécialisés des boissons d'amandes (moins nutritives que les amandes entières) et des beurres d'amandes, ces derniers se donnent facilement aux enfants. Conservez-les au réfrigérateur si les amandes sont décortiquées.

Aveline

L'aveline est cultivée tandis que la noisette est son équivalent comme on la retrouve dans la nature.

Très nutritive, la plus digeste de tous les fruits oléagineux.

Recommandée aux diabétiques, elle prévient aussi l'anémie.

Excellent vermifuge contre le ténia, prendre 1 c. à table (15 ml) d'huile de noisette le matin pendant quinze jours.

Le plus riche en protéines et en lipides de tous les fruits oléagineux. Elle contient aussi du calcium, du fer, du phosphore, du magnésium, du soufre, du potassium, du sodium, du cuivre et des vitamines A et B.

Très recommandée pour les enfants, les adolescents, les femmes enceintes, les sportifs et les personnes âgées.

Recommandée particulièrement aux végétariens.

Elle pousse dans nos régions. Profitez de l'automne pour faire vos provisions. Elle est délicieuse trempée quelques heures. On la retrouve sous forme de beurre dans les magasins d'alimentation naturelle.

Noix d'acajou

Facile à digérer, légèrement laxative.

Riche en protéines et en lipides, contient de la vitamine A et D.

Noix du Brésil

Très calorique et nourrissante.

Légèrement laxative et vermifuge.

Riche en vitamines A et B, contient aussi du fer, du calcium, du phosphore, du cuivre et une grande quantité de zinc.

Source importante de sélénium, une noix du Brésil contient 50 mcg de sélénium. Le dosage thérapeutique pour un adulte étant de 200 mcg de sélénium, il suffit de manger quatre noix par jour pour atteindre ce dosage avec tous les nutriments supplémentaires qu'ils apportent.

Elle alcalinise tous les organismes.

La noix du Brésil est souvent difficile à écailler. Congelez-la quelques heures ou faites-la tremper un à deux jours, à la température de la pièce, avant de l'écaler.

Noix de coco

Se consomme fraîche ou séchée de même que le lait présent dans la noix.

Nutritive, laxative et diurétique.

Très active comme facteur de croissance, recommandée pour les enfants.

De digestion facile, elle est également vermifuge.

Riche en fer, manganèse, cuivre, magnésium, phosphore, calcium, zinc et en vitamines A et B.

Très riche en gras saturés, ce qui est rare pour un produit d'origine végétal. Par contre, la moitié de ces gras sont sous forme d'*acide laurique*, même type de gras que l'on retrouve dans le lait maternel! Peut avantageusement remplacer le beurre sans diminuer le bon cholestérol (HDL).

Saupoudrez-en sur les salades de fruits et sur les céréales. Elle peut entrer dans toutes les compositions de muffins, de galettes ou de crêpes. Achetez-la nature, non sucrée, car elle contient des sucres naturels.

Noix de Grenoble

Riche en protéines, en lipides, en calcium, en phosphore et en vitamine B.

Recommandée dans les cas d'anémie.

Ces noix rancissent facilement lorsqu'elles sont écalées. Conservez-les au réfrigérateur en tout temps comme toutes les noix. Évitez d'acheter ces noix finement hachées, car elles ont perdu beaucoup de leurs propriétés et elles ont souvent ranci. Leur goût sera affecté et elles seront moins bonnes pour votre santé.

Pignon de pin

Très nutritif, recommandé aux bronchitiques et dans les cas d'impuissance et de tuberculose.

Riche en protéines et en minéraux.

Possède un goût très fin. C'est une des composantes essentielles d'un bon pesto.

Les graines

Citrouille (et autres courges)

Nutritive, sédative, rafraîchissante, laxative et diurétique.

Favorise la santé glandulaire et la production d'hormones chez l'homme par le zinc qu'elle contient.

Excellent vermifuge, elle favorise aussi la santé des dents.

Recommandée pour les troubles digestifs, la constipation, le diabète, les hémorroïdes et les insuffisances rénales.

Favorable aux gens fatigués et aux insomniaques.

Contient des protéines (30 %), des lipides, du fer, du phosphore, du calcium, de la vitamine A et des vitamines B.

On peut les manger en graines ou bien les moudre pour ajouter aux céréales, aux mets préparés ou en saupoudrez sur les salades. Les graines de citrouille vertes sont une variété particulière sans écales qu'on consomme telles quelles.

Lin

Utile pour abaisser le taux de cholestérol sanguin.

Une des meilleures sources de lignames, un phytoestrogène qui contribue à diminuer les symptômes de la ménopause et qui protège du cancer du sein.

Très riche en gras polyinsaturés dont l'acide alpha-linolénique (AAL) précurseurs d'oméga-3. Ces bons gras nourrissent l'organisme en profondeur.

Recommandé pour la sécheresse de la peau, la constipation, soulage les ballonnements après le repas, diminue les douleurs menstruelles et équilibre la flore intestinale. Prendre une c. à soupe (15 ml) moulue dans de l'eau ou du jus au lever et au coucher ou encore mélangée à la nourriture comme du yogourt ou de la compote de fruits.

Facilite l'accouchement : prendre la graine en infusion ou consommer l'huile de lin de première pression à froid. Ne doit se prendre que dans les *trois dernières semaines* de la grossesse car le lin favorise les contractions.

En cataplasme, les graines de lin décongestionnent les poumons et calment la toux.

Pour une meilleure assimilation, toujours moudre la graine de lin car la mastication est rarement suffisante pour bien défaire la graine. On devrait moudre les grains au fur et à mesure des besoins, sinon conserver le lin moulu au réfrigérateur. Saupoudrez-en sur les céréales du petit déjeuner, sur les salades, le yogourt ou la salade de fruits. L'huile de lin étant une huile très fragile par sa richesse en gras polyinsaturés, achetez les petits formats et remettez la bouteille au froid entre chaque utilisation.

Évitez de les consommer en même temps que des médicaments, car le mucilage qu'elle contient pourrait diminuer l'absorption de ces derniers. Réservez un espace de deux heures entre les deux prises.

Sésame

Combat la fatigue mentale et nerveuse, la dépression et le vieillissement.

Restaure la vitalité et augmente la résistance au stress.

Construit des corps forts, essentielle pour le bon fonctionnement du cœur, des vaisseaux sanguins et favorise une utilisation maximale de l'oxygène grâce à la vitamine E qu'elle contient.

Renferme des protéines et des lipides (55 % du poids des graines), principalement mono-insaturés et polyinsaturés. Son huile résiste bien à la chaleur pour la cuisson.

Contient aussi beaucoup de minéraux : calcium, phosphore, magnésium, zinc, manganèse, cuivre et fer ainsi que des vitamines du groupe B donc l'acide folique.

Source élevée de fibres alimentaires solubles et insolubles.

Une des meilleures sources de lignames après les graines de lin. Ce sont des phytoestrogènes qui protègent du cancer du sein et qui soutient le système cardiovasculaire.

Il faut choisir un grain non décortiqué et le moudre au besoin pour le consommer. Saupoudrez-en sur les céréales du matin, sur les salades, ajoutez-en aux croquettes, aux pâtés et aux crêpes. Le sésame se vend aussi en beurre. Choisissez le beurre de sésame, ou tahini, foncé, car il sera fait de grains entiers plus nutritifs.

Tournesol

Cette graine est recommandée dans les cas d'hypercholestérolémie et d'athérosclérose.

Recommandée pour les femmes enceintes et qui allaitent ainsi que pour les enfants en croissance.

Fortifie le système nerveux, est très recommandée pour les gens surmenés.

Favorise une excellente dentition et maintient la santé des yeux.

Très riche en acides gras essentiels polyinsaturés (plus de 90 %), contient des minéraux en abondance : phosphore, manganèse, cuivre, fer, magnésium, calcium, potassium, zinc, de la choline, des vitamines A, B1, B2, B3, B6, D, E et de l'acide folique.

Les graines de tournesol contiennent naturellement du cadmium, un métal lourd que l'on retrouve aussi dans la fumée de cigarette. Le bénéfice de leur consommation est plus grand que cet inconvénient à moins qu'il ne soit démontré que vous êtes très exposé au cadmium, ce qui est nocif à long terme.

Délicieuses natures, rôties, moulues ou germées. On peut les saupoudrer sur tous nos aliments, les ajouter aux muffins, aux biscuits, les insérer dans nos crêpes habituelles. Lorsque les graines sont trempées dans l'eau, la première germination se fait très rapidement (4 à 6 heures). Rincez et consommez. Leur contenu en lysine et en tryptophane sera augmenté. La germination des graines sur terreau nous fournit de délicieuses pousses de tournesol. Elles sont riches en chlorophylle. Ajoutez-en abondamment dans les salades. Nous retrouvons aussi sur le marché des beurres de tournesol qui remplacent avantageusement le beurre d'arachide.

Autres

Avocat

Aliment presque complet en lui-même, très digestible et équilibrant nerveux.

Il contient des protéines végétales de grande qualité. Il est riche en gras mono-insaturés, en glucides mais assez pauvre en minéraux. Contient les vitamines du complexe B (particulièrement la B5), les vitamines C et E ainsi que de l'acide folique (B9).

Recommandé pour la croissance, la grossesse, la convalescence, dans les cas de surmenage et de nervosité.

Rend la peau souple et est recommandé lors d'affections gastriques, intestinales et hépatiques.

Excellente source de vitamine K, cette vitamine que l'on fabrique aussi grâce à nos bactéries intestinales, joue un rôle important dans la coagulation du sang. Les personnes prenant des médicaments anticoagulants comme le *Coumadin* doivent restreindre leur consommation d'avocat.

Riche en fibres alimentaires, l'avocat favorise habituellement le transit intestinal. Par contre, chez le jeune enfant, il peut ralentir le transit. À observer.

Sa grande concentration en proanthocyanidines lui confère des propriétés antioxydantes de qualité.

Les personnes allergiques au latex pourraient être allergiques aux avocats.

Olive noire

L'olive noire est en fait une olive verte parvenue à maturité. L'olive noire serait plus riche en antioxydants que l'olive verte.

Nutritive, laxative, elle est aussi un bon draineur hépatique et biliaire.

Riche en gras mono-insaturés, elle confère une protection évidente pour la santé cardiovasculaire. Elle permet de normaliser la tension artérielle, améliore le profil lipidique (HDL et LDL) et réduit l'incidence de l'athérosclérose.

L'huile d'olive contient aussi du fer, du cuivre et de la vitamine E.

Soulage les estomacs irrités, est conseillée aux diabétiques.

Une huile d'olive de qualité est extraite par première pression à froid, elle est conservée dans une bouteille opaque pour préserver ses qualités et le taux d'acidité doit être minimal, c'est-à-dire de 1 %. Elle est offerte de culture biologique.

Les algues

Les algues ou légumes de mer représentent une source inestimable de nutriments. Les peuples asiatiques en sont de grands consommateurs. Elles sont relativement économiques pour leur grande valeur nutritive. Les algues nous permettent de combler nos besoins en vitamines, minéraux et oligoéléments. Ces derniers étant insuffisants par l'appauvrissement de nos sols causé par les méthodes de culture industrielles. Les algues contiennent aussi beaucoup de fibres solubles et des antioxydants. Elles sont toutes une excellente source d'acide folique, élément essentiel à la conception. Nous gagnons beaucoup à les essayer et à les adopter. Heureusement, la grande popularité des sushis nous fait manger des algues presque malgré nous... À bas les préjugés!

Aramé

Algue riche en protéines, calcium, potassium et iode.

Ne demande qu'à être trempée de cinq à dix minutes dans de l'eau tiède avant d'être rincée et ajoutée dans le mélangeur avec la purée de bébé ou dans les céréales. Deux ou trois algues sont suffisantes pour le tout-petit.

Pour le reste de la famille, elles sont délicieuses mélangées avec des carottes râpées, le tout arrosé de votre vinaigrette favorite. Peut se faire cuire en même temps que le riz ou dans votre soupe. Il suffit de la casser avec vos mains avant de l'ajouter à votre repas, les morceaux se feront plus discrets!

Dulse (goémon)

Très riche en fer, manganèse, cuivre, zinc, iode, vitamine C, A et B12.

Tremper dans de l'eau cinq à dix minutes. Consommer telle quelle ou cuire à feu doux une dizaine de minutes dans un peu d'eau.

Cette algue peut se manger crue (sèche) à même le sac comme des croustilles. Elle est de saveur très délicate. Elle est d'ailleurs offerte sèche déjà émiettée pour saupoudrer sur la nourriture.

Hijiki

L'hijiki est une petite algue noire originaire du Japon, on la retrouve séchée dans les magasins spécialisés. L'Agence canadienne d'inspection des aliments (ACIA) a émis un communiqué en novembre 2001 conseillant d'éviter de consommer cette algue étant donné son contenu élevé en arsenic inorganique. Selon les échantillons prélevés, la quantité d'arsenic pouvait dépasser de quinze à cent fois la dose retrouvée dans les autres algues.

Kombu

C'est l'algue la plus riche en iode et en mucilage. Elle permet donc de combattre la constipation, d'où une meilleure élimination des toxines.

Excellente source de magnésium, fer, cuivre, calcium, zinc.

Coupez cette algue en morceaux avec les doigts. Rincez-la et ajoutez-la à la cuisson des légumineuses afin de prévenir les flatulences (gaz). Peut aussi être ajoutée aux soupes et aux autres mets. Une fois cuite, elle ressemble à des feuilles de céleri.

Elle accentue la saveur des aliments, car elle contient de l'acide glutamique. Ce dernier est l'équivalent naturel du MSG (glutamate monosodique). Et il en existe plusieurs autres variétés.

Nori

La plus riche en protéines, elle contient moins d'iode que les autres algues.

Elle serait peut-être une source de vitamine B12 assimilable, mais des recherches plus poussées devront être effectuées chez l'homme.

Excellente source de manganèse, cuivre, zinc, vitamines C et A.

Cette algue peut être trempée pour confectionner des sushis, mais on peut aussi la faire rôtir, au-dessus d'une flamme ou de l'élément électrique de votre cuisinière, jusqu'à ce qu'elle devienne verte. Manger telle quelle ou moudre pour saupoudrer sur les aliments.

Varech (goemon)

Excellente source de magnésium, fer, cuivre, calcium, zinc et iode.

Faire tremper dans de l'eau de trente à soixante minutes pour les réhydrater.

Le varech est offert en comprimés, à prendre avec précaution si on soupçonne un problème de glande thyroïde.

Wakamé

Excellente source de magnésium, fer, manganèse, cuivre, phosphore, calcium et de vitamine B5.

Faire tremper dans de l'eau de trente à soixante minutes pour les réhydrater.

Les aliments acides et alcalins[164] [165]

Il est très difficile de trouver deux listes semblables d'aliments acides et alcalins. Pour la simple et bonne raison que certains aliments n'occasionnent pas les mêmes réactions dans des organismes différents. Plusieurs personnes ont aujourd'hui une faiblesse métabolique à l'égard des acides, elles sont incapables de bien oxyder les acides de l'aliment pour aller soutirer les bases de ce dernier.

Théoriquement, les fruits ont un effet alcalinisant dans l'organisme. Par contre, s'ils ne sont pas mûrs, ou s'ils ont mûri dans des entrepôts, ils deviennent plus acides. Aussitôt qu'un individu aura de la difficulté à bien métaboliser ses acides, les résidus du métabolisme des fruits seront acides au lieu d'être normalement basiques.

Il existe quand même des aliments qui génèreront toujours des résidus acides dans l'organisme quelle que soit la qualité du métabolisme. Ce sont les sources de protéines animales ou végétales, les gras, les céréales et les sucres à des degrés quand même variables.

---

164. Christopher Vasey, *L'équilibre acido-basique*, Éditions Jouvence, 1991.

165. Philippe-Gaston Besson, *Acide-base : une dynamique vitale*, Éditions Trois Fontaines, 1991.

Aliments acidifiants pour tous

Viande, volaille, charcuterie, poisson.

Œuf, fromage (les plus forts sont pires que les doux).

Produits laitiers riches en petit-lait : yogourt, kéfir, filia, lait caillé (seul le petit-lait très frais est alcalin, après quelques heures, il s'acidifie).

Le gras animal, les huiles végétales, particulièrement les huiles raffinées et l'huile d'arachide.

Toutes les céréales, qu'elles soient complètes ou non (pain, pâtes, flocons, farine). On pourrait les comparer entre elles et reconnaître que l'avoine est plus acide que le millet.

Toutes les légumineuses : arachide, soya, haricot blanc, pois chiche, etc.

Tous les fruits oléagineux : noix, noisette, etc., sauf l'amande et la noix du Brésil.

Tous les sucres et sucreries : pâtisseries, bonbons, confitures, fruits confits, boissons gazeuses, chocolat, etc.

Le café, le thé, le cacao, le vin, l'alcool, le vinaigre, les vinaigrettes, les marinades et les condiments.

Certains facteurs de vie sont aussi acidifiants comme le stress, le surmenage, la sédentarité, le manque d'oxygénation et les émotions négatives.

Il existe aussi des aliments dits acides, qu'on reconnaît à leur goût acidulé. Ces derniers acidifieront le métabolisme des personnes sensibles aux acides. Quatre facteurs vont influencer cette tendance.

La quantité consommée :

> Plus la quantité ingérée d'aliments à goût acide est grande, plus il y a de chance qu'un organisme affaibli ne soit pas capable de bien les métaboliser. Il faut donc varier l'alimentation et éviter les excès.

La fréquence de la prise :

Plus l'apport d'aliments acides est fréquent, plus le corps doit utiliser ses bases pour bien les métaboliser, d'où une déminéralisation progressive.

L'heure de la consommation :

Pour bien métaboliser les acides, il faut être bien oxygéné et bien réchauffé. L'habitude de consommer des fruits tôt le matin, frais ou en jus, acidifie davantage que si on les consomme à la collation de l'après-midi. Ils sont mieux métabolisés l'été quand il fait chaud et que le soleil brille que l'hiver, lorsqu'il fait froid. Trop de fruits l'hiver déminéralise l'organisme en plus d'engendrer de la fatigue et de la frilosité.

L'équilibre entre les aliments acides et alcalins :

Une bonne façon de diminuer les effets acidifiants de certains aliments est de combiner les repas avec des aliments franchement alcalins. Une bonne consommation de légumes frais, crus, cuits ou en jus, lors de chaque repas, apportera des bases pour neutraliser l'apport des protéines et des céréales. La pomme de terre est aussi un aliment alcalin de choix.

Aliments acides au goût et acidifiants pour certaines personnes sensibles

Le petit-lait non frais.

Les fruits non mûrs.

Les petits fruits : fraises, framboises, groseilles, mûres, bleuets.

Les agrumes et leurs jus : citron, orange, pamplemousse, limette, clémentine.

Les pommes vertes, les cerises, les prunes, les abricots, les tomates, la rhubarbe, le cresson et l'oseille.

La choucroute, le vinaigre de cidre de pomme et le miel.

Les personnes maigres, frileuses avec des extrémités froides ont une tendance à la déminéralisation. Les fruits consommés le matin sont à déconseiller pour ce type d'individu. Ces personnes doivent aussi éviter les excès de fruits. Une à deux portions de fruits à la collation de seize heures sera bien tolérée. Il existe aussi des aliments alcalinisants pour tous les types d'individus. Ils sont à consommer en priorité par tous, car la plupart des gens métabolisent mal leurs acides.

Aliments alcalinisants ou basiques

La pomme de terre.

Tous les légumes verts et colorés (la tomate est un fruit).

La banane, consommer avec modération car elle est très congestive.

Les amandes, le lait d'amande et les noix du Brésil.

Le lait cru, la crème fraîche, le petit-lait très frais.

Les fruits secs en quantité modérée, particulièrement les raisins secs et les pruneaux. Les autres fruits séchés comme les abricots, les pommes, les pêches, etc., sont souvent séchés avant leur maturité complète, d'où une plus grande acidité. Les fruits séchés sulfurés sont évidement acidifiants.

L'eau à boire au pH neutre ou alcalin.

Des habitudes de vie saine vont alcaliniser le terrain comme l'activité physique modérée, l'oxygénation profonde, le repos, la détente, la relaxation et des pensées heureuses!

Note de l'auteure

Chères amies lectrices et chers amis lecteurs,

J'espère sincèrement que vous aurez pris plaisir à découvrir le contenu de ce volume.

Je l'ai rédigé en souhaitant apporter un soutien quotidien à toutes les mamans et à tous les papas qui, trop souvent, se sentent dépassés par les événements, incompris et non respectés par le système médical en place. Cet outil ne remplacera jamais la présence d'un professionnel à vos côtés au moment opportun, mais il peut vous soutenir dans vos intuitions et dans votre affirmation que la santé physique, mentale, émotionnelle et sociale est un droit pour votre enfant.

Puisse la vie vous être généreuse, bonne et aimante!

Céline

Vous pouvez consulter les services offerts par l'auteure au www.celinearsenault.ca.

Bibliographie

ÄIVANHOV, Omraam Mikhaël. *Une éducation qui commence avant la naissance*, France, Prosveta, Collection Izvor, 1995, 158 pages.

ALI BRAC DE LA PERRIÈRE, Robert, et Franck SEURET. *Graines suspectes. Les aliments transgéniques : une menace pour les moins nantis*, Paris, Collection Enjeux planète, 2002, 220 pages.

ALTENBACH, Gilbert, et Boune LEGRAIS. *Immunité et biologie de l'habitat*, Genève, Jouvence, 1993, 154 pages.

ANGELL, Marcia. *La vérité sur les compagnies pharmaceutiques*, Montebello, Mieux-Être, 2005, 320 pages.

ARSENAULT, Céline. *Accueillir mon enfant naturellement*, Loretteville, Le Dauphin Blanc, 1996, 396 pages.

ARSENAULT, Céline. *Soins à mon enfant*, Loretteville, Le Dauphin Blanc, 2003, 391 pages.

ARSENAULT, Céline. *L'Équilibre nerveux de mon enfant*, Loretteville, Le Dauphin Blanc, 2005, 210 pages.

AUBERT, Claude, et Nicolas LE BERRE. *Faut-il être végétarien? Pour la santé et la planète*, Mens, Terre vivante, 2007, 152 pages.

BALASKAS, Janet. *Préparation naturelle à la maternité*, Paris, Robert Laffont, 1992, 96 pages.

BARLOW, Maude, et Tony CLARKE. *L'Or bleu. L'eau, nouvel enjeu stratégique et commercial*, Montréal, Boréal, 2002, 391 pages.

BEAUDRY, Micheline, Sylvie CHIASSON et Julie LAUZIÈRE. *Biologie de l'allaitement*, Québec, Presses de l'Université du Québec, 2006, 581 pages.

BÉLIVEAU, Richard, et Denis GINGRAS. *Les aliments contre le cancer*, Outremont, Trécarré, 2005, 213 pages.

BERTHOUD, Françoise. *Mon enfant a-t-il besoin d'un pédiatre?* Genève, Ambre, 2006, 263 pages.

BERTHOUD, Françoise. *Mon enfant et les vaccins*, Genève, École Santé-Soleil, 1994, 127 pages.

BESSON, Philippe-Gaston. *Acide-base : une dynamique vitale*, Fillinges, Trois Fontaines, 1991, 128 pages.

BLYTHMAN, Joanna. *La vérité sur ce que nous mangeons*, Turin, Marabout, 2001, 320 pages.

BONDIL, Alain, et Marion KAPLAN. *L'alimentation de la femme enceinte et de l'enfant selon l'enseignement du Dr Kousmine*, Paris, Robert Laffont, 1991, 211 pages.

BOLDUC-BOUTIN, Diane. *La naturopathie au service de la périnatalité*, Québec, ATMA Internationales, 2008, 327 pages.

BRABANT, Isabelle. *Une naissance heureuse*, Montréal, Saint-Martin, 2006, 439 pages.

BRÉBION, Jean-Philippe. *L'Empreinte de naissance*, Aubagne, Quintessence, 2004, 252 pages.

BRESSY, Pierre. *La bio-électronique et les mystères de la vie*, Paris, Le Courrier du livre, 1985, 222 pages.

BUYSE, Yolande. *L'éveil de l'enfant*, Outremont, Logiques, 2002, 125 pages.

CANNEMPASSE-RIFFARD, Raphaël. *Bases théoriques et pratiques de la bio-électronique*, La Seyne, Édinat, 245 pages.

CARRIÈRE, Marie-Josée. *Le grand livre de l'accompagnement à la naissance*, Anjou, Saint-Martin, 2007, 208 pages.

CHALLUT, Isabelle. *La maternité au féminin*, France, L'Instant Présent, 2007, 141 pages.

CHARBONNIAUD, Marie. *Infertilité : quand bébé tarde à venir*, Outremont, Logiques, 2006, 287 pages.

CHICOINE, Jean-François, et Nathalie COLLARD. *Le bébé et l'eau du bain – Comment la garderie change la vie de vos enfants*, Montréal, Québec Amérique, 2006, 513 pages.

CHOFFAT, François. *Vaccinations : le droit de choisir*, Genève, Jouvence, 2001, 191 pages.

CHOPRA, Deepak, David SIMON, et Vicki ABRAMS. *La maternité, une aventure fabuleuse*, Paris, Guy Trédaniel, 2006, 301 pages.

CLERGEAUD, Chantale et Lionel. *L'alimentation naturelle du nourrisson de 0 à 2 ans*, Flers, Équilibres aujourd'hui, 1989, 95 pages.

CLERGEAUD, Chantale et Lionel. *On... nous empoisonne!*, Flers, Équilibres aujourd'hui, 1989, 225 pages.

CURTAY, Jean-Paul. *La nutrithérapie*, France, Boiron, 1995, 311 pages.

DE BROUWER, Louis. *Vaccination : erreur médicale du siècle*, Québec, Louise Courteau, 1997, 271 pages.

DELARUE, Simone. *Vaccination-protection. Mythe ou réalité?* France, Ligue nationale pour la liberté des vaccinations, 1992, 207 pages.

DÉPRÉAUX, Marie-Christine. *Autisme, une fatalité génétique?* Embourg, TESTEZ, 2007, 192 pages.

DUFTY, William. *Sugar blues ou Le roman noir du sucre blanc*, Maisnie, Guy Trédaniel, 1985.

FOUCRAS, Lucienne. *Le dossier noir du vaccin contre l'hépatite B.* Monaco, Du Rocher, 2004, 283 pages.

FRAPPIER, Renée, et Danielle GOSSELIN. *Le Guide des Bons gras*, Montréal, Asclépiades, 1995, 403 pages.

GASSIER, J., et M.J. GEORGIN, *Guide de puériculture*, Paris, Masson, 1994, 472 pages.

GEET ÉTHIER, Marc. *Zéro Toxique*, Outremont, Traitcarré, 2005, 291 pages.

GEORGET, Michel. *Vaccinations – Les vérités indésirables*, St-Jean-de-Braye, Dangles, 2000, 381 pages.

GLOCKLER, Michaela, et Wolfgang GOEBEL. *L'enfant, son développement, ses maladies*, Genève, anthroposophiques Romandes, 1993, 595 pages.

GRAHAM, Judy et Michel ODENT. *Le zinc et la santé*, Paris, Payot, 1986, 159 pages.

GREENPEACE. *Le plastique de PVC et le dérèglement hormonal*, brochure publiée par le groupe Greenpeace, 1997.

GRÉGOIRE, Lysane, et Stéphanie ST-AMANT. *Au cœur de la naissance. Témoignages et réflexions sur l'accouchement*, Québec, Remue-ménage, 2004.

GRÉGOIRE, Lysane, et Stéphanie ST-AMANT. *Près du cœur. Témoignages et réflexions sur l'allaitement*, Québec, Remue-ménage, 2008.

GROUPE MÉDICAL DE RÉFLEXION SUR LES VACCINS. *Qui aime bien, vaccine peu!* Genève, Jouvence, 2007, 95 pages.

JOSEPH, J.-P. *Vaccins – L'avis d'un avocat – On nous aurait menti?* Embourg, Testez..., 2006, 127 pages.

KALNINS, Daina, et Joanne SAAB. *Mieux nourrir son enfant*, Outremont, Trécarré, 2005, 343 pages.

KUSHI, Aveline, et Michio. *Grossesse macrobiotique et soins au nouveau-né*, Paris, Guy Trédaniel, 1986, 322 pages.

LABERGE, Danièle. *Le Guide santé de votre armoire aux herbes*, Ham-Nord, L'Armoire aux herbes, 1994, 422 pages.

LACROIX, Chantal. *Soins aux enfants à base d'huiles essentielles*, Pintendre, Chantal Lacroix, 2006, 285 pages.

LAMBERT-LAGACÉ, Louise. *Comment nourrir son enfant*, Montréal, L'Homme, 2007, 325 pages.

LAMBERT-LAGACÉ, Louise. *Le lait de chèvre, un choix santé*, Montréal, L'Homme, 1999, 105 pages.

LAROCHE-WALTER, Anne. *Lait de vache : blancheur trompeuse*, Saint-Étienne, Jouvence, 1998, 94 pages.

LE BERRE, Nicolas. *Le lait, une sacrée vacherie?* Flers, Équilibres aujourd'hui, 1990, 125 pages.

LE BERRE, Nicolas, et Hervé QUEINNEC. *Soyons moins lait*, Mens, Terre vivante, 2005, 255 pages.

LE GOFF, Lylian. *Encyclopédie de l'alimentation biologique et de l'équilibre nutritionnel*, Paris, Roger Jollois, 1997, 733 pages.

LEVY, Stuart B. *Le paradoxe des antibiotiques*, Paris, Belin, 1999, 239 pages.

LYON, Michael R., et Christine LAURELL. *Le cerveau de votre enfant est-il affamé?* Canada, Mind Publishing, 2004, 307 pages.

MASSON, Robert. *Plus jamais d'enfants malades...*, Paris, Albin Michel, 1984, 348 pages.

MENDELSOHN, Robert. *Des enfants sains... même sans médecin*, Genève, Soleil, 1989, 306 pages.

MÉRIC, Jean. *Vaccinations, je ne serai plus complice!* Embourg, Marco Pietteur, 2004, 224 pages.

MEUROIS-GIVAUDAN, Anne, et Daniel. *Les neuf marches, histoire de naître et de renaître*, Plazac-Rouffignac, Amrita, 1991, 237 pages.

Mieux vivre avec notre enfant. Montréal, Institut national de santé publique du Québec, 2003-2004, 472 pages.

MONTAGU, Ashley. *La peau et le toucher, un premier langage*, Paris, Seuil, 1979, 223 pages.

MONTAUD, Bernard. *L'accompagnement de la naissance*, Les Perrots, EDIT'AS, 1997, 253 pages.

MORIN, Monique. *Vaccins – Docteure Maman en a assez!*, Montréal, Covivia Publications, 2006, 167 pages.

MORIN, Pierre-Jean, John REMINGTON GRAHAM, et Gilles PARENT, *La fluoration, autopsie d'une erreur scientifique*, Eastman, Berger, 2005, 315 pages.

NATHANIELSZ, Peter W. *Prodiges et mystères de la vie avant la naissance*, Montréal, Le Jour, 1995, 382 pages.

NEWMAN, Jack, et Teresa PITMAN. *L'allaitement, comprendre et réussir*, Rawdon, Jack Newman Communications, 2006, 511 pages.

NOGIER, Raphaël. *Ce lait qui menace les femmes*, Monaco, du Rocher, 1994, 234 pages.

ODENT, Michel. *Naître et renaître dans l'eau*, Angleterre, Presses pocket, 1990, 213 pages.

ODENT, Michel. *Césariennes : questions, effets, enjeux*, Barret-sur-Méouge, Le Souffle d'Or, 2005, 183 pages.

PANTLEY, Elizabeth. *Un sommeil paisible et sans pleurs*, Varenne, ADA, 2005, 328 pages.

POITEL, Blandine. *Les nouveaux rites autour de l'accouchement*, France, l'Instant Présent, 2007, 207 pages.

RENARD, Pierre C. *Le pouvoir formateur de la femme*, Fréjus, Prosveta, 1985, 221 pages.

REYMOND, William. *Toxic*, France, Flammarion Enquête, 2007, 355 pages.

ROBERT, Hervé. *Ionisation, santé vitalité*, Paris, Artulen, 1989, 202 pages.

ROY, Marcel. *Un insidieux crime contre l'humanité. Les OGM*, Lévis, La Vie, 2006, 247 pages.

ROY, Yves. *Neuf mois pour l'éternité*, Montréal, Les productions Lise Tremblay, 1995, 149 pages.

SAURY, Alain. *Un enfant à naître de nous*, Saint-Jean-de-Braye, Dangles, 1988, 371 pages.

SCHALLER, Christian Tal. *Vaccins – L'avis d'un médecin holistique*, Embourg, Testez..., 2006, 128 pages.

SCHAR-MANZOLI, Milly. *Le tabou des vaccinations*, Arbédo, ATRA-AGSTG, 1996, 168 pages.

SCOTT, Julian. *Une médecine naturelle pour vos enfants*, Paris, Robert Laffont, 1991, 191 pages.

SCHALLER, Christian Tal. *Chaque enfant est un soleil*, Genève, Vivez Soleil, 1993, 169 pages.

SIMON, Sylvie. *Les dix plus gros mensonges sur les vaccins*, St-Jean-De-Braye, Dangles, 2005.

SIMON, Sylvie. *Ce qu'on nous cache sur les vaccins*, Paris, Delville Santé, 2006, 202 pages.

SIMON, Sylvie. *La nouvelle dictature médico-scientifique*, St-Jean-De-Braye, Dangles, 2006, 247 pages.

SIMON, Sylvie. *Autisme et vaccination*. Paris, Guy Trédaniel, 2007, 311 pages.

STARENKYJ, Danièle. *Le mal du sucre*, Richmond, Orion, 1985, 279 pages.

STARENKYJ, Danièle. *L'enfant et sa nutrition*, Richmond, Orion, 1988, 223 pages.

STARENKYJ, Danièle. *Le bébé et sa nutrition*, Richmond, Orion, 1990, 221 pages.

ST-ONGE, J.-Claude. *L'envers de la pilule, les dessous de l'industrie phamaceutique*, Montréal, Écosociété, 2004, 228 pages.

ST-ONGE, J.-Claude. *Les dérives de l'industries de la santé*, Montréal, Écosociété, 2006, 238 pages.

SOUCCAR, Thierry. *Lait, mensonges et propagande*, France, Thierry Souccar, 2008, 287 pages.

TIMPERLEY, Carol. *Le grand livre de Bébé végé*, Laval, Guy Saint-Jean, 2001, 144 pages.

VERNY, Thomas. *La vie secrète de l'enfant avant sa naissance*, Paris, Bernard Grasset, 1982, 271 pages.

TWOGOOD, D.C. Daniel A. *Méfiez-vous du lait*, St-Isidore, Lacaille, 1996, 261 pages.

VACHON, Carol. *Pour l'amour du bon lait*, Québec, Convergent, 2002, 207 pages.

VALNET, Jean. *Phytothérapie*, Paris, Maloine, Livre de poche, 1983, 639 pages.

VALNET, Jean. *Se soigner par les légumes, les fruits et les céréales*, Paris, Maloine, Livre de poche, 1985, 512 pages.

VASEY, Christopher. *L'équilibre acido-basique*, Genève, Jouvence, 1991, 139 pages.

VERDON-LABELLE, Johanne. *Le jardin utérin*, Montréal, Fleurs sociales, 1987, 367 pages.

WENTZ, Myron. *Du poison plein la bouche*, Québec, GoTopShape, 2005, 206 pages.

WEST, Zita. *Grossesse au naturel*, Montréal, Hurtubise HMH, 2002, 160 pages.

ZUR LINDEN, Wilhelm. *Mon enfant, sa santé, ses maladies*, Paris, Centre triades, 1990, 403 pages.

Index alphabétique

Recyclé
Contribue à l'utilisation responsable
des ressources forestières
www.fsc.org Cert no. SGS-COC-003153
© 1996 Forest Stewardship Council

Marquis imprimeur inc.

Québec, Canada
2009

Imprimé sur du papier Silva Enviro 100% postconsommation
traité sans chlore, accrédité Éco-Logo et fait à partir de biogaz.

certifié

procédé
sans
chlore

100 % post-
consommation

archives
permanentes

énergie
biogaz